桥梁工程实习指导书

戴文亭 田立华 编著

吉林大学出版社
·长春·

图书在版编目（CIP）数据

桥梁工程实习指导书 / 戴文亭，田立华编著. -- 长春：吉林大学出版社，2022.3
ISBN 978-7-5692-9956-4

Ⅰ.①桥… Ⅱ.①戴… ②田… Ⅲ.①桥梁工程－高等学校－教材 Ⅳ.①U44

中国版本图书馆CIP数据核字(2022)第036706号

书　　名：桥梁工程实习指导书

QIAOLIANG GONGCHENG SHIXI ZHIDAOSHU

作　　者：	戴文亭　田立华　编著
策划编辑：	黄国彬
责任编辑：	甄志忠
责任校对：	王寒冰
装帧设计：	刘　丹
出版发行：	吉林大学出版社
社　　址：	长春市人民大街4059号
邮政编码：	130021
发行电话：	0431-89580028/29/21
网　　址：	http://www.jlup.com.cn
电子邮箱：	jldxcbs@sina.com
印　　刷：	天津和萱印刷有限公司
开　　本：	787mm×1092mm　　1/16
印　　张：	12
字　　数：	209千字
版　　次：	2023年5月　第1版
印　　次：	2023年5月　第1次
书　　号：	ISBN 978-7-5692-9956-4
定　　价：	58.00元

版权所有　翻印必究

前　言

本书是为了满足新工科背景下普通高等学校道路桥梁与渡河工程专业、土木工程专业（道桥方向）桥梁工程实践教学需要而编写的指导用书，是吉林大学十三五立项规划教材。

全书共 5 章，包括桥梁工程实习概述、梁桥、拱桥、斜拉桥、悬索桥五种主要类型桥梁的常见结构型式和主要施工方法。本书以原创为主，主要选取长春地区已建典型桥梁，就其结构构造和施工方法等进行系统介绍，图文并茂，解决桥梁工程实习尚无同类指导书的困难，有效提升实践教学效果。

本教材由吉林大学建设工程学院戴文亭和吉林大学交通学院田立华共同编著。另外，吉林建筑大学交通学院田伟编写了第三章第一节和第二节、长春建筑学院交通学院李国栋编写了第二章第三节第二部分、吉林大学交通学院马桂荣编写了第二章第二节和第四章第三节。全书由戴文亭、田立华统稿。

感谢长春市市政工程设计研究院、中庆建设集团和中铁一局集团有限公司提供的施工方案、施工组织设计和施工照片等资料。

对于书中所引用文献和研究成果的众多作者表示诚挚的谢意。由于编著者水平有限，本书有不妥和错误之处，敬请读者批评指正。

编著者
2022 年 3 月

目 录

第1章 桥梁实习概述 ……………………………………………………… 1
  1.1 实习的目的与要求 …………………………………………………… 2
    1.1.1 实习的目的 ……………………………………………………… 2
    1.1.2 实习的要求 ……………………………………………………… 2
  1.2 实习主要内容 ………………………………………………………… 3

第2章 梁桥常见结构形式和主要施工方法 …………………………… 7
  2.1 梁桥常见结构形 ……………………………………………………… 8
    2.1.1 梁桥分类 ………………………………………………………… 8
    2.1.2 梁桥的构造 ……………………………………………………… 9
  2.2 梁桥主要施工方法 …………………………………………………… 14
    2.2.1 就地浇筑的梁桥施工 …………………………………………… 15
    2.2.2 预制钢筋混凝土及预应力混凝土简支梁桥施工 …………… 17
    2.2.3 连续体系梁桥的施工 …………………………………………… 20
  2.3 梁桥施工的典型工程实例 …………………………………………… 24
    2.3.1 长春D1南延长线-预应力混凝土连续梁桥预制
          拼装施工 ………………………………………………………… 24
    2.3.2 长春D1南延线上跨京哈高速桥 ……………………………… 36
    2.3.3 长春南四环下穿工程框构和U型槽的明挖法施工
          ………………………………………………………………… 45
    2.3.4 长春南四环下穿工程匝道桥预应力混凝土连续箱
          梁支架整体现浇施工 …………………………………………… 67
    2.3.5 长春南四环下穿工程匝道桥钢箱梁的制造与安装
          ………………………………………………………………… 83
    2.3.6 长春南四环下穿工程彩云南街人行天桥-钢箱梁的
          制造与安装 ……………………………………………………… 94

第3章 拱桥常见结构形式和主要施工方法 100

3.1 拱桥常见结构形式 101
3.1.1 拱桥的分类 101
3.1.2 拱桥的构造 103

3.2 拱桥主要施工方法 108
3.2.1 就地浇筑法 108
3.2.2 预制安装法 108
3.2.3 转体施工法 109

3.3 拱桥施工实例 110
3.3.1 长春南湖大桥翻建工程——钢肋拱桥 110
3.3.2 重庆环湖路1号桥 128

第4章 斜拉桥常见结构形式和主要施工方法 140

4.1 斜拉桥常见结构形式 141
4.1.1 主要结构体系 141
4.1.2 斜拉桥的构造 142

4.2 斜拉桥主要施工方法 145
4.2.1 主梁施工方法 145
4.2.2 索塔施工方法 147
4.2.3 拉索施工方法 150

4.3 长春轻轨净月线伊通河桥施工 151
4.3.1 工程概况 151
4.3.2 总体施工方案 154
4.3.3 主要施工流程及施工工艺 156

第5章 悬索桥常见结构形式和主要施工方法 169

5.1 悬索桥及其结构特点和型式 169

5.2 悬索桥主要施工方法 172

5.3 悬索桥施工的典型工程实例-矮寨大桥 173
5.3.1 工程概况 173
5.3.2 施工流程和施工工艺 178

参考文献 185

第1章 桥梁实习概述

桥梁与普通结构物不同，其具有跨径（规模）大，空间性极强，设计与施工密切相关，施工难度、安全风险大等特点。21世纪初我国大跨深水桥梁迅速发展，建成了460m的中国重庆巫山长江大桥（钢管砼拱桥）、330m的中国重庆长江大桥复线桥（连续刚构桥）、1088m中国苏通长江大桥（斜拉桥）、矮寨大桥（悬索桥）等特大桥。根据"2020年交通运输行业发展统计公报"的数据，截至2020年年末全国公路桥梁91.28万座、6628.55万延米，比上年末分别增加3.45万座、565.10万延米，其中特大桥梁6444座、1162.97万延米，大桥119935座、3277.77万延米。是名副其实的桥梁大国，目前正在快步迈向桥梁强国，为实现社会发展目标提供了坚强的交通运输保障。

桥梁建设程序一般有规划、勘察、设计和施工等阶段。桥梁工程的总造价包括规划、工程可行性研究、勘测设计、征地、拆排迁、工程施工等费用，其中施工一般要占工程费用的60%以上。施工是实现桥梁设计意图的重要阶段，近年来，工程施工费用和劳动力的工资所占的比例呈现上升趋势，对于特大跨径和结构比较复杂的桥梁更是如此。因此，综合考虑建设条件，确定合理、先进的施工方法和施工技术，对于保证施工质量和安全，降低工程造价，缩短施工工期是非常重要的。

桥梁施工具有固定的场地，流动的劳力、机具和材料，较长的施工周期，不断变化、调整的施工程序和工艺等特点。复杂的管理工作要求所有参与施工的人员（建设方、施工方、监理方、设计方以及监控方、监督方等）必须相互协作、互相促进，在施工中随时掌握工程进展的实际情况和存在的问题，采用科学的管理方法，从计划、技术、质量、定额、成本、信息和规章制度等方面进行切实有效的工作。

桥梁实习是土木工程专业道路桥梁方向实践教学的重要组成部分，是桥梁工程课堂教学的延伸。在桥梁实习中，学生直接参与实际桥梁工程的施工过程，通过实习加深对桥梁结构体系、构造、施工等的认识，巩固所学理论知识。桥梁实习是实现桥梁工程教学目标的重要实践性教学环节。

1.1 实习的目的与要求

1.1.1 实习的目的

通过桥梁工程实习，使学生具备以下知识和能力：

(1) 掌握桥梁的结构体系及受力特点；

(2) 熟悉桥梁标准化、工厂化、装配化和信息化施工，了解新技术、新工艺、新材料、新设备的推广使用；

(3) 进一步加深理解典型桥梁的结构构造、施工技术与施工组织管理等内容，巩固课堂所学内容；

(4) 通过桥梁实习，使学生了解施工企业的组织机构、管理方式、经营特点；

(5) 通过实习，使学生了解施工项目经理部的组成、施工成本和施工进度的控制及生产要素的管理等知识；

(6) 通桥梁工程实习，使学生掌握桥梁工程施工质量管理的基本方法，熟悉施工质量的过程控制，并了解现行的国家有关工程质量检验和管理的标准；

(7) 培养学生分析和解决桥梁工程实际问题的能力，为今后的继续学习和工程实践打下良好基础；

(8) 学习工人和现场技术人员的优秀品质，树立爱岗敬业、团结奋斗、刻苦专研工程技术的精神。

1.1.2 实习的要求

(1) 参加实习的学生，应遵从实习指导教师和现场工程技术人员的安排和指导，严格遵守实习纪律和实习工地的有关规章制度，确保实习安全，达到实习目的。

(2) 在实习的过程中，要求学生能够深入桥梁工程施工现场，认真听取指导教师和现场施工技术人员讲解，勤于观察，多提问，多思考，虚心学习，勇于实践，认真完成指导教师、现场工程师或其他技术人员布置的各项实习任务，培养创新意识和分析与解决实际工程问题的能力。

(3) 以文字记录、手绘草图、拍照等方式，在实习日志中记录每次实习工程项目的设计方案、施工流程、施工内容、个人见解以及心得体会等。

（4）实习报告反映学生归纳、分析、解决问题的能力，反映学生实习的深度和质量，是评定学生实习成绩的重要依据。实习结束时学生应按实习大纲要求，根据实习日志中所积累的资料，进行全面的分析和总结，及时写出实习报告。实习报告的内容要求如下：

1）实习计划和内容。

2）实习工程归纳总结：

①工程概况：工程名称、所在地、施工单位名称等；

②设计概况：包括总概算，主要工程数量、桥位平面图，桥梁总体布置，桥梁上、下部和基础的结构形式等。

③简述各工程的施工方法及施工方案和施工组织设计。包括施工场地的平面布置、劳动组织、各项技术措施等。

3）个人实习收获和成果

①总结本次实习个人的感想和收获。

②总结本次实习对个人专业的提高和帮助，谈谈体会和收获。

③在实习过程中，对工程技术和现场管理提出的合理化建议。

4）对实习安排、实习计划及其执行情况的意见和建议：

对学校安排的实习，提出自己的意见和合理化建议，促进教学工作的改革与发展。

5）实习报告可以有文字、图片、表格等，不应少于5000字。

1.2 实习主要内容

为了圆满地完成实习任务，实习带队教师应提前掌握实习所在地的工程情况，合理选择和联系好实习单位，并依据桥梁工程实习教学大纲和工程进度情况，合理安排实习计划，选取有代表性的桥梁工程项目进行实习。

桥梁实习的主要内容如下：

（1）掌握常见桥梁的类型、结构体系及受力特点：

按受力体系分类，桥梁分为梁式桥、拱桥、斜拉桥、悬索桥等。梁式桥的基本体系有简支梁桥、连续梁桥、悬臂梁桥、连续刚构桥等。拱桥按结构受力图式分为简单体系拱桥、组合体系拱桥、拱片桥三类。斜拉桥的结构体系按塔、梁、墩相互结合方式划分为漂浮体系、半漂浮体系、塔梁固结体系和刚构体系。悬索桥按主缆的锚固方式可分为地锚式和自锚式悬索桥。不同类型、不同结构体系的桥梁具有不同的构造和受力特点，其适用的跨径范围也不同。

(2) 掌握各类桥梁的主次构件、荷载种类和传递路径。

简单体系拱桥由主拱圈和拱上建筑组成；斜拉桥的主要构件有主梁、索塔和斜拉索；地锚式悬索桥由主缆、锚碇、索塔、加劲梁、吊杆、索鞍等构成。

(3) 掌握桥面系的构造及其作用。桥面系通常包括桥面铺装、防水和排水设施、伸缩装置、人行道（或安全带）、栏杆和灯柱等构造。桥面系虽然不是主要承重结构，但它在确保桥梁功能的正常发挥、保护主要构件、以及桥梁的美观等方面起重要作用。

(4) 熟悉桥梁的总体布置及上、下部的构造设计。

(5) 熟悉桥梁施工的常用施工设备。施工方法的确定在很大程度上取决于是否有与之相配套的施工机械设备。桥梁结构体系及施工技术的发展需要大量的、先进的机械设备，先进施工技术发展也促进设备水平的不断提高。桥梁施工设备包括：测量设备、基础施工设备、混凝土施工设备、各种常备式结构、预应力施工设备、运输设备、安装和起重设备、专用施工设备等。其中大型浮吊的研制利用，使桥梁上、下部结构的施工向着大块件组拼体系发展，适应了当前越来越多跨海工程建设的需要。

(6) 掌握常见基础类型的构造与施工。基础通常有扩大基础、桩基础、沉井基础和地下连续墙基础等类型，不同类型的基础有着各自的施工特点。

(7) 熟悉各类桥梁主要施工方法、施工流程以及施工工艺等。熟悉不同施工方法的优缺点和适用条件，能根据桥梁的具体条件合理选择施工方法。

1) 掌握梁式桥主要的施工方法、施工流程以及施工工艺等。

梁式桥是以构件受弯为主的桥型。中小跨径公路桥梁或城市桥梁，大部分采用梁桥，是最常用的一类桥型，其受力体系主要有简支梁桥、连续梁桥、悬臂梁桥、连续刚构桥和框构桥等。梁式桥的受力特点是由拉应力合力与压应力合力形成抗力矩来抵抗外荷载弯矩，从材料合理应用角度看，梁宜做成变高度，拉、压力线间的距离受梁高限制不可能很大，限制了跨径的增大，只能增加材料来提高抗力

简支梁桥或装配式连续梁桥（如简支转连续梁桥）一般采用预制安装法施工，即在工厂或现场预制整孔主梁或大型主梁节段，采用某种架设方法进行安装、连接，完成桥体结构的施工。

连续梁桥的施工方法，根据桥跨长度、地形情况和施工机具设备等条件，可采用固定支架现浇法、悬臂法和顶推法等。固定支架现浇法就是在桥位处

搭设支架，在支架上就地浇筑混凝土，养生待混凝土达到强度后拆除模板、支架。悬臂法就是从桥墩开始向跨中不断接长梁体构件（包括拼装与现浇）施工。顶推法施工是梁段逐段浇筑或拼装，在梁端安装导梁，采用专用设备纵向顶推或牵引，使梁体到达各墩顶设计位置的施工方法。框构桥一般采用明挖法或顶进法施工。

2）掌握拱桥主要的施工方法、施工流程以及施工工艺等。

拱桥是以构件受压为主的桥型。拱桥的受力特点是由于拱圈主要承担压力，拱顶推力与拱脚推力产生的力矩抵抗外荷载弯矩，跨越能力比梁式桥大，拱的矢高越大，拱内的压力越小，地基必须抵抗拱圈传来的水平力，细长的拱轴受压有失稳的可能，需要控制拱圈截面尺寸。由于车辆无法直接在拱上行驶，必须建造拱上建筑，因此拱桥没有梁桥使用的方便。

大跨度拱桥一般采用悬臂法、缆索吊挂法、转体法或劲性骨架施工法等施工；中小跨度拱桥以及在允许设置拱架或无足够吊装能力的情况下大跨度拱桥，常采用固定支架拼装的传统施工方法。转体法是利用地形地貌预制两个半孔桥跨结构，在桥墩或桥台上旋转就位跨中合龙的施工方法。

(8) 基本掌握斜拉桥的主要施工方法和内容。斜拉桥是一种组合受力体系桥梁，拉压力自平衡，拉压构件组成抗力矩承担外荷载。斜拉桥的上部结构由主梁、桥塔和斜拉索组成。一般大跨度斜拉桥主梁多采用悬臂浇筑或悬臂拼装法施工。中小跨度的斜拉桥综合考虑地质水文条件和结构自身特点，可采用支架法、平转等施工方法。

(9) 了解悬索桥的主要施工方法和内容。

悬索桥（吊桥）是以构件受拉为主的桥型。悬索只受拉，悬索拉力与地基水平拉力产生的力矩抵抗外荷载弯矩，矢高越大，主缆内的拉力越小，地基必须能抵抗水平拉力。由于主缆受力后自由改变形状，缆绳只受拉，没有细长构件失稳的问题。悬索桥的施工主要包括锚碇、桥塔、主缆、吊索和加劲梁等的制作和安装。其中锚碇结构分重力式、隧道式和岩锚式三种；桥塔一般采用钢或混凝土建造；主缆架设一般采用空中纺线法或预制平行丝股法施工；加劲梁的架设一般采用预制拼装施工。

按照结构体系分类的梁式桥、拱桥、斜拉桥和悬索桥，以受拉为主受力构件的悬索桥的结构效率最高，以受弯为主的梁式桥的结构效率最低；建造成本以梁式桥最低；梁式桥使用最方便，在其他体系桥梁中行车的部分仍然是梁。桥梁施工方法综合选用，需考虑桥梁使用条件、桥梁施工条件、所处自然环境、当地社会环境等因素，表 1.2-1 给出了不同桥梁通常采用的施工方法以及适用跨径。

表 1.2-1　桥梁常见施工方法综合选用

施工方法	适用跨径（m）	梁式桥				拱桥			斜拉桥	悬索桥
		简支梁	悬臂梁	连续梁	刚架桥	坞工拱	标准及组合体系拱	桁架拱		
整体支架现浇施工法	20～60	▲	▲	▲	▲	▲		▲		
预制安装施工法	20～50	▲	▲	▲		▲	▲	▲	▲	
逐孔施工法	20～60	▲	▲	▲						
悬臂施工法	50～320		▲	▲	▲		▲	▲	▲	
转体施工法	20～140		▲	▲	▲		▲	▲	▲	
顶推施工法	20～70			▲	▲				▲	
劲性骨架法	150 以上						▲			

注：表中▲代表该施工方法"适用"该跨径范围和结构形式。

第2章　梁桥常见结构形式和主要施工方法

　　梁桥常见结构体系主要有简支梁桥、连续梁桥、悬臂梁桥、连续刚构桥和框构桥等。与其他桥型相比，梁桥跨越能力较差，但是梁桥更经济，使用更方便，因此梁桥在中小跨径桥梁中应用最广。梁桥的整体受力特点是在外荷载作用下产生弯矩，梁产生挠曲；弯矩沿梁长的变化，与支承体系相关。梁桥的微观受力特点是在截面高度上产生从拉到压的应力分布，中间有一个零正应力区域，等值压力线分布与弯矩分布一致，中间区域受剪，剪应力在支承处最大，拉应力合力与压应力合力形成抗力矩来抵抗外荷载弯矩。

　　应对梁受力特点通常采取的设计对策有：支承体系变化改变弯矩分布；改变梁高使之更好地适应弯矩变化；通过截面变化提高材料使用效率。其目的是使得弯曲应力最小，节省材料。简支梁只产生正弯矩，属于静定体系；悬臂梁同时产生正负弯矩，也属于静定体系；连续梁同时产生正负弯矩，在活载作用下，也产生负弯矩，减小正弯矩。超静定体系，对基础变形及温差荷载较敏感，行车条件好，连续梁桥的成桥内力与施工过程有很大关系；刚构桥的桥墩与梁连接在一起，弯矩图与连续梁接近，由于墩梁固结，桥墩参与梁的受力。相同跨径下，简支梁弯矩最大，悬臂梁、连续梁都可以减小弯矩，连续刚构可以进一步减小梁的弯矩。梁桥常用截面形式有板式（实心、空心）截面、T形截面和箱形截面。

　　简支梁施工最方便，简支梁桥或装配式连续梁桥（如简支转连续梁桥）一般采用预制安装法施工，其需要的条件是预制场、大型运输设备和大型吊机；这种施工方法的优点是主梁一次形成、速度快。需要关注的问题有横向连接的可靠性、施工中的稳定性、和预制的场地等。

　　连续体系梁桥的应用范围越来越广，小跨度（20～30m）一般采用等截面，满堂支架现浇、简支变连续，在城市高架桥中很多应用；中等跨度（40～60m）一般采用顶推施工、移动模架施工；大跨度（60m以上）通常设计为变截面连续箱梁，一般采用平衡悬臂施工，目前预应力混凝土连续梁桥最大跨度是165m，跨度主要受限于支座吨位、体系转换的复杂等；更大跨度的连续体系梁桥一般设计为连续刚构，其最大优势是没有支座，施工中不需要临时固结，在连续体系施工中最方便。连续体系梁桥的施工，根据桥跨长度、地形情况和施工机具设备等条件，可采用固定支架现浇法、简支变连续、悬臂法和顶推法等，其中框构桥一般采用明挖法或顶进法施工。

2.1 梁桥常见结构形式

2.1.1 梁桥分类

（1）按梁式桥基本体系

梁式桥的基本体系主要有简支梁桥、连续梁桥、悬臂梁桥、连续刚构桥，如图2.1-1所示。

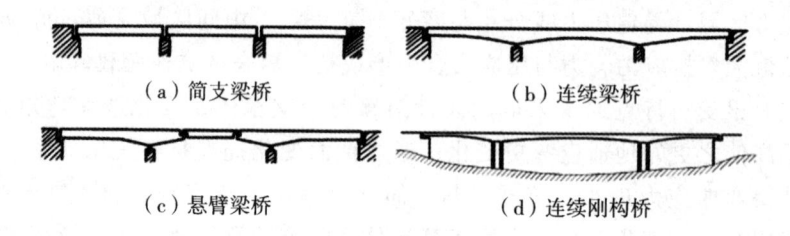

（a）简支梁桥　　（b）连续梁桥

（c）悬臂梁桥　　（d）连续刚构桥

图2.1-1　梁式桥的基本体系

（2）按梁桥横截面形式

从承重结构横截面形式上分类，混凝土梁桥分为板桥、肋梁桥和箱形梁桥，如图2.1-2所示。

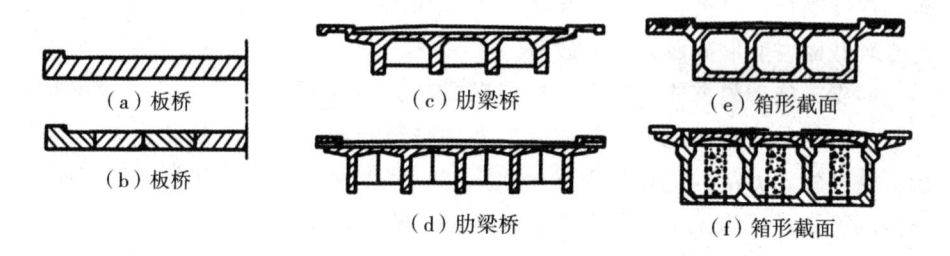

（a）板桥　　（c）肋梁桥　　（e）箱形截面

（b）板桥　　（d）肋梁桥　　（f）箱形截面

图2.1-2　典型的混凝土梁桥横截面

（3）按施工方法分类

有整体浇筑式梁桥，如图2.1-1的（a）、（c）、（e）所示，和预制装配式梁桥，如图2.1-2（b）、（d）、（f）。

2.1.2 梁桥的构造

(1) 板桥的构造

板桥主要有整体式简支板桥、装配式简支板桥两种；装配式简支板桥的截面形式有实心板和空心板两种，空心板桥横断面布置如图 2.1-3 所示。

图 2.1-3 空心板桥横断面布置示意图图

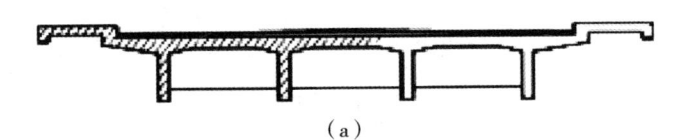

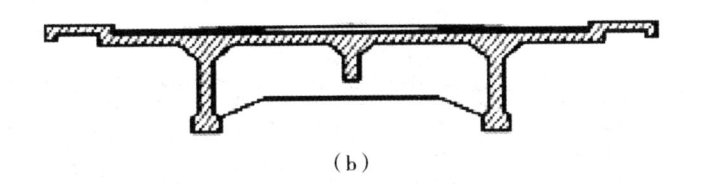

(a)

(b)

图 2.1-4 整体式简支 T 形梁桥横截面

(2) 简支梁桥的构造

混凝土肋梁桥和小箱梁桥是中小跨桥梁中应用最广泛的桥型，其上部构造由主梁、横隔梁、桥面板、桥面构造等组成，可采用整体现浇和预制装配两种方法施工，其标准横截面、主梁构造和预应力筋布置等如图 2.1-4、2.1-5、2.1-6、2.1-7、2.1-8 所示。

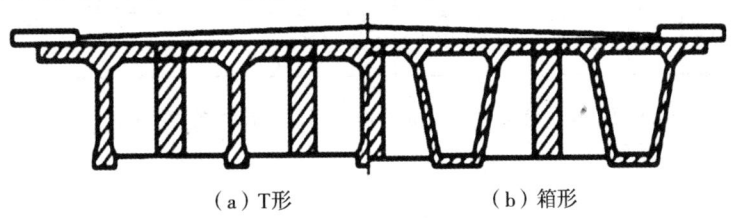

(a) T形　　　(b) 箱形

图 2.1-5 装配式简支梁桥横截面图

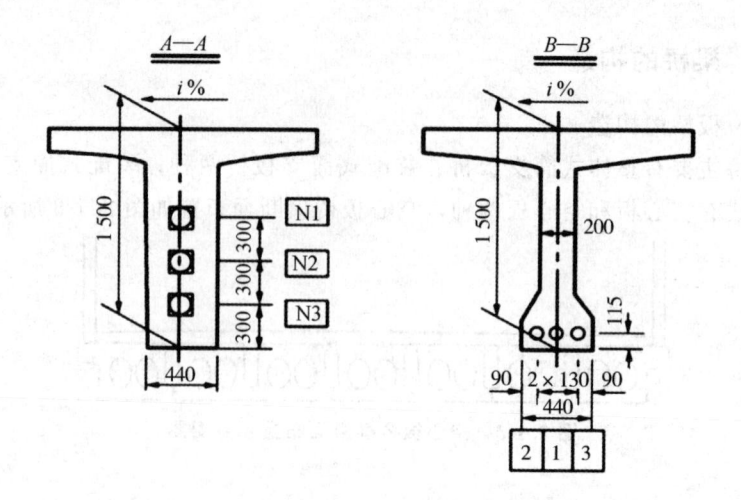

图 2.1-6 预应力钢束横断面布置图（尺寸单位：mm）

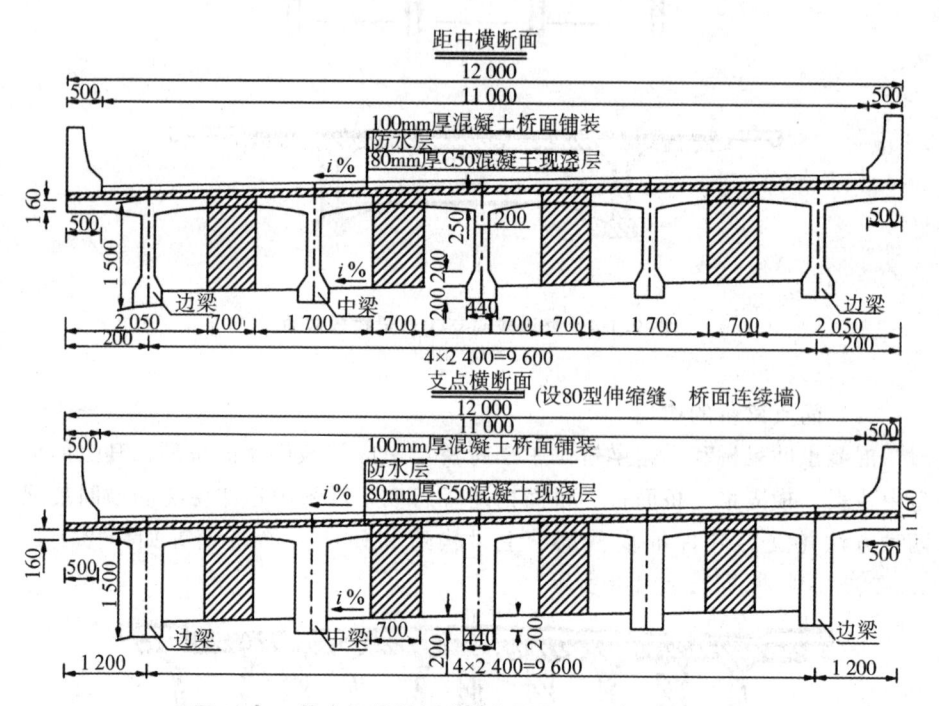

图 2.1-7 简支 T 梁桥标准横断面图（尺寸单位：mm）

第 2 章　梁桥常见结构形式和主要施工方法

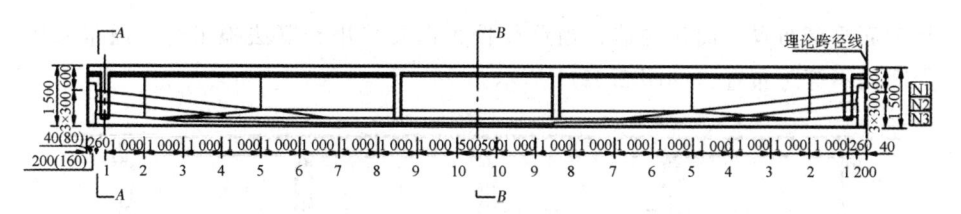

图 2.1-8　预应力钢束立面布置图（尺寸单位：mm）

桥面板（翼缘板）承受横向弯矩和剪力，桥面板（翼缘板）横向连接常用湿接接头，将翼缘伸出钢筋连成整体，在接缝铺装混凝土内再加增强钢筋，桥面连接构造如图 2.1-9 所示。

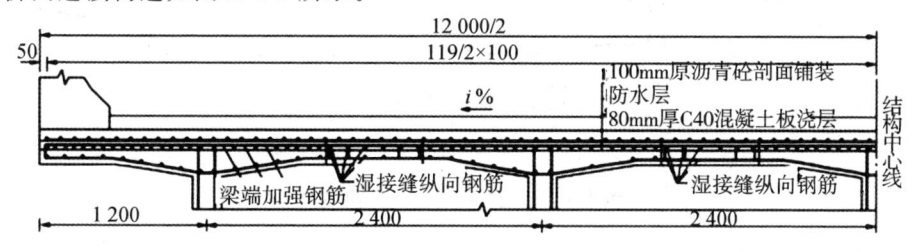

图 2.1-9　桥面连接构造图（尺寸单位：mm）

横隔板的作用是将各主梁连成整体，共同承载，横隔板横向连接构造通常采用湿接法。横隔板的钢筋布置如图 2.1-10 所示。

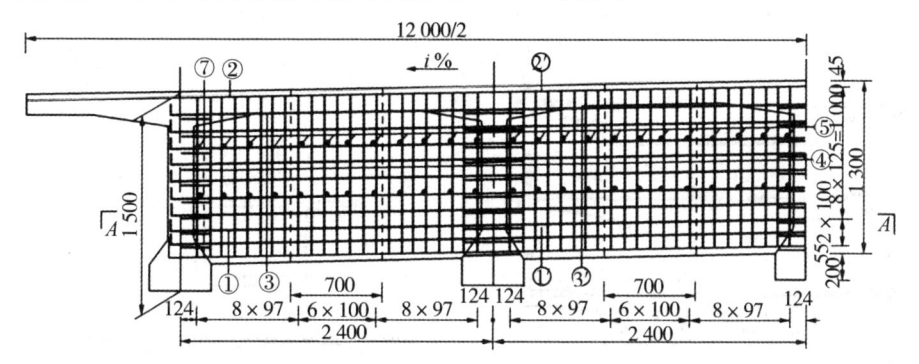

图 2.1-10　装配式 T 梁桥横隔板钢筋布置图（尺寸单位：mm）

（3）连续体系梁桥的构造

连续体系梁桥具有刚度大、变形小、伸缩缝少行车舒适等优点，得到广泛应用。主要有预应力混凝土连续梁桥和连续刚构桥两种。

1）预应力混凝土连续梁桥

①立面布置

预应力混凝土连续梁桥当跨径不大以及采用简支转连续施工时，多采用等截面等跨布置，简化构造；当跨径较大以及采用悬臂法施工时，通常采用变截面不等跨布置，如图 2.1-11 所示。

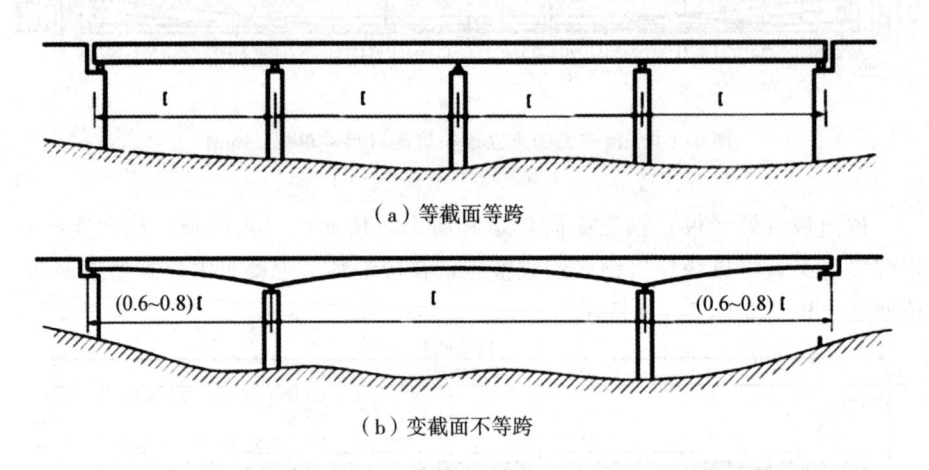

（a）等截面等跨

（b）变截面不等跨

图 2.1-11 连续梁桥的立面布置

②截面形式

预应力混凝土连续梁桥横截面形式主要有板式、肋梁式和箱形三种，箱形截面因其抗弯和抗扭性能好应用最多。桥横截面形式如图 2.1-12 和 2.1-13 所示。

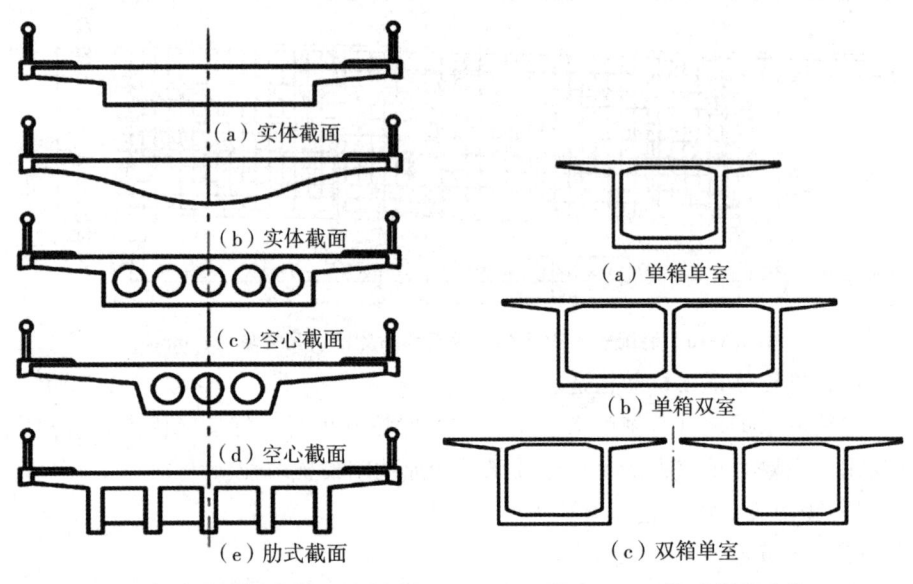

图 2.1-12 板式和肋梁式截面形式

图 2.1-13 箱形截面形式

③预应力筋布置

通常布置纵向预应力抵抗纵向受弯和部分受剪,竖向预应力抗剪,横向预应力抵抗横向受弯。要综合考虑结构使用阶段和施工阶段的受力状态,合理布置预应力筋。纵向预应力筋布置如图 2.1-14 所示。

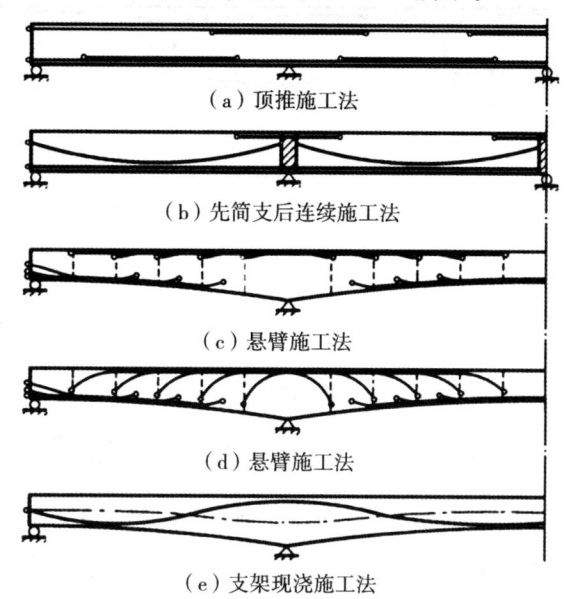

(a)顶推施工法

(b)先简支后连续施工法

(c)悬臂施工法

(d)悬臂施工法

(e)支架现浇施工法

图 2.1-14 预应力混凝土连续梁配筋方式

横向预应力筋多采用扁锚体系,以减少桥面板厚度;竖向预应力筋布置在腹板中,常采用高强粗钢筋以减少张拉锚固时的回缩损失,布置方式如图 2.1-15 所示。

横向预应力筋

竖向预应力筋　　　　　　　　　　竖向预应力筋

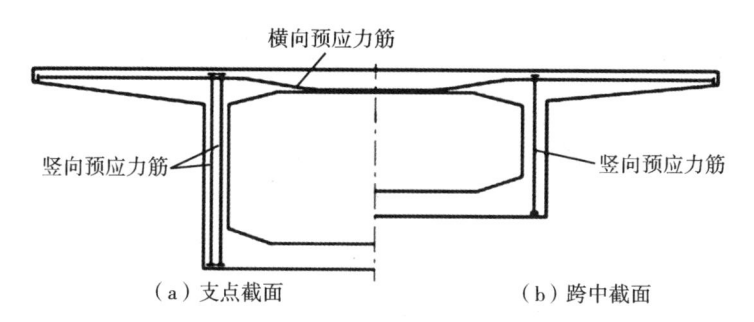

(a)支点截面　　　　　　　　(b)跨中截面

图 2.1-15 箱梁横向及竖向配筋布置方式

2) 连续刚构桥

连续刚构桥是连续梁桥与T形刚构桥的组合体系,也称墩梁固结的连续梁桥,连续刚构桥常用于大跨、高墩的结构,如图 2.1-16 所示。

（a）竖直双肢薄壁墩

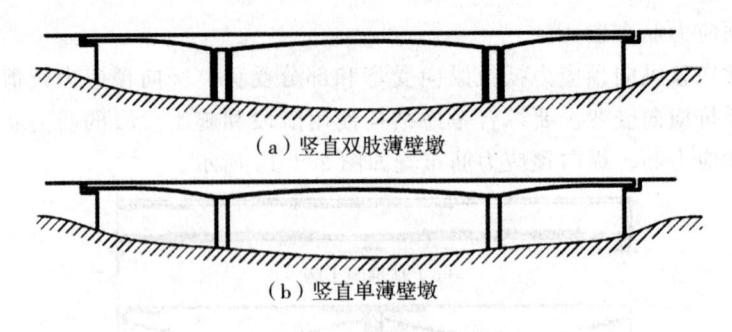

（b）竖直单薄壁墩

图 2.1-16　连续刚构桥

（4）刚架桥

刚架桥包括门式刚架桥、斜腿刚架桥等。当梁与柱及基础形成一个刚性连接的闭合框架结构则称框架桥（或框构桥），地道桥多数采用此结构形式，如图 2.1-17 所示。

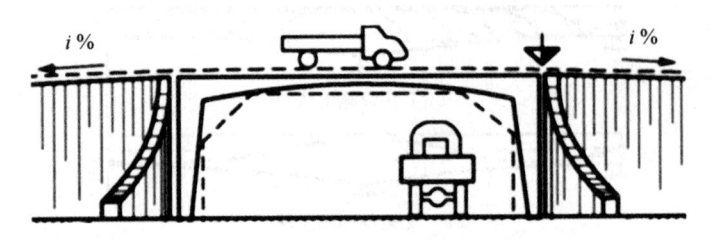

图 2.1-17　门式刚架桥示意

陕西安康汉江桥建成于 1982 年，是一座跨越汉江的钢斜腿刚架铁路桥，斜腿基脚之间的跨长 176m，是目前同类型铁路钢桥中跨径最大者，如图 2.1-18 所示。

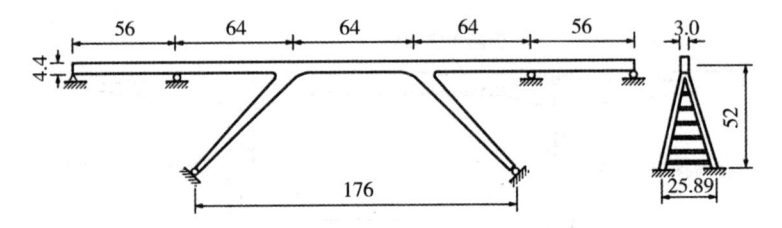

图 2.1-18　陕西安康汉江桥立面及横断面图（尺寸单位：m）

2.2　梁桥主要施工方法

通常梁桥有就地浇筑法和预制安装法两种主要的施工方法。无论采用哪一种施工方法，混凝土梁桥都必须经过基本施工工艺流程：支立模板→钢筋骨架成型→浇筑及振捣混凝土→养护及拆除模板。

2.2.1 就地浇筑的梁桥施工

(1) 支架

①为了完成梁桥的就地浇筑施工，首先应合理选择支架形式，常用支架形式如图 2.2-1 所示。

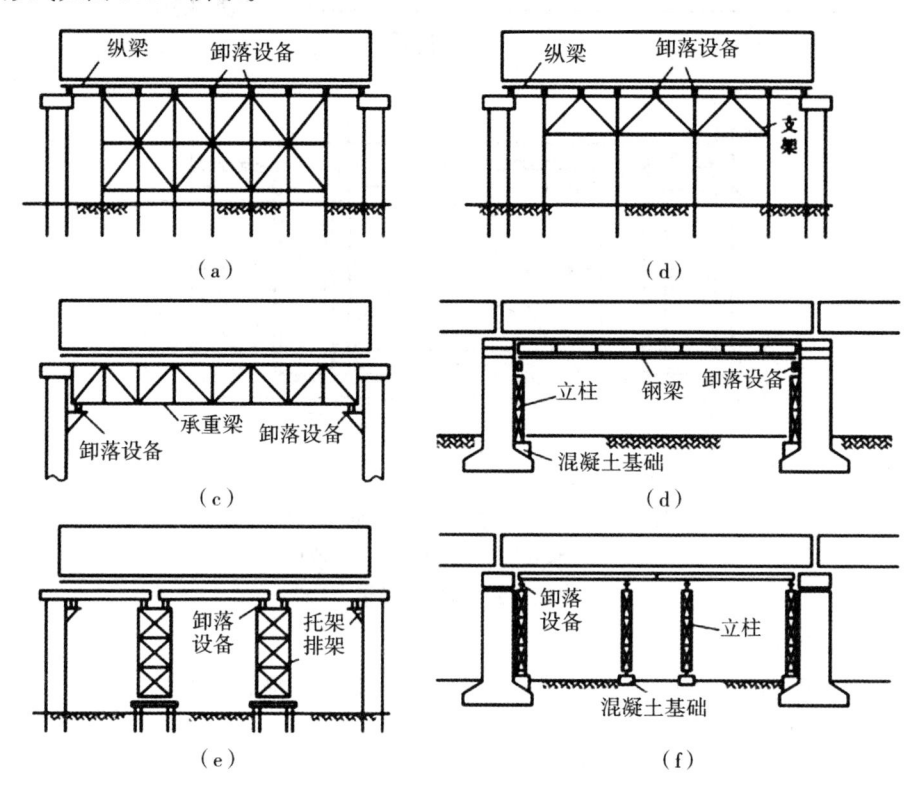

图 2.2-1 常用支架的主要构造

②支架的基础必须坚实可靠，以保证其沉陷值不超过施工规范的规定。

③施工时必须设置一定的预拱度，使得上部结构在卸架后得到符合设计规定的线形。

(2) 模板

常用模板有木模板、钢木模板、胶合板模板、钢模板等，跨径不大的肋梁一般采用木模板。肋板梁模板如图 2.2-2 所示。模板的卸落应对称、均匀和有序进行，卸架设备一般采用木楔和砂筒。

（a）

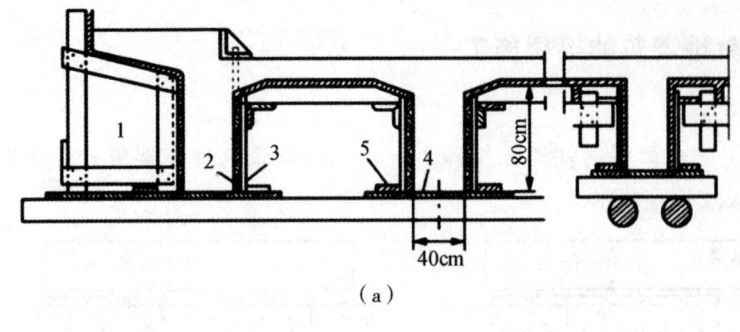

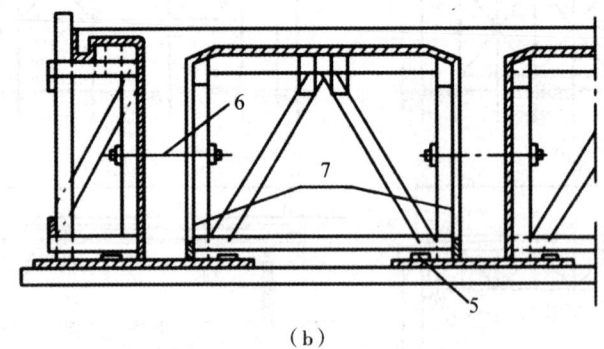

（b）

1——小柱架；2——侧面镶板；3——肋木；4——底板；
5——压板；6——拉杆；7——填板

图 2.2-2　肋板梁模板

（3）钢筋骨架

混凝土梁内的钢筋骨架由纵向钢筋、架立筋、箍筋、弯起钢筋、分布钢筋以及附加钢件构成，如图 2.2-3 所示。

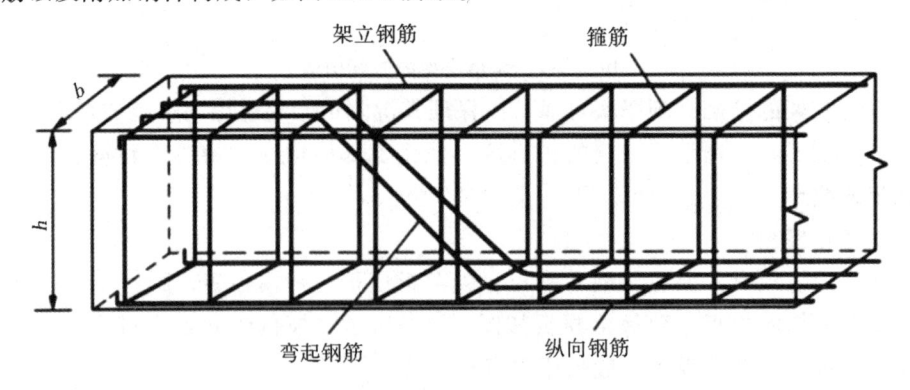

图 2.2-3　简支梁的钢筋构造示意

（4）浇筑及振捣混凝土

包括混凝土搅拌、运输、浇筑、振捣四个工序。跨径不大的梁桥通常采用水平分层法浇筑或用斜层法从梁的两端对称地向跨中浇筑，跨径较大的梁桥一般在桥面板与纵横梁之间设置工作缝，如图 2.2-4 所示。

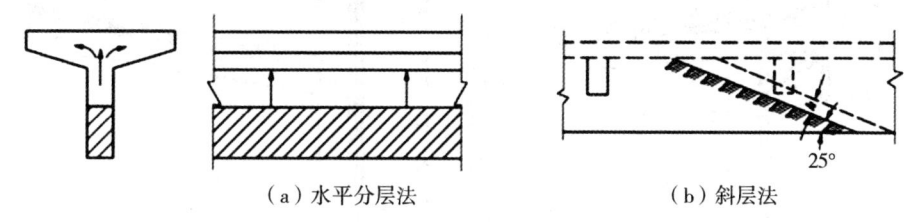

（a）水平分层法　　　　　（b）斜层法

图 2.2-4　混凝土的浇筑方法

（5）养护及拆模

应在混凝土收浆后尽快用草袋、麻袋或稻草等覆盖和洒水养护。

模板拆除时应注意以下几点：

1）非承重侧模板应在混凝土抗压强度达到 2.5MPa，且能保证其表面及棱角不致因拆模而受损坏时方可拆除。

2）芯模和预留孔道的内模，应在混凝土强度能保证其表面不发生坍塌或裂缝时，方可拆除。

3）钢筋混凝土结构的承重模板、支架，应在混凝土强度能承受其自重荷载及其他可能的叠加荷载时，方可拆除。

4）对预应力混凝土结构，其侧模应在预应力钢束张拉前拆除；底模及支架应在建立预应力后方可拆除。

5）卸落模板、支架时，总的原则要求是由变形最大处向变形最小或无变形处过渡，对称、少量、多次、逐渐完成，使结构物逐步承受荷载，其目的是为避免结构物在卸落模板、支架的过程中发生开裂等质量事故。

2.2.2　预制钢筋混凝土及预应力混凝土简支梁桥施工

（1）预制工艺

预制简支梁多属于标准设计，在桥梁工地或预制厂预制，然后是构件运输（场内或场外）和构件安装。常用模板材料有木模和钢模，模板构造如图 2.2-5 所示。

先张法预制板梁的张拉台座有墩式和槽式两种，墩式台座如图 2.2-6 所示。后张法预应力混凝土简支梁是构件制作之后再施加预应力，在梁体内预留预应力孔道所用的制孔器主要有铁皮管、（金属或塑料）波纹管、橡胶管三种。

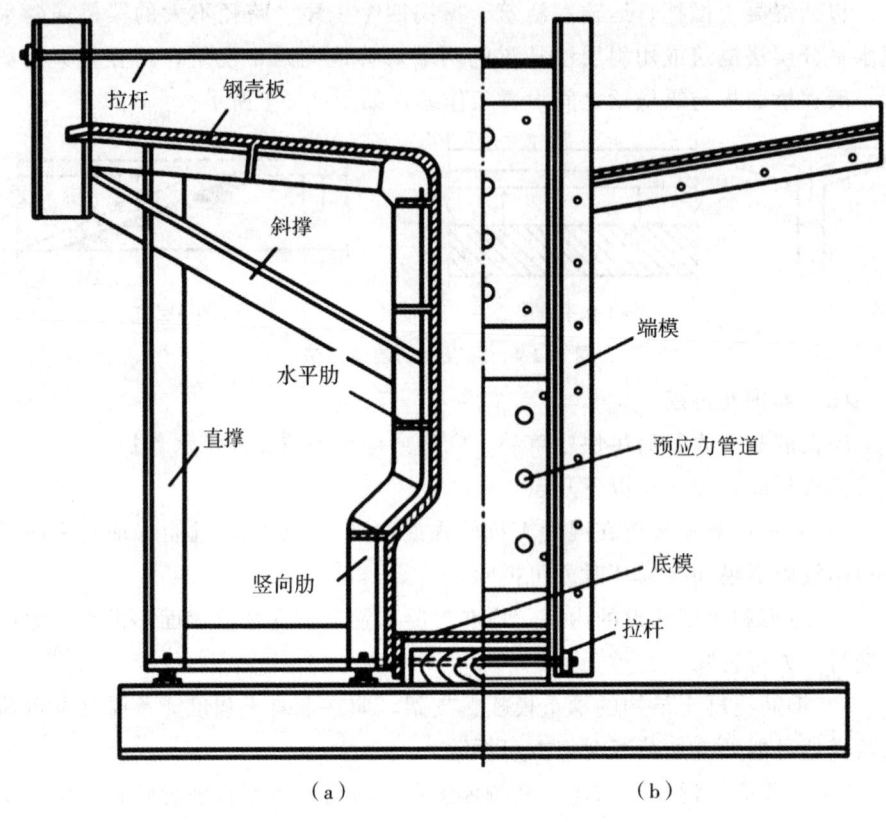

（a） （b）

图 2.2-5 装拆式钢模板构造

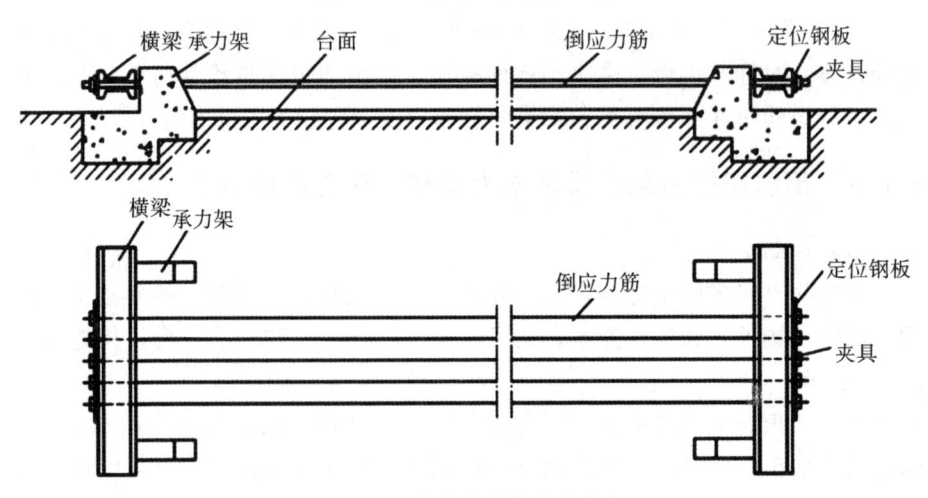

图 2.2-6 墩式台座构造示意图

（2）预制构件的运输和安装

1）预制构件的运输

场内运输通常铺设钢轨便道，在预制场地先用龙门吊将预制梁装上平车，再用绞车牵引运抵桥头。场外运输通常用大型平板车、驳船或火车等运输工具，需临时固定和采取防止预制梁发生负弯矩的措施。

2）预制构件的安装

预制简支梁的安装方法和设备较多，这里仅介绍常用的架梁方法，如自行式吊车架设法、浮吊架设法、跨墩龙门吊架梁法、架桥机架梁等，分别如图 2.2-7、2.2-8、2.2-9、2.2-10 所示。

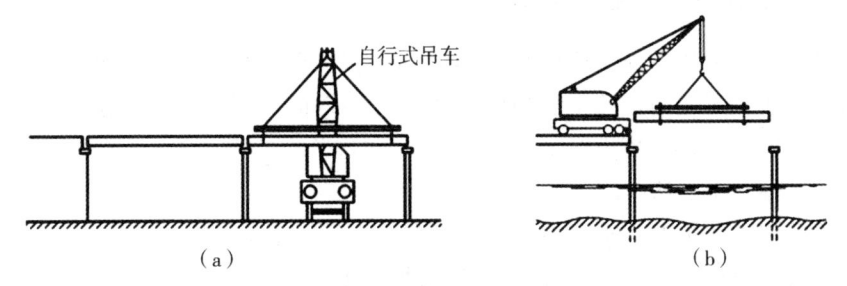

图 2.2-7　自行式吊车架设法

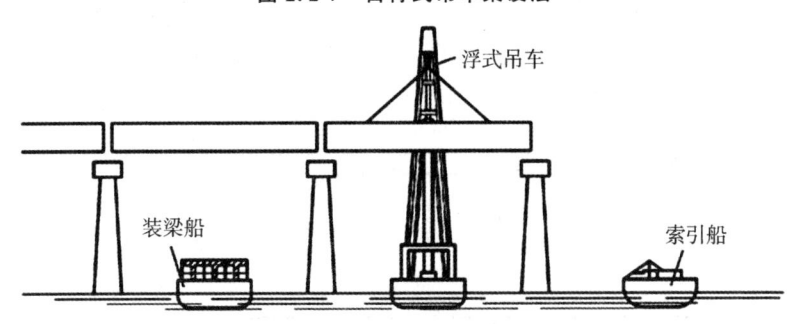

图 2.2-8　浮吊架设法

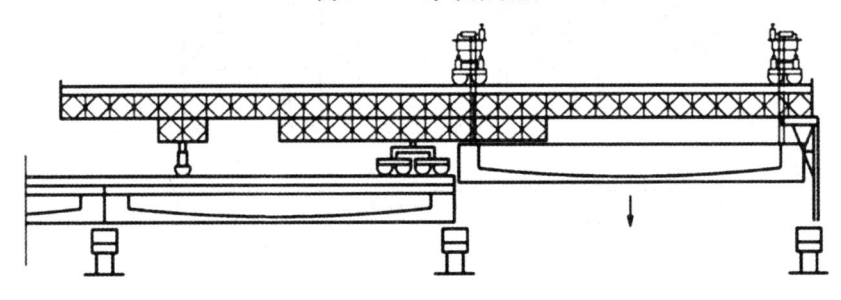

图 2.2-9　跨墩龙门式吊车架梁

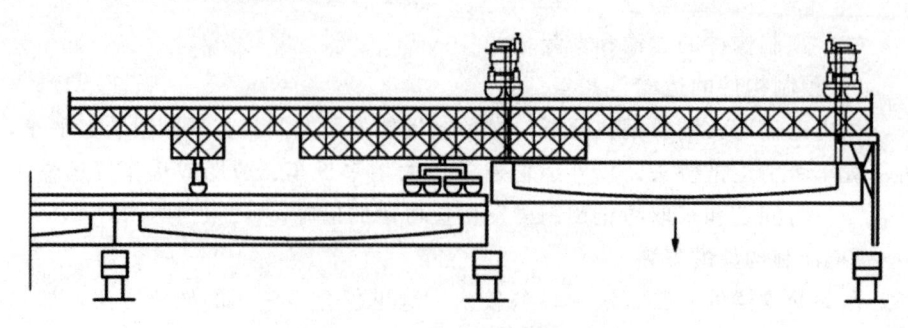

图 2.2-10　架桥机架梁示意

2.2.3　连续体系梁桥的施工

连续体系梁桥和简支梁桥最大的区别是有承受负弯矩的中支点截面，因此施工方法大不相同，除了就地浇筑法以外，目前常用的施工方法有逐孔施工法、悬臂施工法和顶推施工法三类。

（1）逐孔施工法

逐孔施工法主要包括落地支架施工和移动模架施工。

落地支架施工方法与简支梁桥的就地浇筑法基本相同，不同之处是需要考虑不均匀沉降和混凝土收缩的影响，一般采用留施工缝（因设计要求或施工需要分次浇筑，而在先、后浇筑的混凝土之间形成的接缝）或分段浇筑的方法，如图 2.2-11 所示。

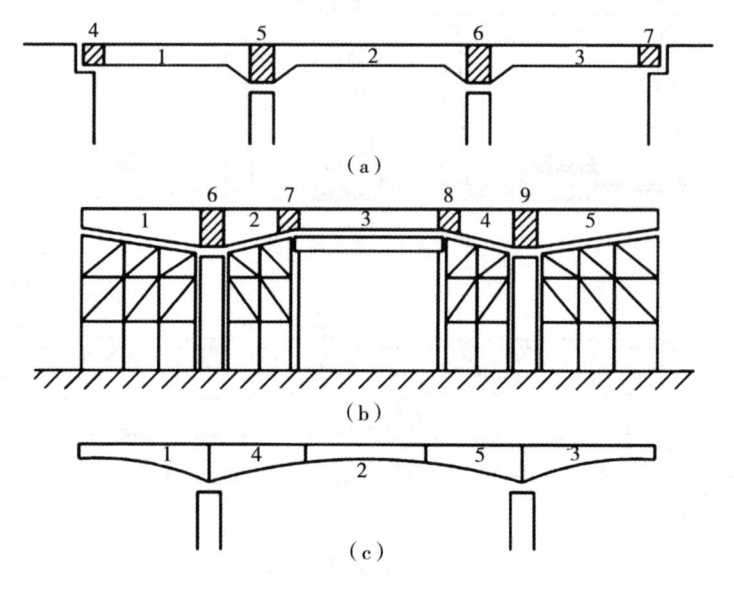

图 2.2-11　浇筑次序和工作缝设置（图中序号表示浇筑顺序）

第2章 梁桥常见结构形式和主要施工方法

施工缝的位置应在混凝土浇筑之前确定，且宜设置在结构受剪力和弯矩较小且便于施工的部位。对施工缝的处理应符合以下要求：

1）施工缝处混凝土表面的光滑表层、松弱层应予凿除，凿毛的最小深度应不小于8mm。对施工缝处混凝土的强度，当采用水冲洗凿毛时，应达到0.5MPa；人工凿除时，应达到2.5MPa；采用风动机凿毛时，应达到10.0MPa。

2）经凿毛处理后的混凝土面，新混凝土浇筑前，应采用洁净水冲洗干净。

3）对重要部位及有抗震要求的混凝土结构或钢筋稀疏的钢筋混凝土结构，宜在施工缝处补插适量的锚固钢筋。

移动模架施工法是使用移动式的脚手架和装配式的模板，在桥上逐孔浇筑施工，像设在桥孔上的一座移动式预制场，不断移动和连续现浇施工，如图2.2-12所示。

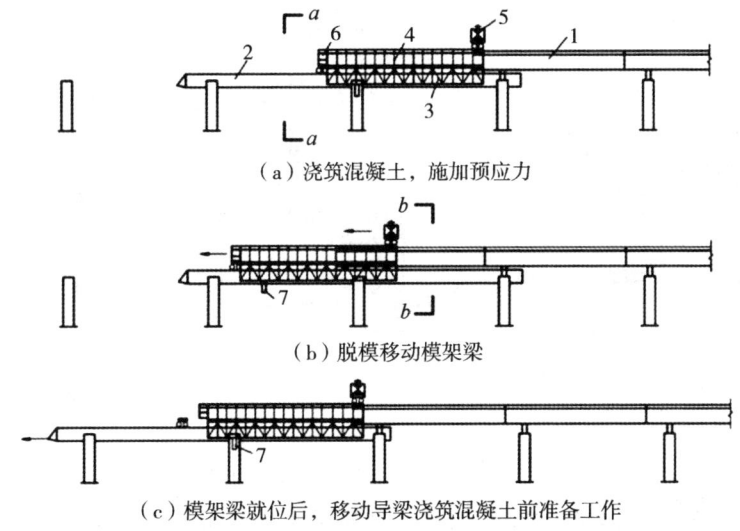

(a) 浇筑混凝土，施加预应力

(b) 脱模移动模架梁

(c) 模架梁就位后，移动导梁浇筑混凝土前准备工作

1——已完成的梁；2——导梁；3——承重梁；4——模架；
——后端横梁和悬吊台车；6——前端横梁和支承台车；7——桥墩支承托架

图2.2-12 移动式模架逐孔施工法

（2）悬臂施工法

悬臂施工法又分为悬臂浇筑法和悬臂拼装法。悬臂浇筑法的主要施工设备是移动式挂篮，以桥墩为中心，对称向两岸利用挂篮浇筑梁节段，如图2.2-13所示。

悬臂拼装法是将预制的梁段，利用墩两侧的一对吊机，对称吊装梁段，就位后再施加预应力，预制节段之间的接缝可采用湿接缝和胶接缝，如图2.2-14所示。

(a)

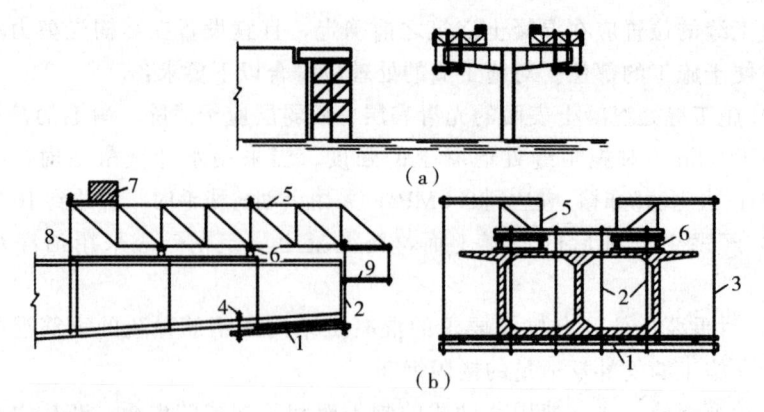

(b)

1——底模架；2、3、4——悬吊系统；5——承重结构；6——行走系统；
7——平衡重；8——锚固系统；9——工作平台

图 2.2-13　悬臂浇筑法施工

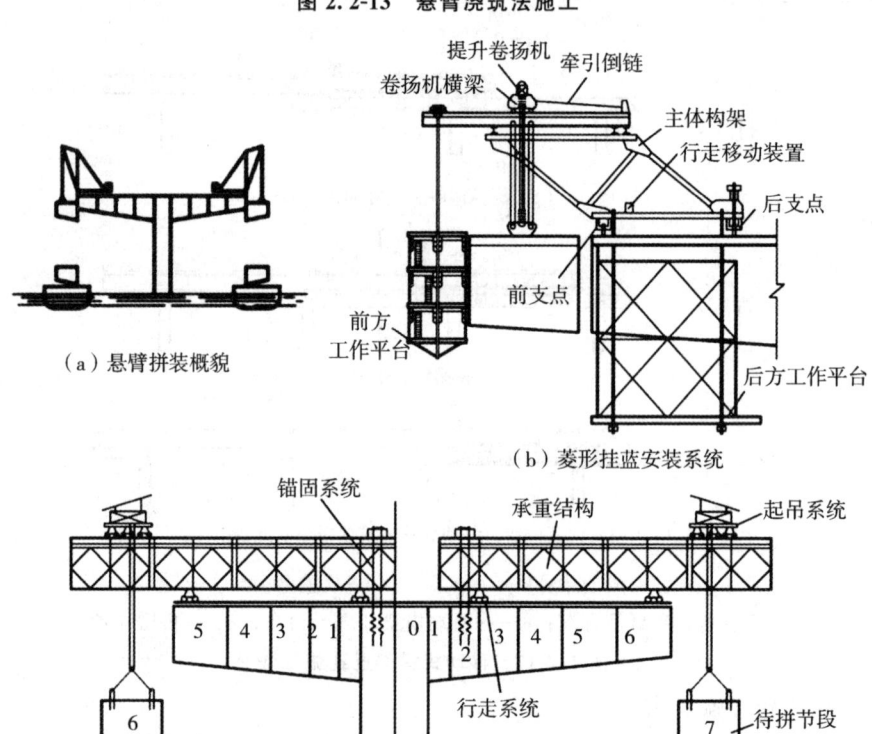

(a) 悬臂拼装概貌

(b) 菱形挂蓝安装系统

(c) 桁架式悬臂吊机构造

图 2.2-14　悬臂拼装法施工

连续梁桥采用悬臂法时必须采取墩梁临时固结措施,连续刚构桥因墩梁本身就是固结的,所以不需要。

(3) 顶推施工法

顶推施工法适宜于建造跨径为 40~60m 的多跨等高度连续梁桥,当跨度更大时需要在桥跨之间设置临时墩。顶推法可分为单点顶推和多点顶推两种方式,顶推工序:顶升梁→向前推移→落下竖直千斤顶→收回水平千斤顶。为减小悬臂梁的负弯矩,在梁前端通常安装钢导梁,如图 2.2-15 所示。为防止梁体在平面内发生偏移,通常在墩顶梁体两侧设置横向导向装置,如图 2.2-16 所示。

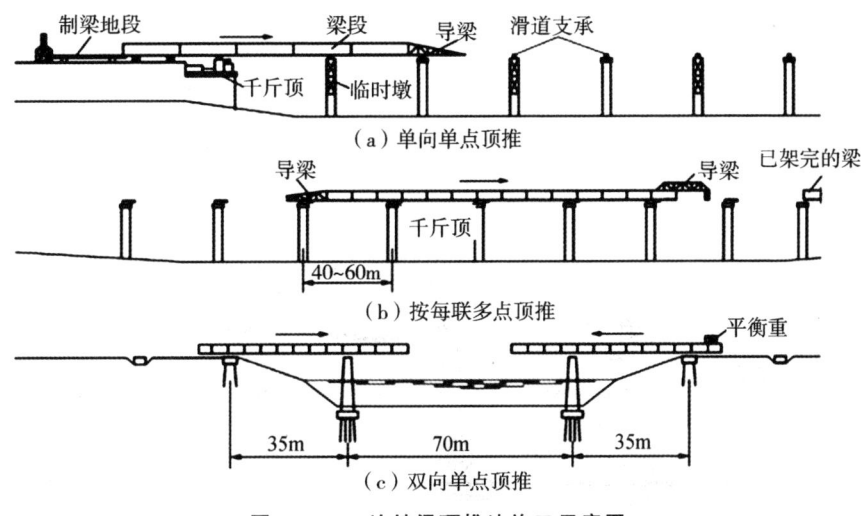

图 2.2-15 连续梁顶推法施工示意图

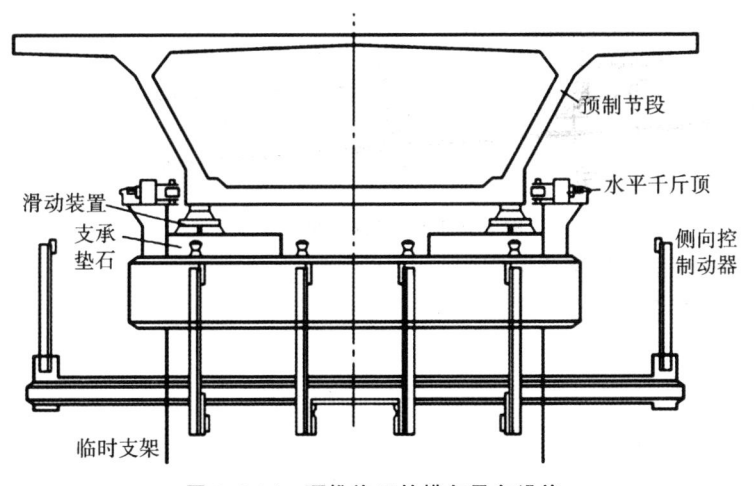

图 2.2-16 顶推施工的横向导向设施

2.3 梁桥施工的典型工程实例

2.3.1 长春D1南延长线-预应力混凝土连续梁桥预制拼装施工

(1) 工程概况

本项目位于长春"净月开发区",起点为和美路以北约500m,终点为天普路,为高架桥。选取本项目第三标段主线倒数第三联4×25m先简支后连续小箱梁为例予以介绍。该联桥位于新城大街与天普路交汇以北约700m处的快速路主线高架桥,墩号为STC43~STC47,如图2.3.1-1所示。该联桥梁采用预制拼装施工工艺,是一种将混凝土桥梁上部和下部结构的主要构件在预制场预制、现场拼装的施工方法。预制构件有墩柱、盖梁、小箱梁。

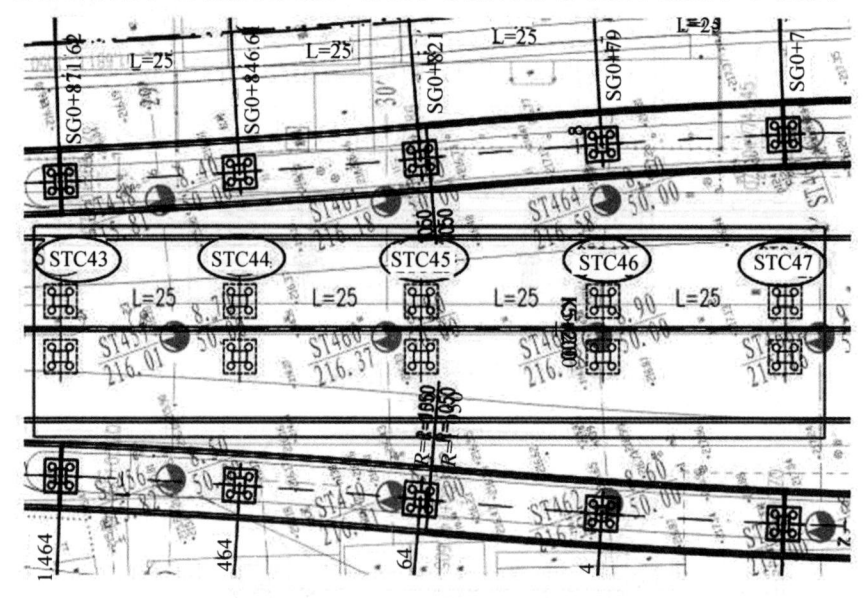

图 2.3.1-1 桥梁位置示意图

(2) 立柱预制拼装施工

总的施工流程:立柱厂内预制→立柱运输→立柱现场拼装。

立柱按照高度、截面大小,预制拼装工艺有两种形式。不同的预制拼装工艺,连接器连接方式和连接器预埋位置不一样。

第一种形式的立柱,高度相对较高,截面积相对较小,顶端有盖梁。这种立柱采用的连接方式为:立柱底端预埋灌浆套筒连接器,承台预埋连接钢筋,立柱顶面预埋连接钢筋,盖梁上预埋灌浆套筒连接器或波形钢管连接器。

在承台和立柱结合面坐浆，浆液强度为60MPa，然后在立柱和承台连接处灌浆套筒内压浆，浆液强度为100MPa；在立柱和盖梁结合面坐浆，浆液强度为60MPa，然后在立柱和盖梁连接处灌浆套筒内压浆或波形钢管连接器直接倒浆，浆液强度为100MPa。本工程采用连接方式如图2.3.1-2所示。

第二种形式的立柱，高度相对较矮，截面积相对较大，立柱顶端没有盖梁。这种立柱的连接方式为：立柱底端预埋连接钢筋，承台内预埋波形钢管套筒连接器。承台结合面坐浆和波形钢管套筒内直接倒浆同时进行，浆液强度全部为100MPa。如图2.3.1-3所示。

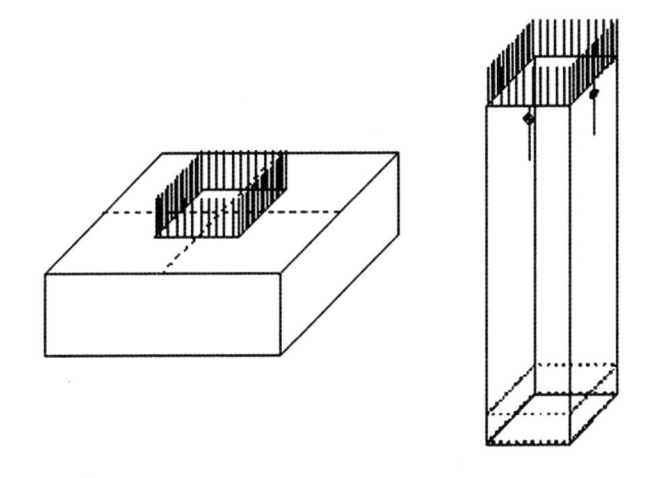

图 2.3.1-2　承台预埋连接钢筋和立柱工厂预制

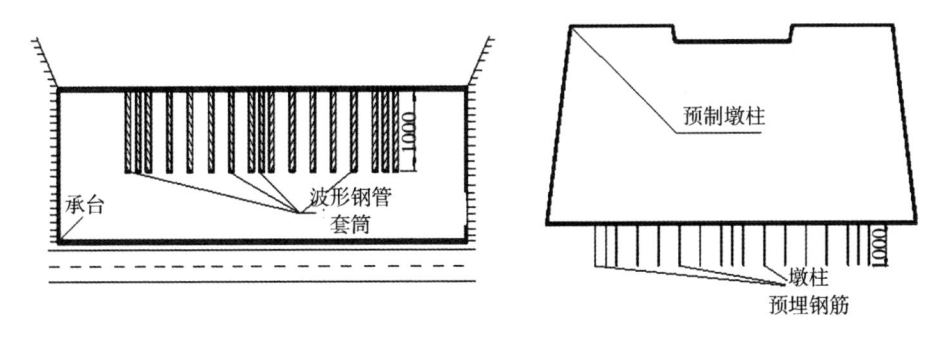

图 2.3.1-3　承台预埋波形钢管套筒和预制墩柱（带预埋连接钢筋）

1) 立柱预制

①立柱预制施工流程

立柱预制施工流程图，见图2.3.1-4。

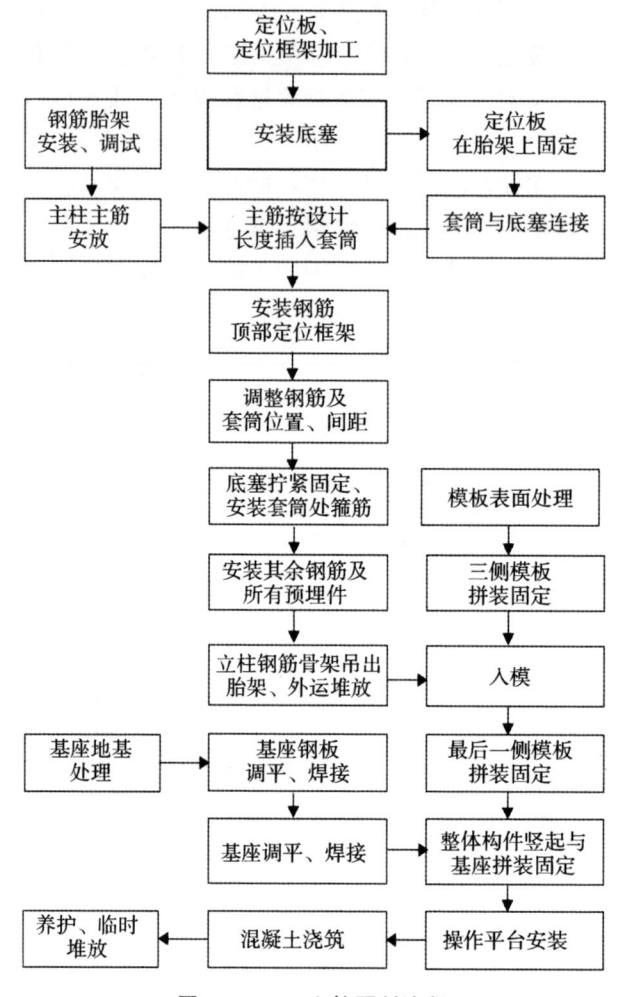

```
                    ┌─────────────┐
                    │ 定位板、    │
                    │ 定位框架加工│
                    └──────┬──────┘
┌──────────┐  ┌─────────┐  ┌─────────────┐
│钢筋胎架  │  │安装底塞 │→│定位板       │
│安装、调试│  └────┬────┘  │在胎架上固定 │
└────┬─────┘       │       └──────┬──────┘
     │             ↓              │
┌────┴─────┐  ┌─────────────┐  ┌──┴──────────┐
│主柱主筋  │→ │主筋按设计   │← │套筒与底塞连接│
│安放      │  │长度插入套筒 │  └─────────────┘
└──────────┘  └──────┬──────┘
                     ↓
              ┌─────────────┐
              │安装钢筋     │
              │顶部定位框架 │
              └──────┬──────┘
                     ↓
              ┌─────────────┐
              │调整钢筋及   │
              │套筒位置、间距│
              └──────┬──────┘
                     ↓
              ┌─────────────┐  ┌─────────────┐
              │底塞拧紧固定、│  │模板表面处理 │
              │安装套筒处箍筋│  └──────┬──────┘
              └──────┬──────┘         ↓
                     ↓          ┌─────────────┐
              ┌─────────────┐    │三侧模板     │
              │安装其余钢筋及│    │拼装固定     │
              │所有预埋件   │    └──────┬──────┘
              └──────┬──────┘         ↓
                     ↓           ┌─────────┐
              ┌─────────────┐    │入模     │
              │立柱钢筋骨架吊出│  └────┬────┘
              │胎架、外运堆放 │       ↓
              └──────┬──────┘   ┌─────────────┐
┌──────────┐        │           │最后一侧模板 │
│基座地基  │  ┌─────┴──────┐    │拼装固定     │
│处理      │→ │基座钢板    │    └──────┬──────┘
└──────────┘  │调平、焊接  │          ↓
              └─────┬──────┘   ┌─────────────┐
                    ↓           │整体构件竖起与│
              ┌────────────┐←──│基座拼装固定 │
              │基座调平、焊接│  └──────┬──────┘
              └─────┬──────┘          ↓
                    ↓            ┌─────────────┐
┌──────────┐  ┌─────────┐←──── │操作平台安装 │
│养护、临时│←│混凝土浇筑│      └─────────────┘
│堆放      │  └─────────┘
└──────────┘
```

图 2.3.1-4 立柱预制流程

②灌（压）浆套筒加工

a. 灌浆连接套筒

灌浆连接套筒采用高强球墨铸铁制作，见图 2.3.1-5。套筒相互之间采用箍筋连接，所有套筒制作成整体灌浆连接型。整体灌浆连接型套筒一端为预制安装端，另一端为现场拼装端，套筒中间应设置钢筋限位挡板；预制安装端及现场拼装端长度均不小于 10 倍的纵向钢筋直径，现场拼装端内径尺寸 50mm；套筒下端应设置压浆口，套筒上端应设置出浆口，压浆口与端部净距大于 2cm；套筒制作允许误差为 2mm。

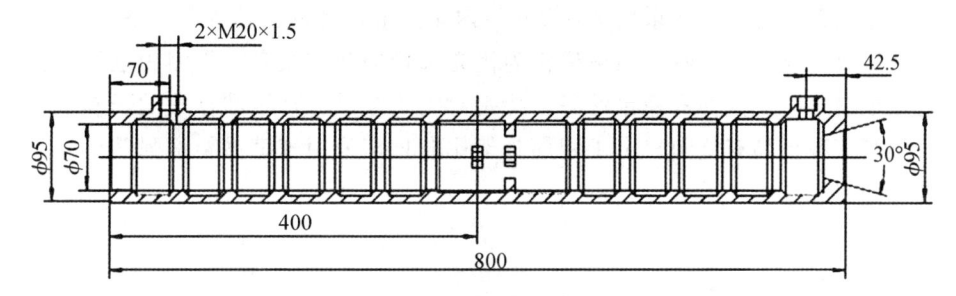

图 2.3.1-5　单个套筒尺寸（单位：mm）

b. 定位板和定位框架

整套定位系统有两块定位框架和两个定位板。一个定位框架用于立柱主钢筋顶端定位，一个定位框架用于承台预埋连接钢筋定位。定位框架必须在同一个钢模板厂内生产，确保两块定位板和两个定位框架预留孔洞一一对应，如图 2.3.3-6 所示。一个定位板用于套筒底端定位用，另一个定位板用于盖梁预制套筒底端定位用。

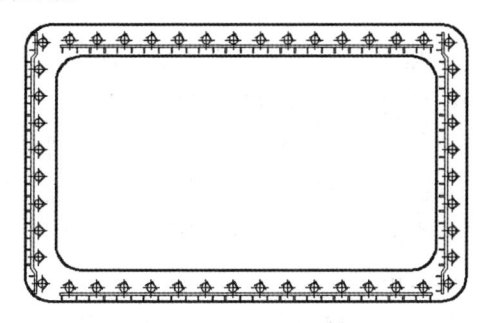

图 2.3.1-6　定位框架

c. 套筒定位和主筋安装

套筒定位安装、主筋安装流程：底塞安装→套筒安装→主筋插入套筒→主筋插入套筒定位，如图 2.3.1-7 所示。对其余钢筋及预埋件等不做赘述。

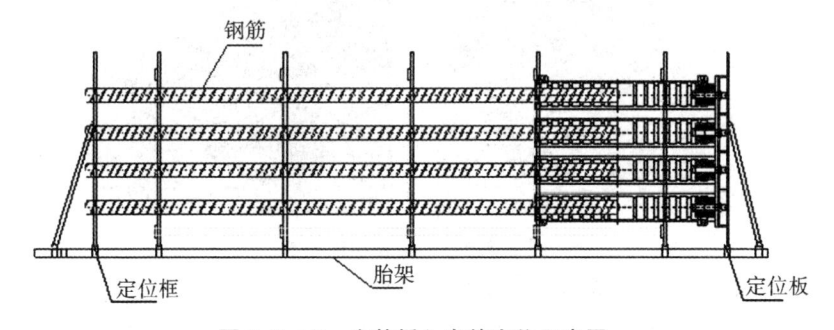

图 2.3.1-7　主筋插入套筒定位示意图

· 27 ·

立柱钢筋骨架吊运采用2台20t厂内龙门吊，将钢筋骨架平放整体起吊，然后堆放在支架上。将龙门吊机作为优先选择的起重设备，是因为这种吊机适用范围广，安全性和稳定性好，特别对立式起吊、移运和存放的预制墩台身预制节段更具有优势。由于钢筋骨架比较长，采用辅助吊架增强其整体刚度。如图2.3.1-8所示。

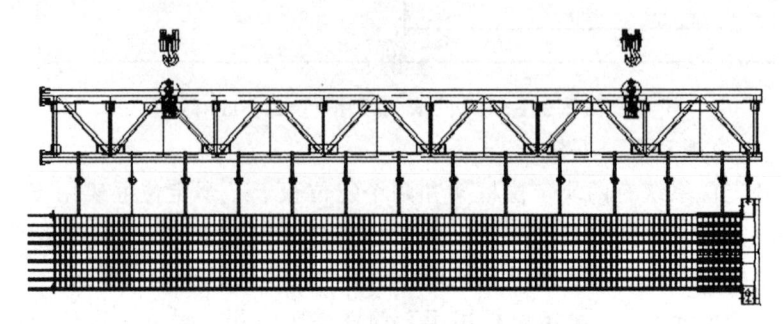

图2.3.1-8 立柱钢筋骨架起吊示意图

d. 立柱钢模板

立柱钢模板由底座和四片整体式钢模组成，如图2.3.1-9所示。为防止立柱混凝土浇筑时钢模板的变形和确保钢模板的刚度，钢模板采用10mm的钢板。相邻之间的钢模板采用精轧螺纹钢连接。钢筋骨架入模前，先进行立柱钢模板部分拼装。钢模板拼装次序为：宽面模板平放在混凝土上→第一片窄面模板拼装→第二片窄面模板拼装。在钢模板翻转过程中，采用一端起吊，一端落地的形式。龙门吊吊住顶端，底端铺垫软性物，比如砂袋、橡胶轮胎、成捆的土工布等。最后将立柱钢筋骨架吊到底座位置，立柱钢筋骨架定位板螺栓孔与底座钢板螺栓孔对齐，并用螺栓临时连接，在四个角布置缆风绳作为微调整、防倾覆及防偏移措施。

图2.3.1-9 底座和钢模板

e. 安装混凝土浇筑平台和混凝土浇筑

混凝土浇筑平台采用型钢制作，在立柱钢模板制作时，相互配套。平台内螺栓孔与立柱钢模板采用螺栓连接，悬挑部分利用斜撑和立柱钢模板通过螺栓连接。预制立柱混凝土，采用立式浇筑工艺，高性能自密实混凝土一次性浇筑完成。用2台载重16m³的混凝土搅拌车运输和一台46m长的混凝土泵车进行立式浇捣。为了防止混凝土离析，在泵车的出口接橡胶导管，导管插入立柱钢模板内，导管出口离开混凝土浇筑面1.0~1.5m，如图2.3.1-10所示。

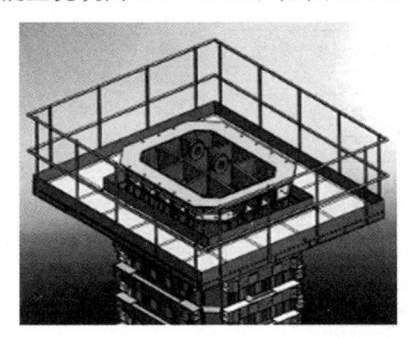

图 2.3.1-10　混凝土浇筑平台和混凝土浇筑

混凝土浇筑完成，达到一定的强度后，拆除混凝土浇筑平台、钢模板和钢筋定位框架。拆除次序：混凝土浇筑平台→钢模板→定位框架。

2）立柱运输

预制成型的立柱，不同的截面，不同的高度，重量不同，最重的立柱达到100t以上，最长的立柱可达到12m。为了尽量减少对沿线道路的损坏，不得采用超载车辆，并且采用多轴车辆，单轴考虑载重15~20t。前车采用大型牵引车，后车采用液压式平板车。

厂内预制的立柱采用竖向堆放存储，运输的时候采用平放，所以在装车前对立柱进行翻转。立柱翻转装车次序：竖向立柱起吊→立柱翻身→立柱平放→穿吊带→立柱装车。如图2.3.1-11所示。

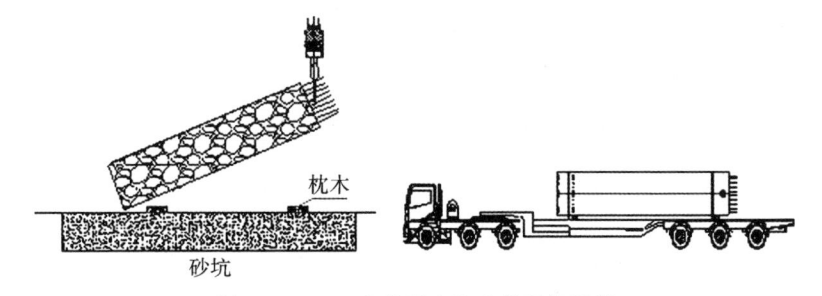

图 2.3.1-11　立柱翻身和立柱运输示意

3）立柱现场拼装

立柱拼装施工流程，见图2.3.1-12，立柱与承台套筒连接见图2.3.1-13。

桥梁工程实习指导书

为增强立柱与承台拼接面的粘结性,对立柱范围内的承台拼接面进行凿毛。当浆液铺设完成后,立即进行立柱拼装。立柱拼装必须在浆液凝固控制时间(30min)内完成。立柱拼装完成12h后,卸掉千斤顶,拆除牛腿和档浆模板。然后用小锤将出浆孔接头钉入出浆孔内,在接头处安装出浆管,出浆管高度必须高出预埋套筒在立柱内高度,以保证压浆到位。

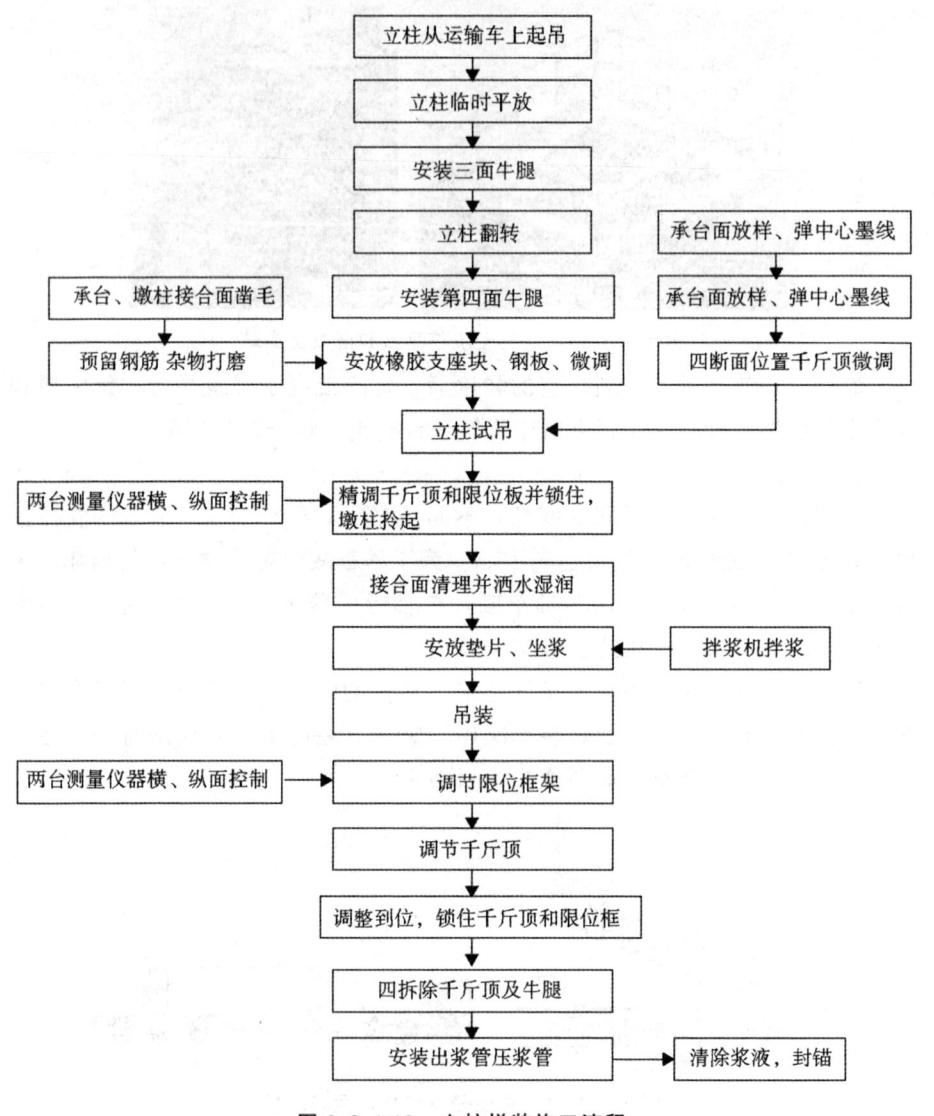

图 2.3.1-12 立柱拼装施工流程

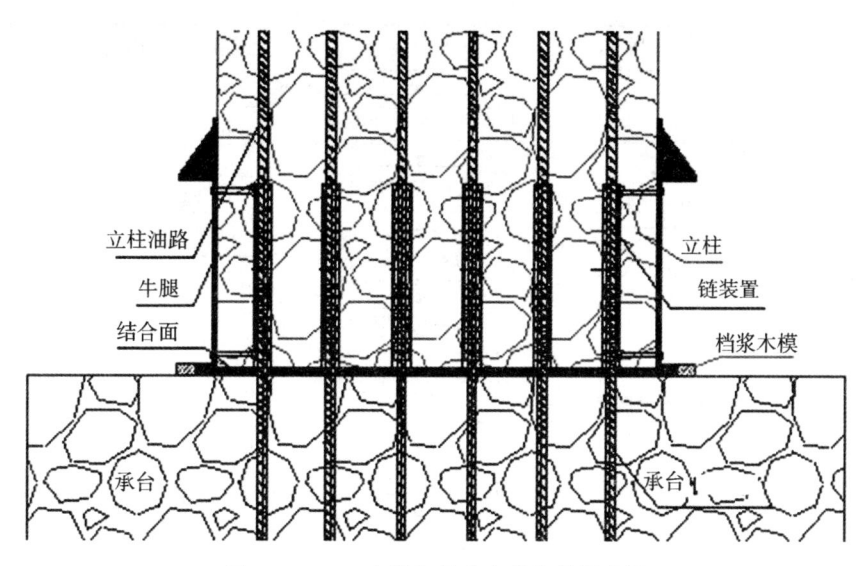

图 2.3.1-13　立柱与承台套筒连接示意图

（3）盖梁预制拼装施工

总的施工流程：盖梁厂内预制→盖梁运输→盖梁现场拼装。

在盖梁加工预制施工中预埋与已预制完成的墩柱柱顶 φ40 主筋相应根数、间距、长度为 1.2m 的波纹钢管套筒连接器。待墩柱吊装完毕后，将预制好的相应规格盖梁运输至施工现场。在墩柱顶、盖梁底预留套筒位置交接面铺设 60MPa 高强度的浆料，在盖梁内波形钢管内填充 100MPa 高强度的浆料，然后采用大型吊机将盖梁吊起，让墩柱预留的 1.2m 长 φ40 钢筋插入盖梁波形钢管连接器内。调整盖梁纵横向偏位，然后放下盖梁，让其与墩柱顶面紧密结合。

1）盖梁预制

盖梁预制流程见图 2.3.1-14。

钢绞线采用后穿法。在混凝土浇筑前。预应力管道穿入内衬管，待混凝土初凝后将内衬管拔出，然后对预应力管理清理、冲洗、吹干，再穿设钢绞线。预应力张拉采用控制力、伸长量双控法。张拉完成后，对端头钢绞线采用手持砂轮机进行切割，切割面离外挡块面混凝土 3～4cm。同时将露出锚具的钢绞线部分充填水泥砂浆，但是不得阻塞压浆孔。管道压浆采用串联式压浆。用内含钢丝的塑料胶管将管道串联，2～4 束同时循环压浆的方法。槽口采用注浆法进行封锚，与传统混凝土封锚相比较，在密实性、外观质量都有较大的改观。

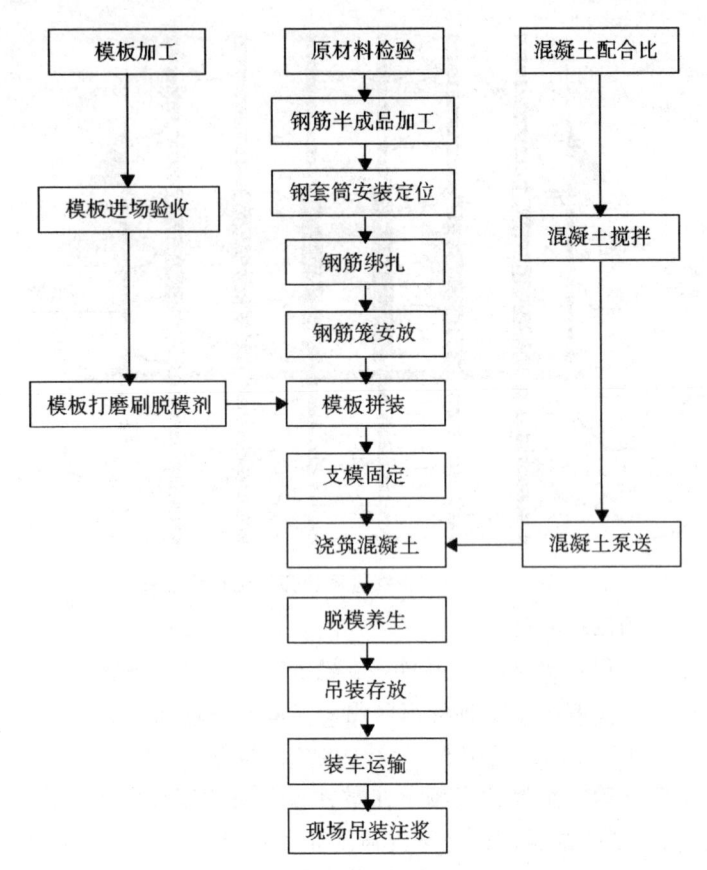

```
                                    原材料检验
                                        ↓
                                   钢筋半成品加工
     模板加工                          ↓
        ↓                         钢套筒安装定位      混凝土配合比
     模板进场验收                      ↓                ↓
        ↓                          钢筋绑扎          混凝土搅拌
        ↓                            ↓                ↓
     模板打磨刷脱模剂 →             钢筋笼安放
                                     ↓
                                   模板拼装
                                     ↓
                                   支模固定
                                     ↓
                                   浇筑混凝土  ←    混凝土泵送
                                     ↓
                                   脱模养生
                                     ↓
                                   吊装存放
                                     ↓
                                   装车运输
                                     ↓
                                   现场吊装注浆
```

图 2.3.1-14 预制盖梁施工流程

盖梁钢筋笼最大重量为 35t 左右，采用两台 20t 行车抬吊，吊架及链条方式起吊，两端张拉槽口模板一同起吊入模。如图 2.3.1-15 所示。

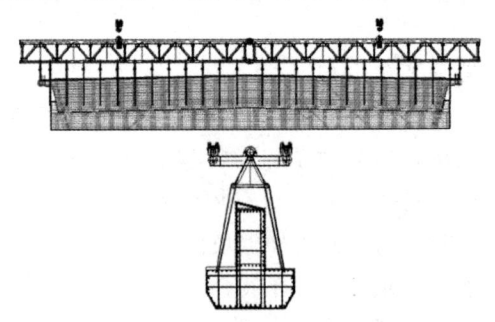

图 2.3.1-15 预制盖梁钢筋笼吊装工况图

盖梁最大重量为 235t 左右，采用两台 160t 行车抬吊，盖梁通过扁担起吊。

第 2 章 梁桥常见结构形式和主要施工方法

盖梁预制其余的施工工序，以及盖梁运输和现场拼装，与墩柱预制类似，不再赘述。

2）盖梁现场拼装

盖梁现场拼装流程如图 2.3.1-16 所示。根据盖梁最大吊重和吊装相对高度，采用两台 XGC260t 履带吊双机抬吊卸车和吊装。盖梁拼装如图 2.3.1-17 所示。

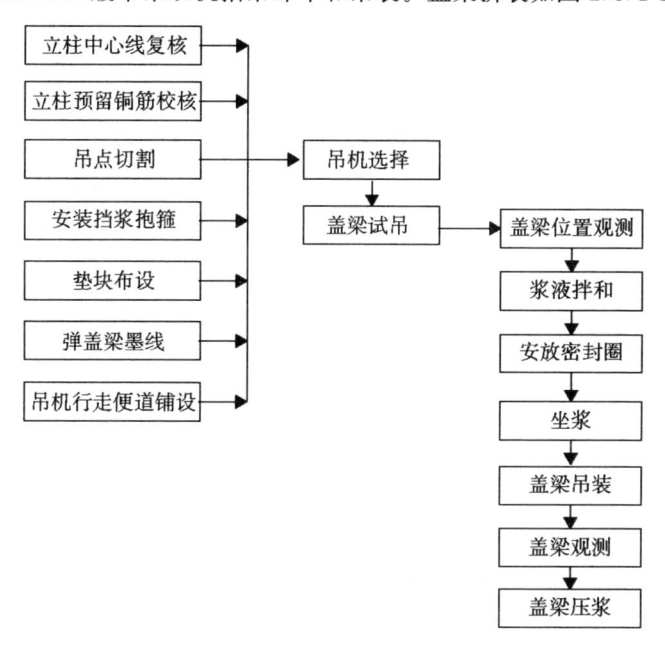

图 2.3.1-16 盖梁拼装流程图

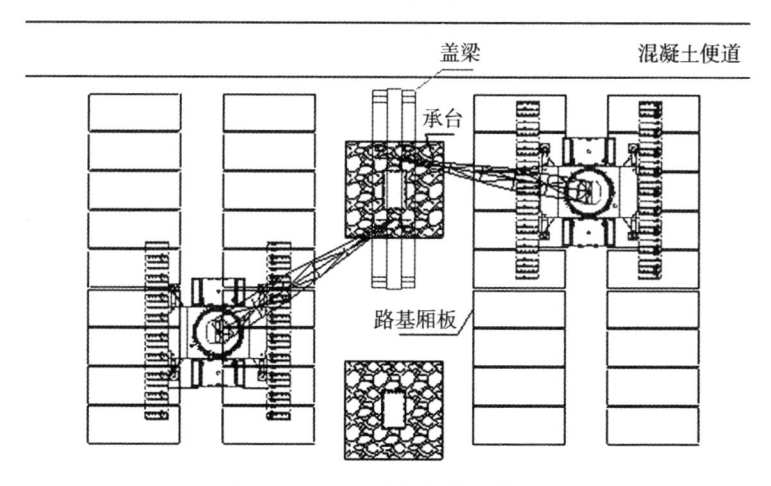

图 2.3.1-17 盖梁拼装示意图

(4) 小箱梁预制拼装施工

1) 小箱梁预制

预制小箱梁施工工艺流程如图 2.3.1-18 所示。

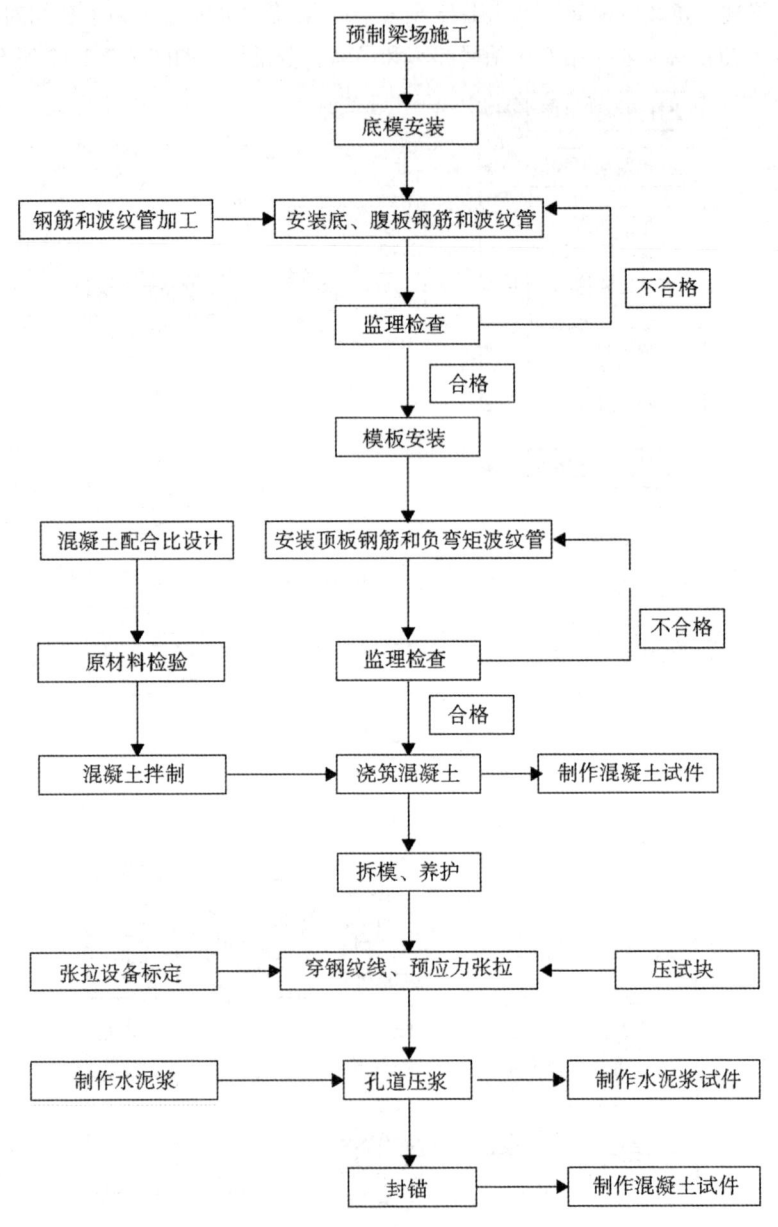

图 2.3.1-18 箱梁预制工艺流程图

后张预应力筋张拉工艺流程如图 2.3.1-19 所示。

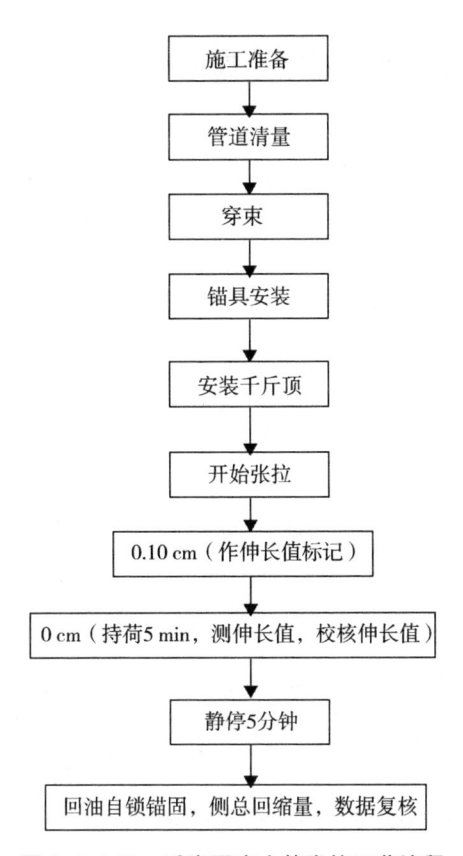

第 2 章 梁桥常见结构形式和主要施工方法

```
施工准备
   ↓
管道清量
   ↓
穿束
   ↓
锚具安装
   ↓
安装千斤顶
   ↓
开始张拉
   ↓
0.10 cm（作伸长值标记）
   ↓
0 cm（持荷5 min，测伸长值，校核伸长值）
   ↓
静停5分钟
   ↓
回油自锁锚固，侧总回缩量，数据复核
```

图 2.3.1-19 后张预应力筋张拉工艺流程

2）小箱梁吊运和现场拼装

梁场移梁采用龙门吊，现场采用汽车吊进行吊装就位，如图 2.3.1-20 所示。

图 2.3.1-20 小箱梁移梁和现场拼装照片

· 35 ·

2.3.2 长春D1南延线上跨京哈高速桥

（1）工程概况

长春D1南延线项目位于长春净月区，起点和美路以北约500m，终点天普路，为全线高架桥。线路在STA16～STA19#墩上跨京哈高速，桥梁上部结构为三跨一联钢箱梁，分左、右幅设置，左幅组合51.5m+100m+51.5m=203m，右幅组合为69.5m+100m+51.5m=221m。单幅梁宽15.87m。下部桥墩结构为矩形柱式墩，基础均为钻孔灌注桩。主线与京哈高速相交，跨线桥梁墩号STA17、STA18，该段高速公路桥长172m，6×22预应力空心板梁，双向4车道，远期规划10车道。该桥的桩位及墩柱平面如图2.3.2-1所示，钢箱梁横断如图2.3.2-2所示。

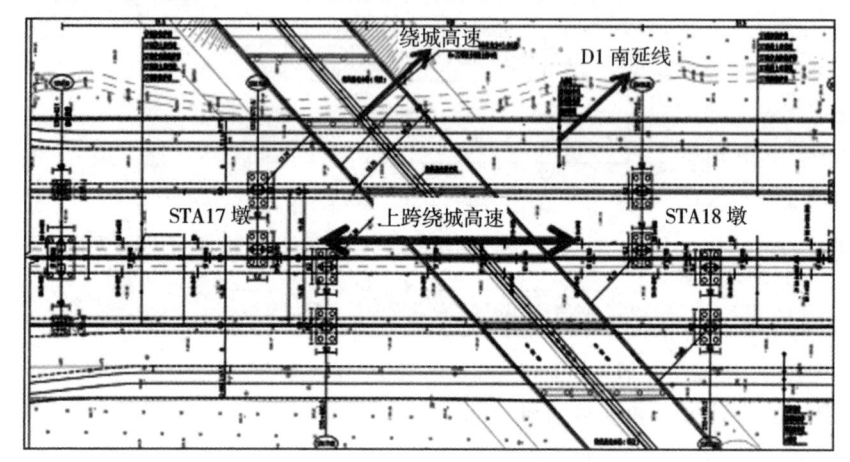

图2.3.2-1 长春D1南延线上跨京哈高速桥的桩位及墩柱平面图

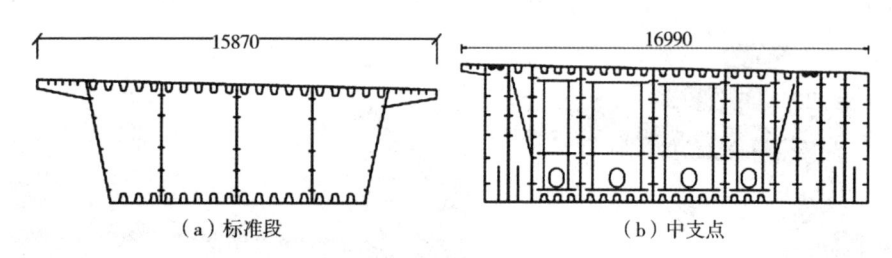

（a）标准段　　　　　　　　（b）中支点

图2.3.2-2 钢箱梁横断面（单位：mm）

（2）总体施工方案

本段钢箱梁上跨高速公路段采用顶推法施工，其余段落采用原位吊装。顶推段采用"吊装→焊接→顶推滑移"的方式进行施工。

由 $\phi 529\times 12$ 钢管柱组成临时搭设施工平台，柱顶铺设两道 H700×400

×24×28纵梁,间距6m,纵梁上铺设滑移轨道,轨道采用43钢轨。利用施工平台拼装节段钢箱梁,并在钢箱梁下设置滑靴;钢箱梁前方设35m导梁,利用2台ZDL100型连续千斤顶进行顶推,每幅分两次顶推跨越京哈高速;顶推方向左、右幅均由北向南方向,先施工右幅后施工左幅,顶推施工后拆除滑靴,钢箱梁修复补漆。

图 2.3.2-3 钢箱梁分段示意图（右幅）

（3）施工进度

顶推施工过程,从2020年4月1日开始,至2020年7月11日结束。在此没有算入顶推之外的基础、墩台和桥面系等施工过程,详细施工进度见表2.3.2-1。

表 2.3.2-1 长春D1南延线上跨京哈高速桥施工进度

序号	项目	工期（d）	开始时间	结束时间	具体施工内容	部位
1	滑移系统	10	2020.4.1	2020.4.10	支架体系安装和焊接	右幅
2	导梁安装	2	2020.4.11	2020.4.12	导梁、支撑等安装和焊接	右幅
3	第一次安装、焊接	4	2020.4.13	2020.4.16	滑靴、4段钢箱梁的安装和焊接、涂装	右幅
4	第一次顶推	1	2020.4.17	2020.4.17	顶推26.1m、滑靴拆除、打磨、涂装	右幅
5	第二次安装、焊接	7	2020.4.18	2020.4.24	滑靴、5段钢箱梁的安装和焊接、涂装	右幅
6	第二次顶推	2	2020.4.25	2020.4.26	顶推19.75m、滑靴拆除、打磨、涂装	右幅
7	第三次安装、焊接	9	2020.4.27	2020.5.5	滑靴、5段钢箱梁的安装和焊接、涂装	右幅
8	第三次顶推	3	2020.5.6	2020.5.8	顶推41.28m、滑靴拆除、打磨、涂装	右幅

续表

序号	项目	工期（d）	开始时间	结束时间	具体施工内容	部位
9	滑移系统拆除	2	2020.5.9	2020.5.10	导梁、后部轨道系统及滑板的拆除	右幅
10	100m跨内两侧吊装、焊接	7	2020.5.11	2020.5.17	进行吊装段安装，将钢箱梁上吊至17和18号永久墩，100m跨成型	右幅
11	剩余两跨吊装部分	25	2020.5.18	2020.6.11	支架、钢箱梁的安装和焊接	右幅
12	滑移系统	10	2020.5.11	2020.5.20	支架体系安装和焊接	左幅
13	导梁安装	2	2020.5.21	2020.5.22	导梁、支撑等安装和焊接	左幅
14	第一次安装、焊接	4	2020.5.23	2020.5.26	滑靴、4段钢箱梁的安装和焊接、涂装	左幅
15	第一次顶推	1	2020.5.27	2020.5.27	顶推26.1m、滑靴拆除、打磨、涂装	左幅
16	第二次安装、焊接	7	2020.5.28	2020.6.3	滑靴、5段钢箱梁的安装和焊接、涂装	左幅
17	第二次顶推	2	2020.6.4	2020.6.5	顶推19.75m、滑靴拆除、打磨、涂装	左幅
18	第三次安装、焊接	9	2020.6.6	2020.6.14	滑靴、5段钢箱梁的安装和焊接、涂装	左幅
19	第三次顶推	3	2020.6.15	2020.6.17	顶推41.28m、滑靴拆除、打磨、涂装	左幅
20	滑移系统拆除	4	2020.6.18	2020.6.21	导梁、后部轨道系统及滑板的拆除	左幅
21	原位吊装部分	20	2020.6.22	2020.7.11	支架、钢箱梁的安装和焊接	左幅

（4）顶推法施工流程及施工工艺

钢箱梁顶推法过程：①支架布置→②滑移系统→③导梁安装→④第一次安装、焊接→⑤第一次顶推→⑥第二次安装、焊接→⑦第二次顶推→⑧第三次安装、焊接→⑨第三次顶推→⑩滑移系统拆除→⑪100m跨内两侧吊装、焊接→⑫剩余两跨吊装部分。

左、右幅分开施工，先右幅后左幅。下面以左幅为例介绍顶推施工过程各施工工序。

1）顶推施工准备

①滑移系统

滑移系统由拼装平台和顶推滑移装置组成。拼装平台兼有钢箱梁节段拼焊和顶推工作的功能。应先对承重支架等临时受力结构，以及钢构件本身在安装过程中不同受力工况下的强度、刚度及稳定性进行验算，保证安装施工的安全和结构的安全。本工程的滑移柱顶上纵梁采用 H700×400×24×28 型钢，钢立柱采用 ϕ529×12，钢斜撑采用 ϕ180×6，滑移系统的临时支架和平台的布置平面和立面见图 2.3.2-4、2.3.2-5，钢管柱埋件与柱脚节点大样见图 2.3.2-6。

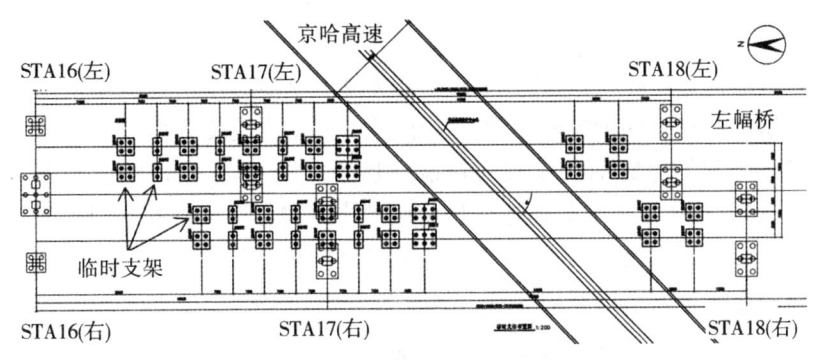

图 2.3.2-4 靠近高速临时支架布置平面

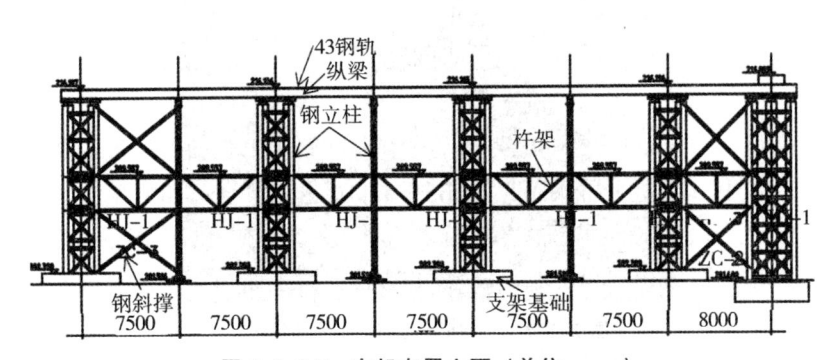

图 2.3.2-5 支架布置立面（单位：mm）

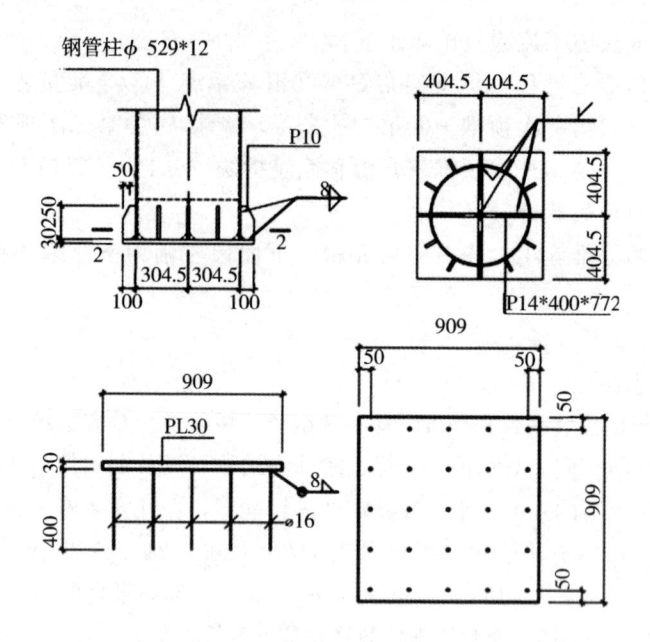

图 2.3.2-6　钢管柱埋件与柱脚节点大样（单位：mm）

②导梁安装

导梁的构造主要有钢板梁和钢桁梁两种，导梁的作用是减少顶推过程中梁的前端负弯矩。导梁设置在主梁的前端，主梁前端装有预埋件与钢导梁栓接或现场焊接。导梁的长度宜为顶推跨径的 0.6~0.8 倍，刚度宜为主梁的 1/9~1/15，导梁与主梁梁体连接处的刚度应协调，预埋件的连接强度应满足梁体顶推时的受力要求。本工程导梁采用钢板梁，如图 2.3.2-7 所示。钢箱梁与导梁连接节点采用现场焊接，如图 2.3.2-8 所示。

图 2.3.2-7　钢管支架和钢板梁导梁

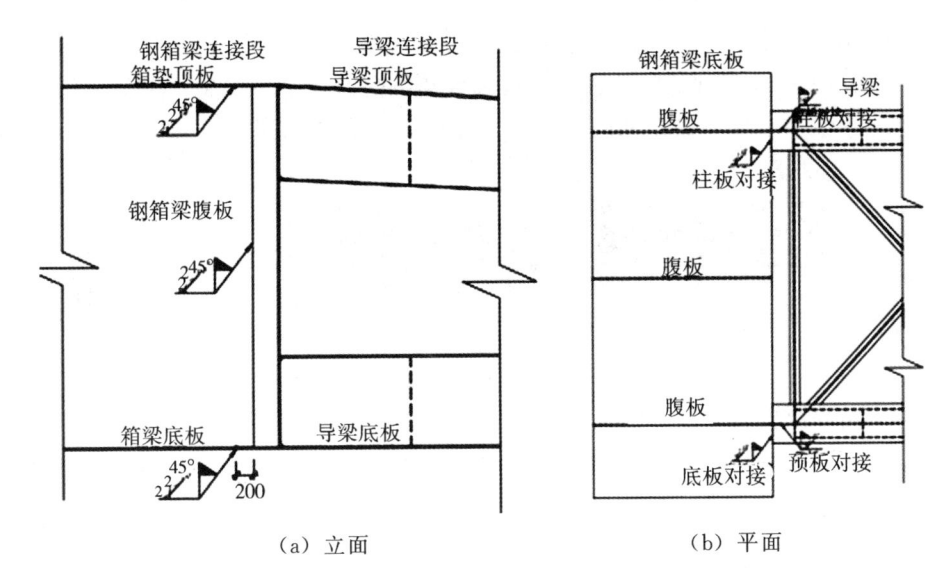

第 2 章　梁桥常见结构形式和主要施工方法

(a) 立面　　　　　　　　(b) 平面

图 2.3.2-8　钢箱梁与导梁连接节点

钢箱梁底板布置有滑靴，滑靴构造如图 2.3.2-9 所示，上端与钢箱梁焊接，下端支承在钢轨上，钢轨上涂一层润滑油，以减少顶推滑移时的摩阻力，见图 2.3.2-10。

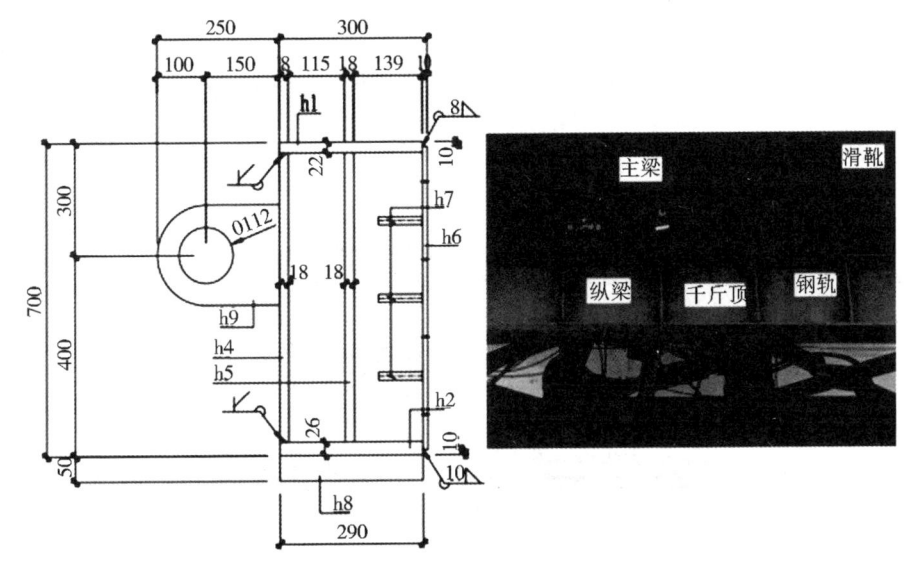

图 2.3.2-9　滑靴构造图　　　　**图 2.3.2-10　滑靴与钢梁底板连接**

2）顶推施工流程

左幅顶推施工分十一个阶段。

①第一阶段

(A) 主墩及基础的施工；(B) 临时墩及纵向滑移平台安装；(C) 在临时墩顶布置滑道及横向联系和限位装置。如图2.3.2-11所示。

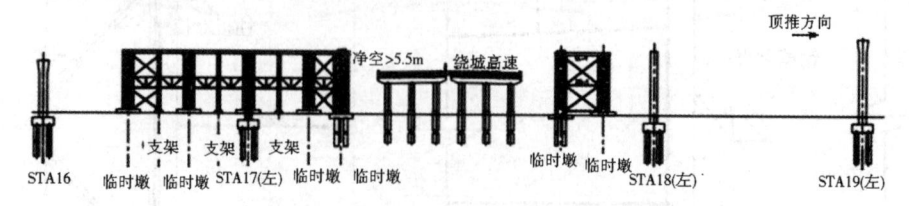

图2.3.2-11 左幅钢箱梁顶推施工第一阶段

②第二阶段

(A) 安装第1段箱梁底部滑靴；(B) 吊装第1段钢箱梁和钢导梁，如图2.3.2-12所示，钢箱梁吊装见图2.3.2-13。

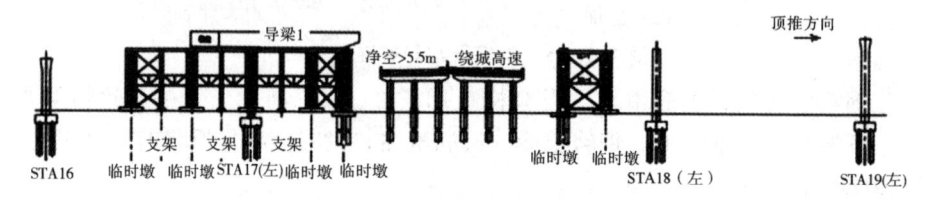

图2.3.2-12 左幅钢箱梁顶推施工第二阶段

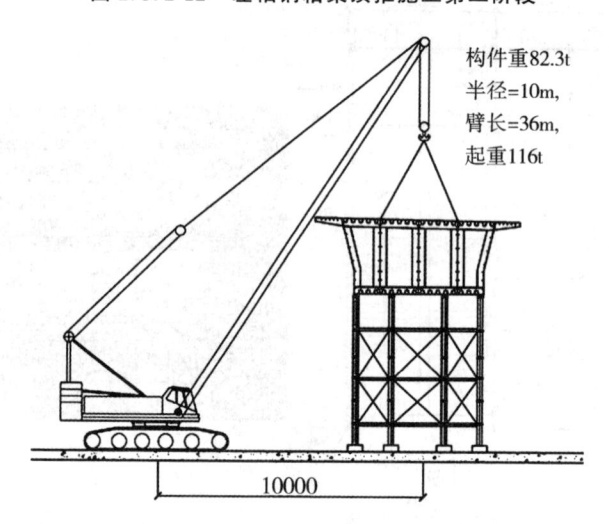

图2.3.2-13 钢箱梁吊装拼焊

③第三阶段

(A) 安装第2、3、4段钢箱梁；(B) 并对上述节段进行焊接作业。如图2.3.2-14所示。

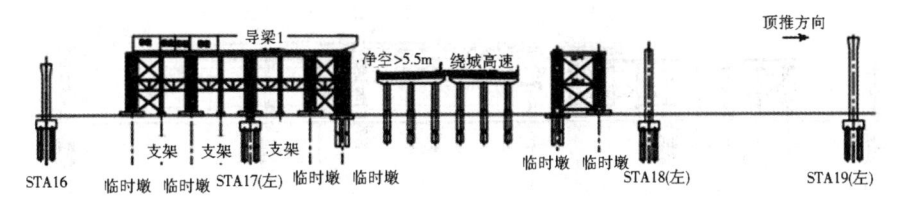

第 2 章　梁桥常见结构形式和主要施工方法

图 2.3.2-14　左幅钢箱梁顶推施工第三阶段

④第四阶段

进行第一次钢箱梁顶推，顶推 26.1m，如图 2.3.2-15 所示。

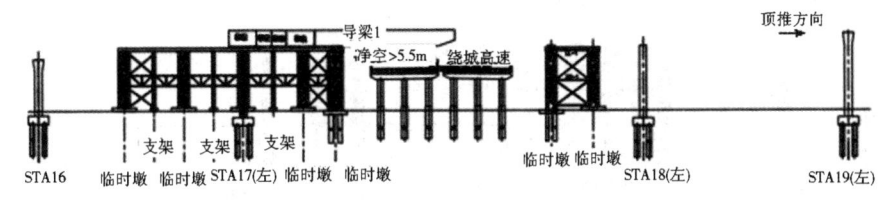

图 2.3.2-15　左幅钢箱梁顶推施工第四阶段

⑤第五阶段

（A）依照上述方法安装第 5、6、7、8、9 段钢箱梁；（B）并对上述钢箱梁进行焊接作业，如图 2.3.2-16 所示。

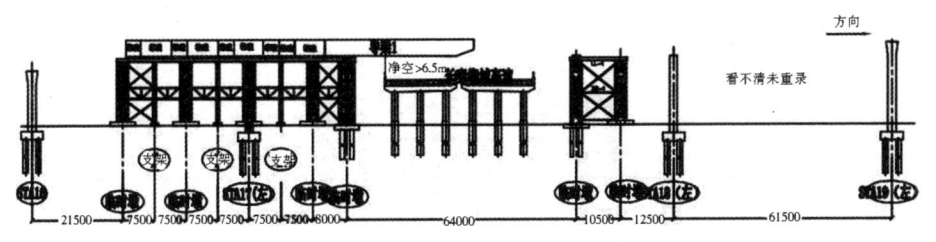

图 2.3.2-16　左幅钢箱梁顶推施工第五阶段

⑥第六阶段

（A）进行第二次顶推，顶推 19.75m；（B）进行后续钢箱梁的安装和焊接，如图 2.3.2-17 所示。

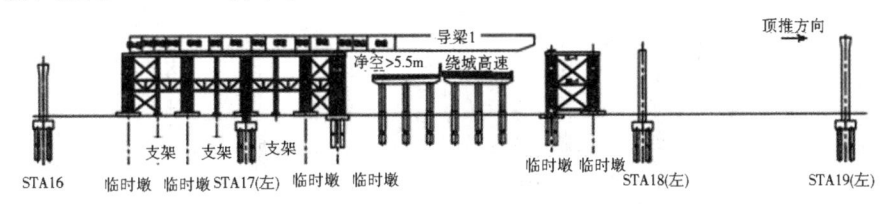

图 2.3.2-17　左幅钢箱梁顶推施工第六阶段

⑦第七阶段

进行最后顶推施工，顶推 41.28m，顶推就位，如图 2.3.2-18 所示。

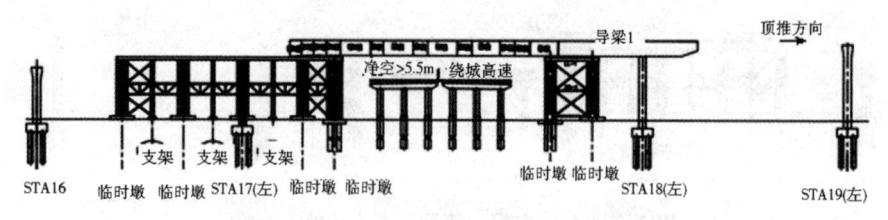

图 2.3.2-18　左幅钢箱梁顶推施工第七阶段

⑧第八阶段

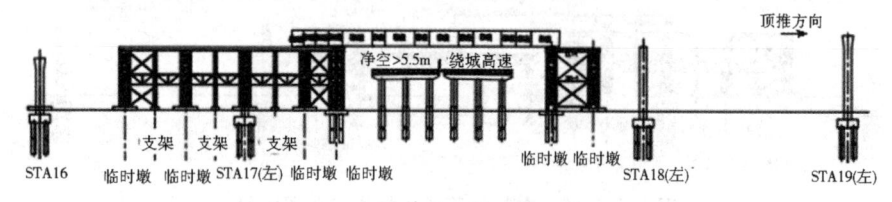

逐节拆除导梁，如图 2.3.2-19 所示。

图 2.3.2-19　左幅钢箱梁顶推施工第八阶段

⑨第九阶段

（A）在 17-18 墩内临时支架架设液压千斤顶，将桥体架起；（B）拆除下方滑板、滑移平台梁系统；（C）利用沙箱将桥体临时固定于支架上，并回落液压千斤顶，如图 2.3.2-20 所示。

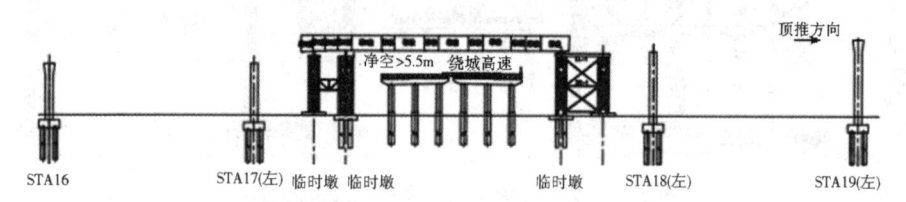

图 2.3.2-20　左幅钢箱梁顶推施工第九阶段

⑩第十阶段

利用支架法原位吊装滑移两端箱梁并进行焊接，如图 2.3.2-21 所示。

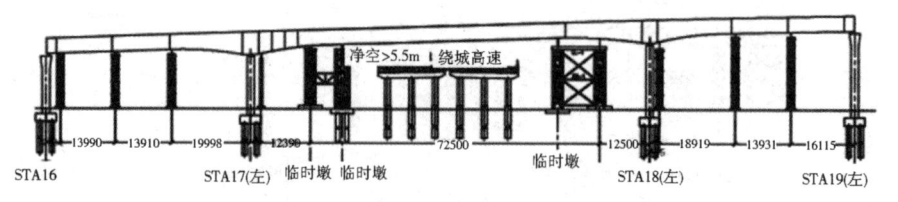

图 2.3.2-21　左幅钢箱梁顶推施工第十阶段

⑪第十一阶段

顶推施工结束，连续钢箱梁整体施工完成，如图 2.3.2-22 所示。

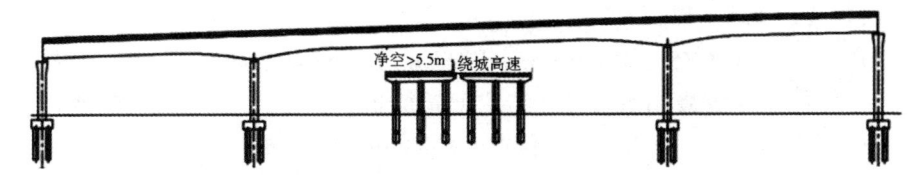

图 2.3.2-22　左幅钢箱梁顶推施工第十一阶段

左幅钢箱梁顶推施工现场如图 2.3.2-23 所示。

图 2.3.2-23　左幅钢箱梁顶推施工现场

2.3.3　长春南四环下穿工程框构和 U 型槽的明挖法施工

（1）工程概况

长春市南四环下穿临河街工程的道路等级为城市快速路，四环路下穿临河街轻轨四号线，采用主线下穿，辅线平交灯控形式，下穿通道纵坡为 3%，封闭段采用单层双舱形式。如图 2.3.3-1 所示。

图 2.3.3-1　长春市南四环下穿临河街通道示意图

1) 敞开段挡土墙

长70m，其中（S1+400～S1+450）段的断面总宽度＝0.5m（挡土墙）＋0.75m（检修道）＋12.25m（车行道）＋2m（中央分隔带）＋12.25m（车行道）＋0.75m（检修道）＋0.5m（挡土墙）＝29m。

2) 敞开段U型槽

长450m，U1～U15共计15段。其中U8～U9断面总宽度＝1.5m（侧墙）＋0.75m（检修道）＋12.25m（车行道）＋2m（中央分隔带）＋12.25m（车行道）＋0.75m（检修道）＋1.5m（侧墙）＝31m。如图2.3.3-2所示。

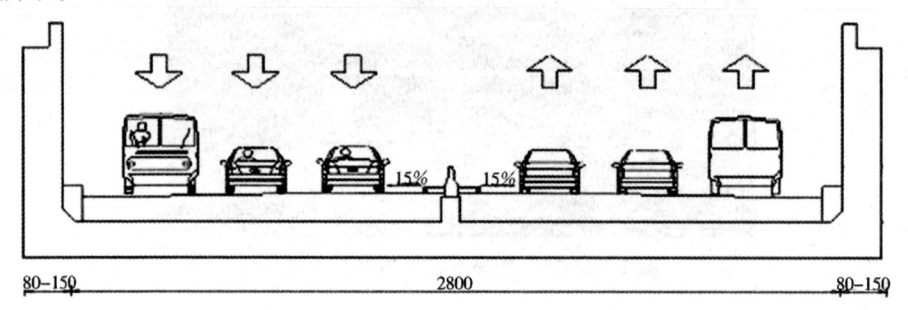

图2.3.3-2 敞开段U型槽断面示意图（单位：cm）

3) 下穿通道封闭段

长360m，S1～S12共计12段，断面总宽度＝1m（侧墙）＋0.75m（检修道）＋12.25m（车行道）0.6m（边石）＋0.8m（中墙）＋0.6m（边石）＋12.25m（车行道）＋0.75m（检修道）＋1m（侧墙）＝30m。（未包括雨废水泵房及配电间处断面）。

如图2.3.3-3所示。下穿通道施工段划分如图2.3.3-4所示。

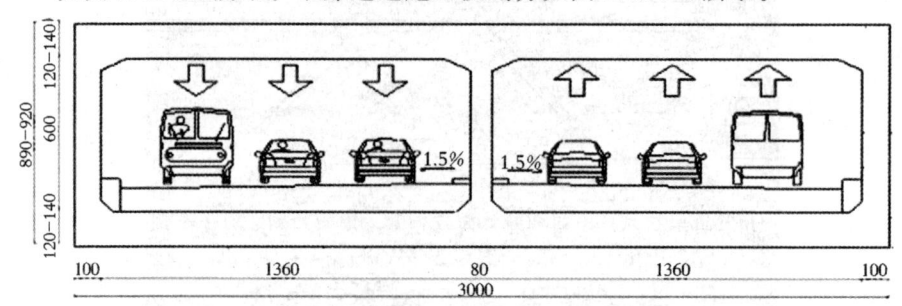

图2.3.3-3 下穿通道封闭段断面示意图（单位：cm）

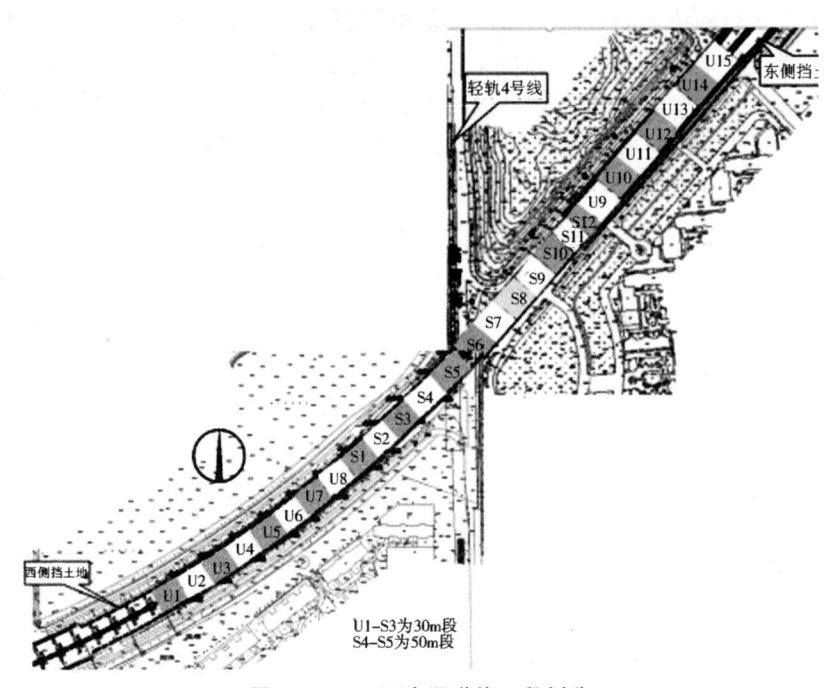

第2章　梁桥常见结构形式和主要施工方法

图 2.3.3-4　下穿通道施工段划分

(2) 工程地质和水文状况

1) 工程地质状况

本次勘察的最大钻孔深度为 55.00m，所揭露的地层自上而下依次为近现代人工填土，第四系沉积黏性土、砂层、白垩系基岩。按其形成年代、成因类型及工程性质共划分为 7 个主层，4 个亚层，其岩土特征及基本分布规律，现按钻探揭露的先后顺序分述如下：

第①1 层杂填土：杂色，以黏性土为主，含小碎砖、碎石、粉煤灰等，松散，均匀性较差。

第①2 层素填土：黑色、黄褐色，以黏性土为主，松散，均匀性较差。

第②层粉质黏土：第四系冲积层，黄褐色，含铁锰锈斑。可塑，湿，中等压缩性，稍有光泽，干强度和韧性中等。仅部分孔见到该层，分布不均匀。

第③层有机质粉质黏土：第四系冲积层，灰黑色，含有机质，可塑（局部软塑），中等偏高~高压缩性，稍有光泽，干强度及韧性中等。该层分布不均匀。

第④1 层中砂：稍密至中密，以中密为主，土质不均匀。该层埋深变化大，为不均匀地基，稳定性差。

第④2 层砾砂：稍密至中密，以中密为主，局部密实，土质不均匀。该层埋深变化大，为不均匀地基，稳定性差。

· 47 ·

第⑤层粉砂质泥岩：全风化，白垩系沉积岩，以紫红色泥岩为主，夹灰白色砂岩，局部砂岩较厚。其中泥岩主要成分为黏土矿物，结构基本破坏，大部分风化成硬塑黏土状；砂岩以石英长石为主，局部碎屑颗粒较大，结构基本破坏，大部分风化成砂状。该层胶结性差，手可捏碎，浸水及风干后极易崩解，具软化性。岩体质量基本等级为Ⅴ级。

第⑥层粉砂质泥岩：强风化，白垩系沉积岩，以紫红色粉砂质泥岩为主，夹灰白色泥质粉砂岩，无规律性，互层状构造，泥质－砂质结构，主要成分为黏土矿物及石英、长石，结构大部分破坏，风化裂隙很发育，呈短柱状；泥质胶结，胶结性较差，浸水及风干极易崩解，具软化性，局部夹钙质胶结硬质砂岩，致密较坚硬。岩体基本质量等级为Ⅴ级。

第⑦层粉砂质泥岩：中风化，白垩系沉积岩，以紫红色粉砂质泥岩为主，夹灰白色泥质粉砂岩，无规律性，互层状构造，泥质－砂质结构，主要成分为黏土矿物及石英、长石，结构大部分破坏，风化裂隙发育，呈柱状；泥质胶结，胶结性较差，浸水及风干极易崩解，具软化性，局部夹钙质胶结硬质砂岩，致密较坚硬。岩体基本质量等级为Ⅴ级。

2）工程水文状况

长春地区较大河流为伊通河和饮马河，由南向北，纵贯全区。伊通河发源于伊通县青顶子岭下，经由新立城水库北下与饮马河和双阳河、伊丹河、新开河等组成密集的水文网，注入第二松花江。

长春市地下水受基底构造，地层岩性和地形、地貌、气象等综合因素影响，水文地质条件复杂。从构造方面可将地下水分为松散岩类孔隙水及碎屑岩类裂隙水，上部主要为第四系松散岩类孔隙水，透水性不均，其中黏性土透水性弱、水量较少，中粗砂透水性良好、水量较大，底部由白垩纪泥砂岩互层组成，因构造作用使部分地段岩石破碎，赋存地下水。

根据勘察结果，工程场地沿线环境水主要为地表水及地下水。

地表水伊通河水及周边水塘水，其水量一般，流速一般；地下水分别属于上层滞水、第四系孔隙潜水及白垩系基岩裂隙水。

上层滞水：赋存于人工填土层中，水量不大，其动态受季节控制，主要存在于丰水期，由大气降水渗入补给，地表蒸发排泄。

孔隙潜水：赋存于第四系黏性土层中及砂土层中，主要受大气降水补给，地表蒸发排泄。

裂隙水：主要赋存于全强风化白垩系基岩的风化裂隙中，含水量不大，分布不均匀，与第四系孔隙潜水有水力联系。

勘察期为丰水期，初见水位为2.80~6.70m，标高为196.02~200.00m。稳定水位为2.50~4.00m，标高为198.41~201.04m。

（3）施工总体部署

1）总体施工进度

开竣工日期：2018年3月1日-2018年9月30日。

分部分项施工工期安排如表2.3.3-1和表2.3.3-2所示。

表2.3.3-1 临河街西侧U1-U6、U7-S5具体施工工序及工期

序号	施工工序	施工板块	起止时间	工期（d）
1	施工准备	U1-S5	2018.3.1—2018.3.15	15
2	围护桩施工	U1-S5	2018.3.10—2018.5.25	75
3	高压旋喷桩施工	U1-S5	2018.3.10—2018.5.25	75
4	冠梁施工	U1-S5	2018.4.1—2018.5.30	60
5	主体土方开挖及支撑	U1-S5	2018.4.1—2018.7.19	110
6	框构和U型槽施工	U1-S5	2018.5.20—2018.9.30	125

表2.3.3-2 临河街东侧S6-S9、U9-U15具体施工工序及工期

序号	施工工序	施工板块	起止时间	工期（d）
一	S6~S9封闭段		2018.3.15—2018.9.30	169
1	施工准备		2018.3.15—2018.4.1	17
2	围护桩施工		2018.4.2—2018.4.11	10
3	高压旋喷桩施工	S6~S9	2018.3.9—2018.4.26	49
4	冠梁施工		2018.3.15—2018.5.4	51
5	主体土方开挖及支撑		2018.5.19—2018.7.7	49
6	主体结构施工		2018.5.28—2018.9.30	122
二	U9~U15 U型槽段		2018.3.9-2018.4.10	33
1	施工准备		2018.3.15—2018.4.1	18
2	高压旋喷桩施工	U9~U15	2018.3.9—2018.4.2	24
3	冠梁施工		2018.3.14—2018.4.10	28
4	主体土方开挖及支撑		2018.5.19—2018.6.8	21
5	主体结构施工		2018.5.26—2018.7.10	45

2) 机械设备投入

根据本工程施工工艺、施工环境的特点，实际需要以及施工高峰期的时间，进行施工机械的配备，保证施工机械数量满足施工要求且配备合理。

表 2.3.3-3 主要机械设备投入

序号	设备名称	设备型号	数量	单位
1	反循环	YH455	6	台
2	旋挖钻机	360	8	台
3	高压旋喷钻机	GP-30	6	台
4	空压机	移动式	6	台
5	灰浆泵	XPB-10	6	台
6	灰浆搅拌机		6	台
7	发电机	300	3	台
8	手扶振动冲击夯		16	台
9	推土机	山推 TY220	6	台班
10	振动压路机	中联 YZ25GD	10	台班
11	叉车		2	台班
12	装载机	40	6	台
13	挖掘机	EC350D	12	台
14	挖掘机	EC220D	8	台班
15	挖掘机	EC140DL	8	台班
16	发电机	300kW	3	台班
17	洒水车	12m3	3	台班
18	塔吊	QTZ50	2	月租
19	塔吊	QTZ80	3	月租
20	汽车吊	50T	8	台班
21	汽车吊	30T	4	台班
22	长螺旋钻机	JZU90	4	台班

（4）施工方案

1）总体施工工序

施工现场共设置四个施工段，其中 U1－U6 为第一施工段、U7－S5 为第二施工段，S6－S12 为第三施工段，U9－U15 为第四施工段，其中 U1－U6 按照小里程至大里程方向进行土方开挖，分段间隔完成主体施工任务、U7－S5 在完成围护结构后由大里程方向至小里程方向依次进行土方开挖，采用跳板工艺完成主体施工任务，S6－S12、U9－U15 按照小里程至大里程方向进行土方开挖，分段间隔完成主体施工任务。施工总体部署横断面如图 2.3.3-5 所示。土方开挖段落见图 2.3.3-6 所示。

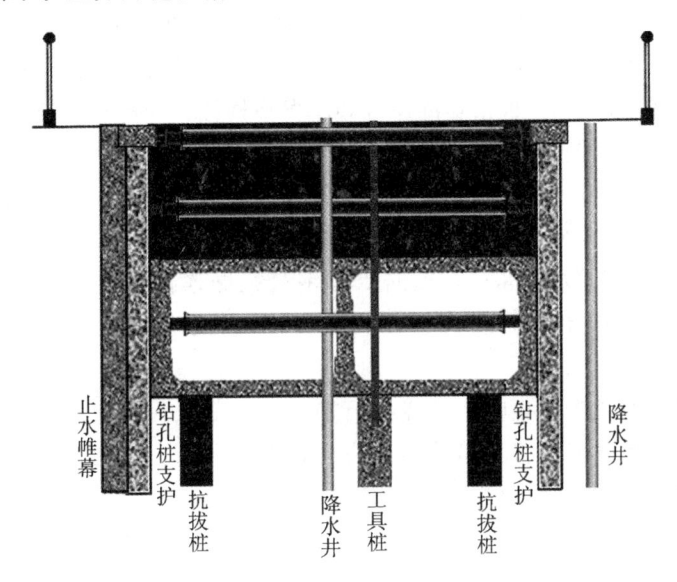

图 2.3.3-5 施工总体部署横断面示意图

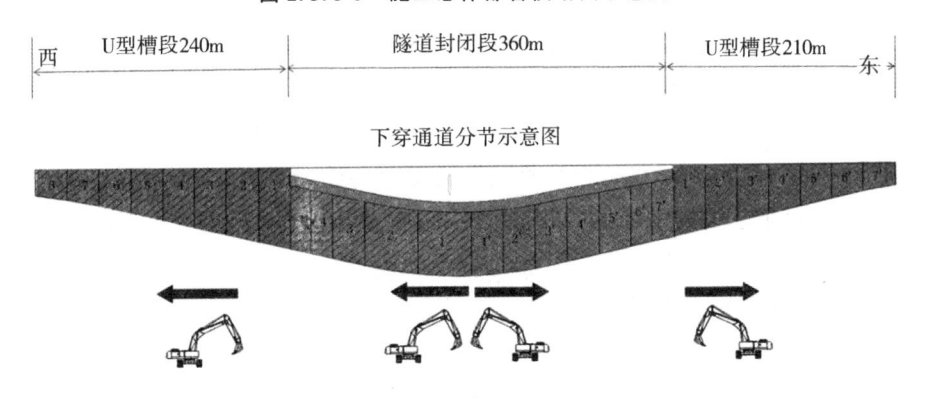

图 2.3.3-6 土方开挖段落图

总施工流程：围护桩施工—降水井及高压旋喷桩施工—冠梁及冠梁上挡土墙施工—基坑土方开挖施工—钢支撑架设施工—主体防水施工—下穿框构施工—挡土墙施工等。

2) 围护桩和格构柱施工

本工程基坑围护桩为钻孔灌注桩。考虑主体结构混凝土浇筑为单侧支模，为保证基坑开挖后避免桩身侵线，本工程除轻轨桥下其余所有钻孔灌注桩成孔采用旋挖钻机成孔。采用旋挖钻机钻孔时，应根据不同的地质条件选用相应的钻头。钻进过程中应采取有效措施严格控制钻进速度，避免进尺过快造成坍孔埋钻事故。钻头的升降速度宜控制在0.75～0.80m/s，在粉砂层或亚砂层，升降速度应更缓慢。泥浆初次注入时，应垂直向桩孔中间进行注浆。轻轨四号线下因净空不足需采用反循环钻机施工。轻轨桥下钻孔灌注桩位于S5和S6段落，共计22根钻孔灌注桩和4根格构柱，轻轨桥对应钻孔桩部位的净空为6.5m，因桥下高度受限，钻孔桩采用反循环施工。桩基设计直径为1.2m，桩长为23m。根据现场实际情况及安全作业高度，钢筋笼正常制作长度为4m，共6节。分节处采用直螺纹套筒连接，根据规范要求，同一截面的接头数量不大于总数的50%，纵向受力钢筋机械连接接头连接区段长度为35d且不小于500mm，故接头错开长度为1m，制作钢筋笼前将钢筋套丝完成。

加工钢筋笼时先按整幅钢筋笼进行加工，分节处采用直螺纹套筒连接完整，待钢筋笼起吊前再将套筒拧至一头将钢筋笼分开，将制作好的钢筋笼用平板拖车运至桩位处，用挖机将钢筋笼一段提离地面，另一端挂在钻机起落架上缓慢提升，待钢筋笼与孔口垂直下放钢筋笼，固定好上一段钢筋笼，重复以上步骤待全部连接下放至标高。灌注混凝土至设计标高。

采用反循环钻机钻孔，待钻至设计高程后分节下放钢筋笼，待下放最后一节钢筋笼时安装钢格构柱，考虑轻轨桥净空高度，采用分节拼装吊放，分节之间采用法兰盘连接。

控制钻孔桩与格构柱的水平位置。通过超声波检测和钢筋保护垫块以此保证钢筋笼位置准确，将钢格构柱底部2.5m按设计图焊接到钢筋笼上。用精密水准仪测量控制竖向位置。围护桩和格构柱的施工如图2.3.3-15所示。

①钻孔灌注桩施工工艺流程

钻孔灌注桩施工工艺流程见图2.3.3-7。

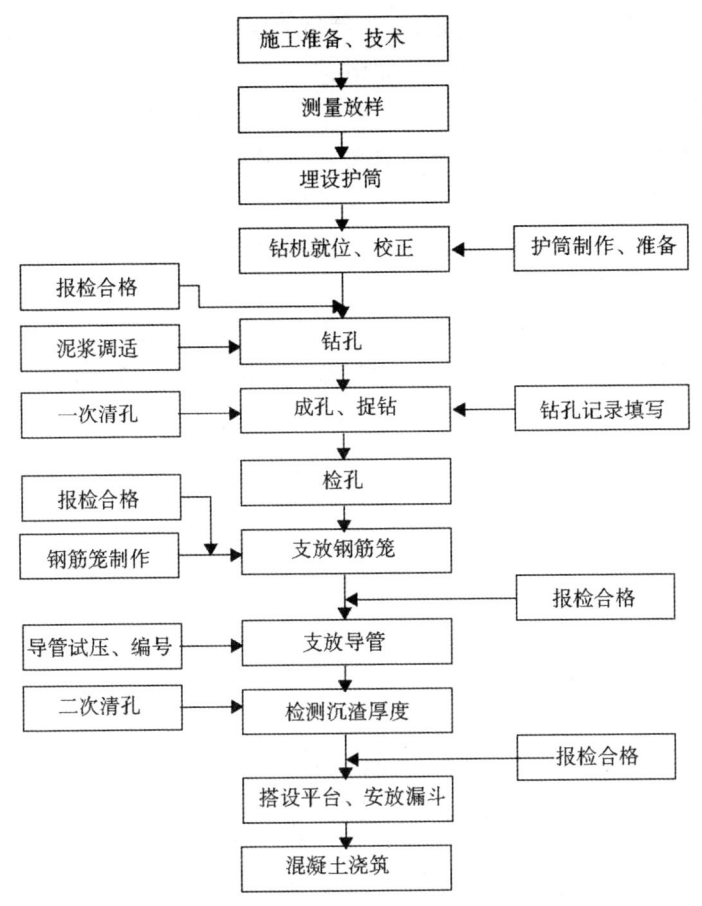

第 2 章 梁桥常见结构形式和主要施工方法

图 2.3.3-7 钻孔灌注桩施工工艺流程

②主要工艺工法

a. 护筒的埋设

护筒采用钢护筒，用 8mm 厚的钢板制成，内径 1100mm。护筒上部留有 1 个 350×350mm 的溢浆口，并焊有吊环，且高出地面 300mm。考虑施工段内存有砂层，为保证成孔质量采用 6m 长护筒，以免塌孔埋钻。

根据本工程地质条件及地下水位情况，护筒埋设深度应不小于 5.5m，护筒外侧应采用黏土填实。

埋设护筒前，先在桩孔周围设四个定位桩，以便校正桩位，埋设在钻孔中心位置，使护筒中心与钻孔中心重合。

埋设护筒时，采用挖埋法，在护筒周围对称均匀地回填黏土，分层夯实，使其达到最佳密实度，护筒与孔壁周围的间隙要用黏土填筑密实。

埋设护筒时应注意护筒位置与垂直度准确与否，护筒周围和护筒底脚是否紧密,是否不透水(护筒高度)。护筒顶端应高出地面30cm以上。

沿着护筒溢浆口挖循环槽至泥浆池。

b. 泥浆的制备

泥浆质量的好坏直接影响到钻孔灌注桩工程质量。泥浆配制是保证桩基工程质量的技术关键。制备好的泥浆质量指标应满足:密度(泥浆比重)控制在1.15~1.25,含砂量4%~8%,漏斗黏度15~28s。若达不到要求,应加入高塑性黏土或膨润土,直到满足要求为准。

组成材料:水:黏土:膨润土:纯碱=1000:40:40:3。

在浆液制作前进行试配,以确定泥浆组成配合比。新浆制备完成后,检测泥浆性能是否满足要求。制备好的新浆存放入新浆池,存放时间过长时,应采用搅拌机不断搅拌,防止泥浆产生离析、沉淀。

泥浆指标

粘土层:泥浆比重1.15左右,黏度16~22s,含砂率<4%,胶体率>90%~95%,pH值8~10。

粉土及砂层:泥浆比重1.2~1.25,黏度19~25s,含砂率<6%,胶体率>90%~95%,pH值8~10。

泥浆制备

泥浆由泥浆搅拌机高速搅拌,每次1m^3,泥的搅拌与加料要遵守以下程序:水+膨润土(搅拌3min)+黏土+分散剂(搅拌3min)。以上加料顺序不得随意更改,否则会影响泥浆质量,搅拌时间因材料而异,一般为6~8min,现场进行试搅确定搅拌时间,新浆需稳定24h才能使用。

c. 旋挖钻机就位

旋挖钻机就位时,要先检查钻机的性能状态是否良好,保证钻机工作正常。

旋挖钻机依靠自行行走就位,调整钻杆到垂直状态后,移动钻机使钻头尖对准桩位后开钻,边提土边注入预先制备好的泥浆,钻至设计桩长后,清孔、移机到下一个桩位。

钻机停位回转中心距孔位在3~4.4m之间。在允许的情况下,尽可能将桅杆缩回,可以减小钻机自重和提升下降脉动压力对孔的影响。

为防止钻机在工作时因地质条件不良造成钻机下陷或倾斜,可在钻机履带下放垫层钢板。

旋挖钻机两侧应留有排渣场地(即渣土运输车停放场地)。

就位后动力头施工方向应和履带板方向平行,不可垂直。

d. 旋挖钻机钻进工艺

开动钻机挖孔钻进,每斗钻进 500~1000mm,起斗后及时向孔内补充预先配制好的成品泥浆。钻进时认真仔细观察进尺和泥浆液面情况,当液面下降时应及时补充泥浆。当发现液面快速下降时应迅速补充泥浆,同时快速提起钻头,钻头提出后继续补充泥浆,直到液面稳定。

排渣

钻机在钻孔过程中,源源不断将土从孔内挖出,如果不及时清运走,堆积过高将影响钻机的旋钻,从而影响钻机的钻孔作业,需要配置一台专用的机械负责弃碴清运工作,因其钻孔地层地质情况不同,钻进速度也不同,因此排渣速度也不同,一般每小时在 5~10m³ 之间。

每钻进 4~5m 深度验孔一次,在预计的土层变化时,取渣进行分析并填入记录中。

孔内如遇有较大卵石、漂石或其它障碍物,引起钻具跳动、蹩车、钻孔偏斜时,要及时控制钻进速度,降低转速,来回轻扫。

起钻时注意操作,防止钻头拖挂孔壁,并向孔内补充适量泥浆,稳定孔内水头高度。

e. 第一次清孔

成孔深度达到设计要求后,应进行清孔,第一次清孔采用旋挖钻机清除孔底淤积沉渣,清孔过程中应控制好泥浆性能,确保清孔质量。

f. 钢筋笼制做及吊放

钢筋笼整长制作,一次吊装入孔。

钢筋笼所有钢材必须有材质证明,并要求检验合格,方可使用。

钢筋笼按照设计图制作,每节钢筋笼的纵向钢筋接头采用单面焊接头,焊缝长度≥10d (d 为钢筋直径)。同一截面上的钢筋接头不得超过主筋总根数的 50%,两相邻接头位置应错开 35d 且不得小于 500mm。封闭箍和封闭环箍采用单面搭接焊,焊缝长度 10d,与主筋隔一根错位电焊,焊条采用 506 焊条。

钢筋制作偏差应符合下列规定:

主筋间距:±10mm;

螺旋箍筋间距:±20mm;

钢筋直径:±10mm;

钢筋笼长度:±100mm;

钢筋笼保护层厚度:±10mm;

钢筋笼纵向垂直度:小于 1% 笼长。

加劲箍筋与主筋采用点焊连接，设置在主筋内侧；螺旋箍筋与主筋采用绑扎连接，绑扎点应成梅花形式，设置在主筋外侧。

钢筋笼加工应在专门的滚筒架上制作，严禁在雨后的泥地上滚动。

竖向主筋钢筋保护层厚为75mm，允许偏差±10mm。

搬运和吊装钢筋笼时，应防止变形。钢筋笼的吊放可设双吊点或单吊点，吊点位置应恰当，一般应在加劲箍筋处。

钢筋笼采用25t汽车吊下放。吊放钢筋笼入孔时，应对准孔位徐徐下放至设计标高。若遇阻碍应停止下放，查明原因进行处理。严禁高起猛落式的强行下放。钢筋笼顶吊放至设计标高后，应用2根φ8的钢筋把钢筋笼悬吊于孔中，孔口用两根钢管固定。

钻孔桩施工现场如图2.3.3-8所示。

（a）旋挖钻机作业现场图　　　　（b）吊放钻孔桩钢筋笼

图2.3.3-8　钻孔桩施工现场

g. 设置导管

每个标段基坑支护桩施工准备3套总长25m的刚性导管，导管中间节一般长3m，底管长度不宜小于4m，接头宜用双螺纹方扣快速接头，并加橡皮护垫。

导管使用前应进行拼装，并要做水密试验，试水压力为0.6～1.0MPa。

导管上口设置一漏斗，漏斗下端可焊接不长于0.5m的导管，以便漏斗与导管连接在一体。导管下入孔中的深度必须严格测量，以便掌握管底口到孔底的距离。

导管底部距离孔底（二次清孔后孔底）距离300～500mm。

导管提升时，不得挂住钢筋笼。

h. 第二次清孔

砼浇灌前，应测量孔底沉渣厚度，若沉渣厚度超过100mm时，应进行二次清孔，具体清孔方法如下：

导管就位后，在导管上口安装上配套盖头后，用泥浆泵把钻孔底部因下钢筋笼和导管而引起的再次沉淀的钻渣及泥浆抽出。

清孔后，测量孔底沉渣厚度和孔内泥浆比重，若均达到清孔标准后，可立即开始灌注砼。

沉渣厚度的测量

沉渣厚度由终孔时的孔深与清孔后的孔深的差值计算得出，即沉渣厚度＝终孔孔深－清孔后孔深。按照规范要求，支护桩砼浇灌前，孔底沉渣厚度不得大于 200mm。

i. 水下混凝土浇灌

砼采用水下 C30 商品砼，根据水下浇灌砼的要求，砼坍落度宜控制在 180～220mm 之间。

首批灌注砼量

若场地具备条件，混凝土浇筑时直接将混凝土运输车停靠至孔口浇灌，若无法直接浇灌，则应采用料斗进行浇筑。将砼倾倒在储料吊斗中，再用起重机将吊斗吊于漏斗和导管上方，卸料浇注砼。首批砼灌注时，导管下口至孔底的距离一般宜为 300mm。

首批灌注砼的数量应能满足导管初次埋置深度（≥1.2m）和填充导管底部间隙的需要，并形成混凝土、泥浆界面，使泥浆与混凝土分隔开来。

灌注开始后，应连续进行，相邻两吊斗砼的间隙时间最多不得超过 30min，要经常探测孔内砼面位置，及时调整导管埋深，导管埋深一般不宜小于 4m 或大于 6m。

孔内砼面位置的探测应较为准确，可采用锥形探测锤，锤重不宜小于 4kg。

灌注完毕后的砼面标高应高出设计桩顶标高 0.8～1.0m。

桩身砼必须留有试件，每个浇注台班不得少于 1 组，每组 3 件。

③控制要点

a. 钻孔灌注桩施工允许偏差

桩径允许偏差：±30mm；垂直度允许偏差：＜5‰；桩孔深度允许偏差：+100mm；孔底沉渣厚度：≤100mm。

钻孔混凝土灌注桩应采取较适应的桩距，这对防止坍孔和缩径是一项稳妥的技术措施。采用旋挖机成孔，成孔施工"跳二成一"进行，保证桩身砼浇注后 24h 内，其周围 3.5d 范围不被扰动。

b. 桩身成孔垂直度

为了保证成孔垂直精度满足设计要求,应采取扩大桩机支承面积使桩机稳固,经常校核钻架及钻杆的垂直度。同时斜度不大于桩长5‰。

采用旋挖钻机,钻机定位准确,要水平、稳固,钻具中心和护筒中心重合。钻机定位后,用钢丝绳将护筒上口挂带在钻架底盘上,成孔过程中,钻机塔架头部滑轮组、回转器与钻头始终保持在同一铅垂线上,保证钻头在吊紧的状态下钻进。

钻具的导向装置良好,保证成孔垂直度,采用水平尺校正钻杆垂直度。

钻进时应根据不同的地质采用不同的钻进速度。如钻孔倾斜,及时扫孔纠正;如果纠正无效立即停钻,回填黏土,待孔壁稳定后再钻。

c. 桩位、桩顶标高和成孔深度

在护筒定位后及时复核桩位及护筒的位置,护筒中心与桩位中心线偏差不大于10mm。检查回填土是否密实,以防钻孔过程中发生漏浆的现象。成孔直径须达到设计桩径。在施工过程中要经常复核钻头直径,如发现其磨损超过10mm就要及时调换。

在桩机就位后测量护筒标高,将设计桩长、计算桩长、钢筋笼长详细记录在钻机记录牌上,准确控制终孔深度。

终孔后用测绳复核成孔深度,如测绳的测深比钻杆的钻探小,就要重新下钻杆复钻并清孔。要采用钢测绳,如不具备条件,选用线测绳时,要考虑在施工中缩水的问题,因其最大收缩率达1.2%,在使用前要预湿后重新标定,并在使用中经常复核。为有效地防止塌孔、缩径及桩孔偏斜等现象,除了在复核钻具长度时注意检查钻杆是否弯曲外,还根据不同土层情况对比地质资料,随时调整钻进速度,并描绘出钻进成孔时间曲线。

④桩身质量检测

支护桩施工完毕后,施工后采用低应变动测法进行桩身完整性检测,检测数量不少于总桩数的20%,且不少于5根。

对低应变动测法判定的桩身完整性为Ⅲ类桩时,应采用钻芯法进行检测。

3)基坑降水井和高压旋喷桩施工

考虑隧道段不同里程内地质情况、开挖深度等分别设置降水井及止水帷幕措施。降水井井径600mm全孔下放400mm水泥砾石滤水管,井口以下0.5m外包一层100g/m²针刺无纺布,井深范围内回填ϕ3~7mm滤料,降水井井底标高位于基底标高5m以下,土方开挖前提前20d进行基坑降水。施工现场降水井抽排汇水后集中排入主排水管内,并集中排入南溪湿地内。下穿通道主体完成后，基坑内外降水井同时进行回填石屑到道路基层封井。基坑降水井平面布置如图 2.3.3-9 所示。

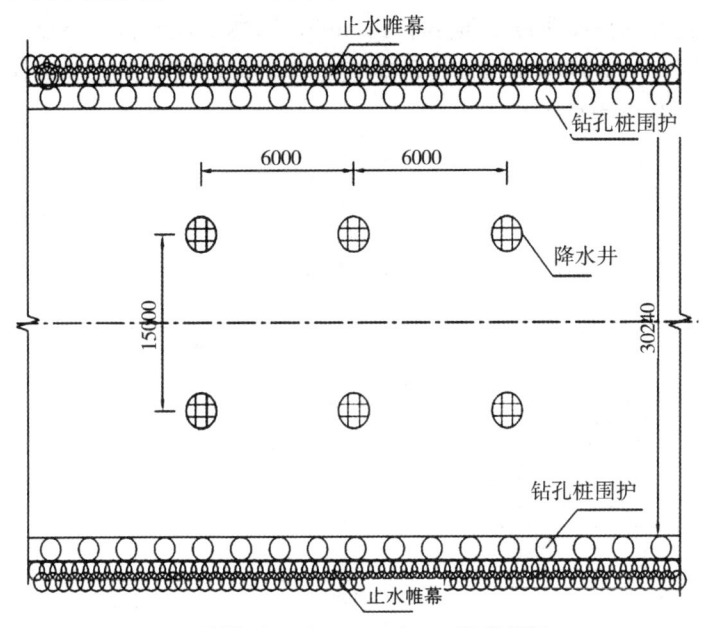

(a) 适用于 S1+810～1+890 桩号范围

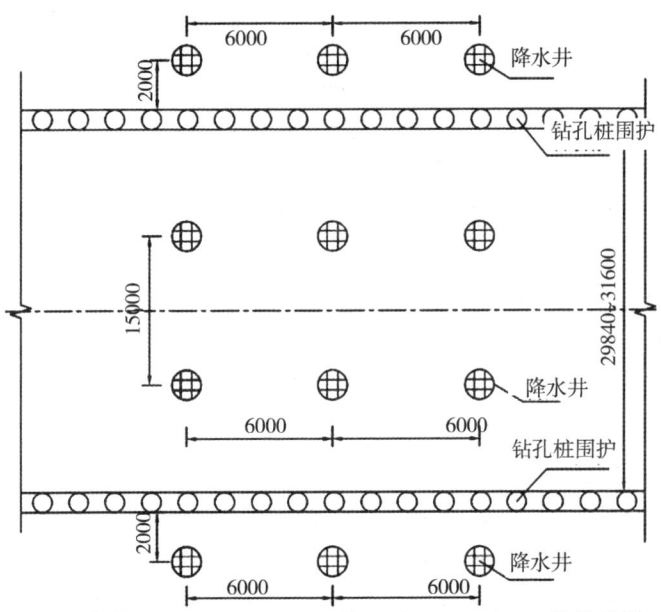

(b) 适用于 S1+450～1+600 及 S2+170～2+260 桩号范围

图 2.3.3-9　基坑降水井平面布置示意图

基坑侧壁止水帷幕的旋喷桩采用三管法旋喷，先送高压水、再送水泥浆和压缩空气。喷射时达到预定的喷射压力、喷浆量，再逐渐提升注浆管，注浆管分段提升的搭接长度不得小于100mm。当达到设计桩顶高度或地面出现溢浆现象时，应立即停止当前桩的旋喷工作，将旋喷管拔出并清洗管路。旋喷桩施工工艺流程见图2.3.3-10。

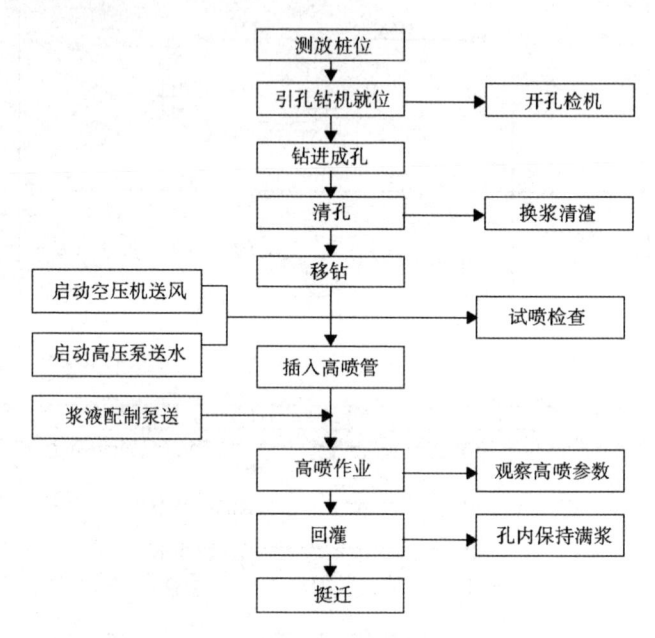

图 2.3.3-10　高压旋喷桩施工流程

4）冠梁及冠梁上挡土墙施工

本工程冠梁尺寸分为1.0×1.0m、1.0×1.2m、1.0×1.4m三种形式，采用C30混凝土。冠梁施工流程如图2.3.3-11所示。

采用1：0.75的坡度分层进行基坑开挖，如遇土质不好处需放缓开挖坡度。

桩头采用人工配合0.3m斗容量挖机进行凿除，在凿除过程中在距离设计桩顶标高以上20cm处用红油漆画出位置线，以上部分用挖机凿除，以下部分用人工使用锤头及钢钎找平，保证桩头质量。

冠梁以上部分采用钢筋混凝土挡土墙进行土体围护，挡土墙采用C30混凝土，挡土墙厚度为200mm，高度为1000mm。挡土墙采取分段施工，每施工段长度为15～20m，挡土墙施工缝与冠梁施工缝应交错布置。施工流程：挡墙钢筋制安→挡墙模板安装→混凝土浇筑→拆模、养护。

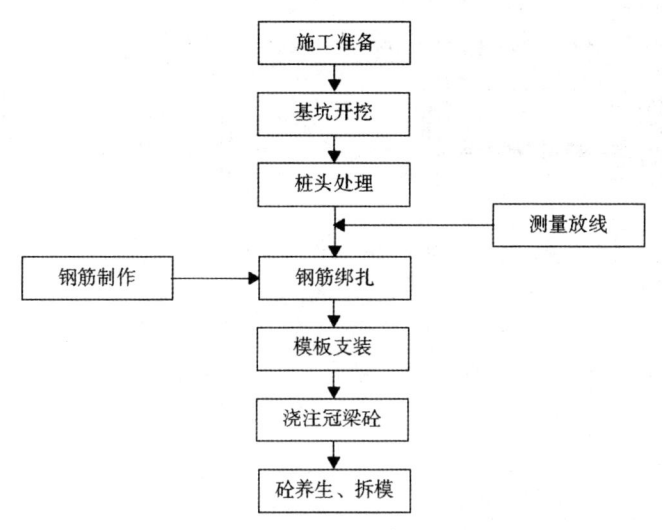

第 2 章 梁桥常见结构形式和主要施工方法

图 2.3.3-11 冠梁施工流程

5）基坑土方开挖及支撑

①基坑土方开挖

为保证基坑开挖安全，基坑开挖遵循"由上而下、竖向分层、纵向分段、先支护后开挖"的原则。下穿通道封闭段分4层开挖，第一层深度5m，其余层深度均为3m。

开挖至支护结构标高范围以下500mm，随后及时进行支护。考虑现场结构开挖宽度平均为30.24m，采用两台220挖掘机同步同向进行土方开挖，土碴由挖掘机挖装至自卸汽车，运输至弃土场。分段开挖两端设截流沟和排水沟，渗水及雨水及时泵抽排走。

②基坑支撑施工

本工程基坑内设置1~3层内支撑，主要采用$\phi 609 \times 16$钢管支撑，钢管支撑水平间距2.5~4m。钢围檩构造如图2.3.3-12所示，施工流程如图2.3.3-13所示，钢管支撑固定端结构如图2.3.3-14所示。

考虑轻轨桥下高度受限，履带吊无法完成架设，只能将钢支撑吊放到轻轨下最近位置，采用挖掘机和人工配合架设支撑。

支撑钢管长度以6m、2m为主，每节钢管之间通过螺栓连接。钢支撑采用人工配合吊车吊装就位，每开挖一单元后，应立即进行钢管支撑安装，并同时施加预应力，以减小基坑变形。支撑端面与冠梁之间接触必须密贴，如有缝隙采用钢板进行塞填，钢围檩后及时进行灌缝。钢支撑施工如图2.3.3-15所示。

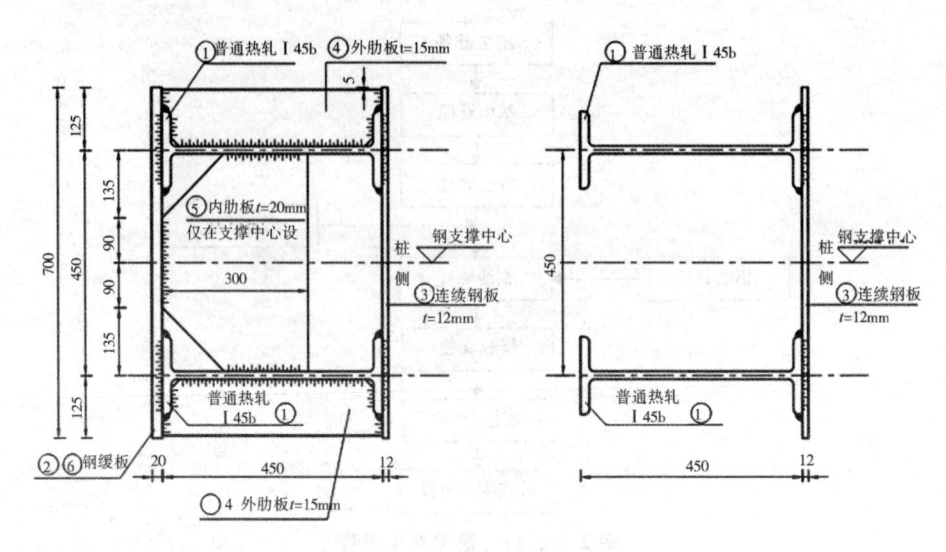

图 2.3.3-12　钢围檩断面图

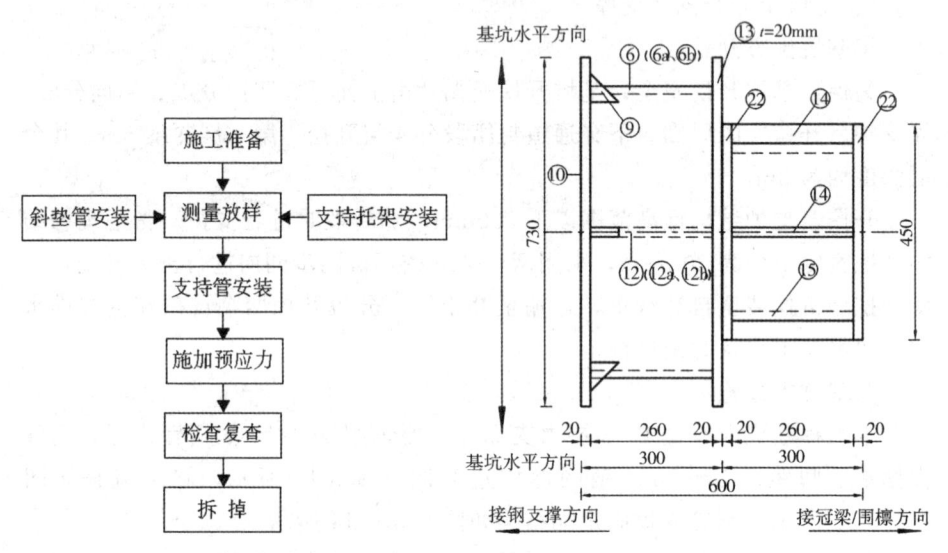

图 2.3.3-13　基坑支撑施工流程

图 2.3.3-14　钢管支撑固定端结构

第 2 章　梁桥常见结构形式和主要施工方法

图 2.3.3-15　围护结构及钢支撑施工

工具柱采用格构柱，基础为钻孔桩，工具柱插入桩顶以下 2.5m，工具柱与桩钢筋笼焊接连接。

为减小现场灰尘，初喷混凝土厚度控制在 20mm 左右，喷射砼中应加入速凝剂。施工流程：施工准备→分层开挖土方→坡面修整→初喷砼→挂钢筋网片→打设桩间土钉→复喷砼面层。

基坑开挖完成复验合格后要及时摊铺，进行碎石褥层及垫层施工。基坑底部处理完毕后即可进行垫层结构施工。

6）防水施工

本工程主体结构抗渗等级为 P8。防水遵循"防、排、截、堵相结合，刚柔相济、因地制宜、综合治理"的原则。防水以钢筋混凝土结构自防水为主，辅以防水卷材加强防水，同时以施工缝、变形缝等接缝防水为重点。横向垂直施工缝和纵向水平施工缝尽可能减少设置的数量，采用镀锌钢板止水带和双组分聚硫密封膏组合来达到防水功效。

7）框构施工

下穿通道 U 型槽施工流程如图 2.3.3-16 所示。封闭段施工流程的前面与 U 型槽施工流程完全相同，仅后面增加"侧墙浇筑完成 24h 后拆除三角桁架，搭设顶板满堂支架"、"绑扎顶板钢筋并浇筑混凝土养生 7d，拆除顶板满堂支架"两个工序。U 型段模板支架如图 2.3.3-17 所示。

主体结构混凝土的浇筑：U 型槽底板一次性浇筑，两边侧墙对称分层浇筑。主体结构混凝土抗冻标号为 F300，第二阶段、第三阶段施工采用补偿收缩混凝土。以下针对暗埋段框架的浇筑顺序进行说明，如图 2.3.3-18 所示。

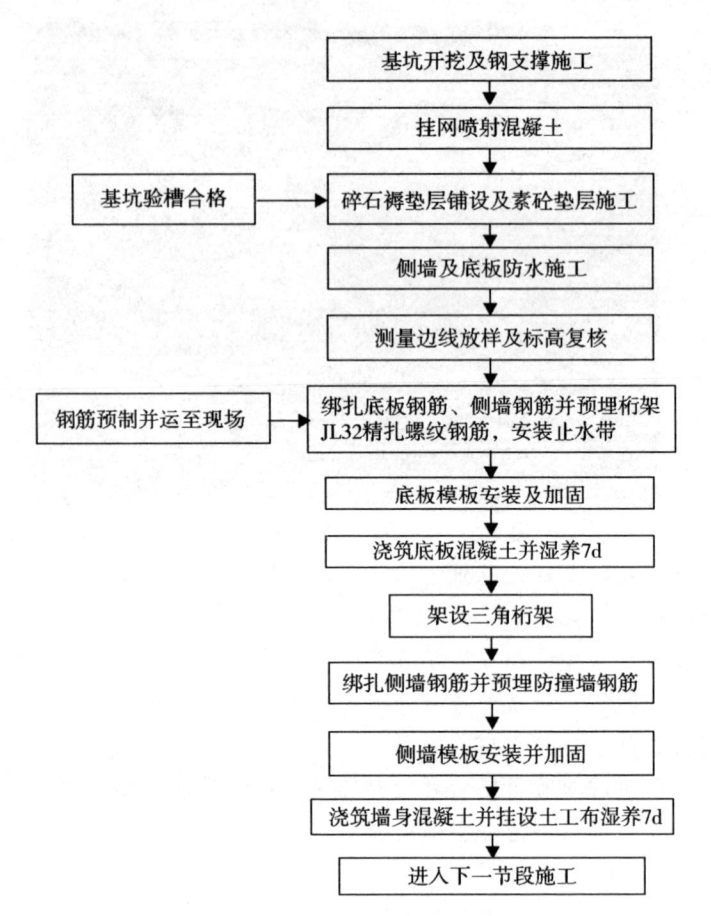

```
                    ┌─────────────────────────┐
                    │  基坑开挖及钢支撑施工    │
                    └───────────┬─────────────┘
                                ↓
                    ┌─────────────────────────┐
                    │     挂网喷射混凝土      │
                    └───────────┬─────────────┘
                                ↓
┌──────────────┐    ┌─────────────────────────┐
│ 基坑验槽合格 │───→│碎石褥垫层铺设及素砼垫层施工│
└──────────────┘    └───────────┬─────────────┘
                                ↓
                    ┌─────────────────────────┐
                    │    侧墙及底板防水施工   │
                    └───────────┬─────────────┘
                                ↓
                    ┌─────────────────────────┐
                    │   测量边线放样及标高复核│
                    └───────────┬─────────────┘
                                ↓
┌──────────────┐    ┌─────────────────────────┐
│钢筋预制并运至现场│→│绑扎底板钢筋、侧墙钢筋并预埋桁架│
└──────────────┘    │JL32精扎螺纹钢筋，安装止水带│
                    └───────────┬─────────────┘
                                ↓
                    ┌─────────────────────────┐
                    │     底板模板安装及加固  │
                    └───────────┬─────────────┘
                                ↓
                    ┌─────────────────────────┐
                    │   浇筑底板混凝土并湿养7d│
                    └───────────┬─────────────┘
                                ↓
                    ┌─────────────────────────┐
                    │       架设三角桁架      │
                    └───────────┬─────────────┘
                                ↓
                    ┌─────────────────────────┐
                    │绑扎侧墙钢筋并预埋防撞墙钢筋│
                    └───────────┬─────────────┘
                                ↓
                    ┌─────────────────────────┐
                    │    侧墙模板安装并加固   │
                    └───────────┬─────────────┘
                                ↓
                    ┌─────────────────────────┐
                    │浇筑墙身混凝土并挂设土工布湿养7d│
                    └───────────┬─────────────┘
                                ↓
                    ┌─────────────────────────┐
                    │      进入下一节段施工   │
                    └─────────────────────────┘
```

图 2.3.3-16　U 型槽施工流程

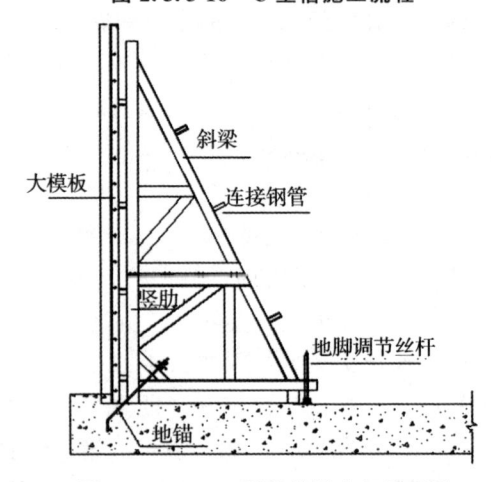

图 2.3.3-17　U 型段模板支架示意图

（标注：大模板、斜梁、连接钢管、竖肋、地脚调节丝杆、地锚）

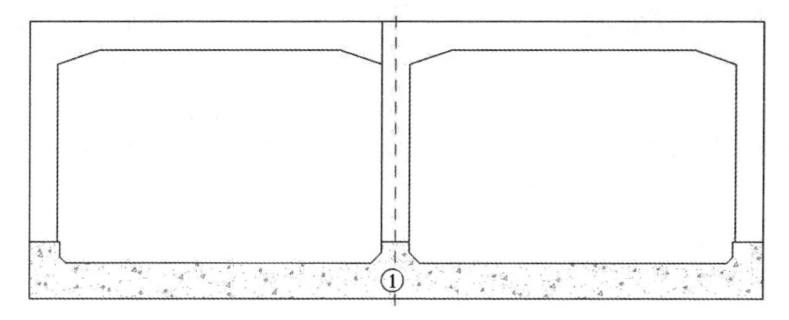

第 2 章　梁桥常见结构形式和主要施工方法

（a）步骤①框架底板一次性浇筑，施工缝设置在检修通道牛腿顶部

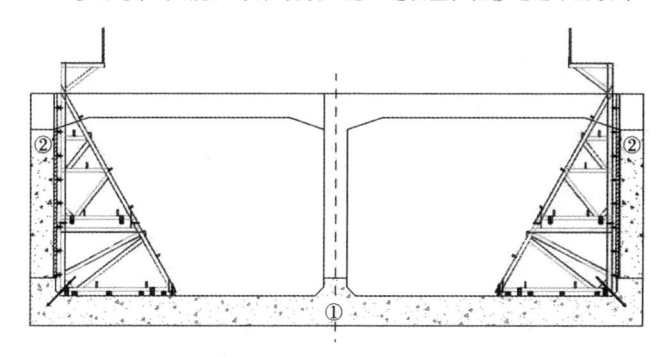

（b）步骤②采用单侧模板桁架浇筑框架侧墙，中墙采用对拉螺栓进行支模浇筑混凝土

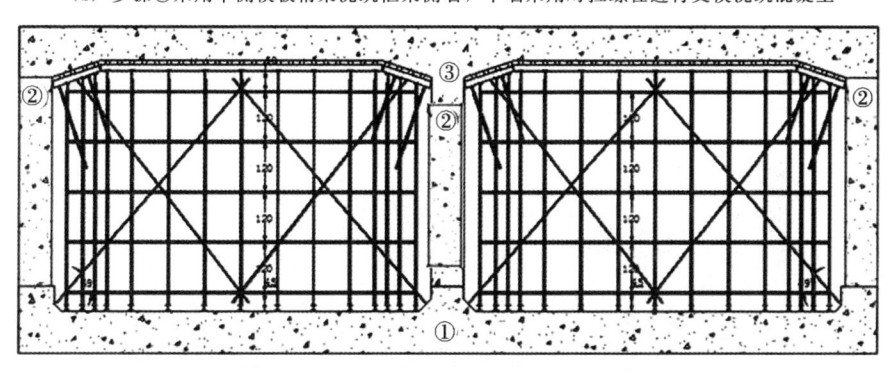

（c）步骤③采用满堂钢管支架浇筑框架顶板

图 2.3.3-18　框构浇筑示意图

8）挡土墙结构

砼挡土墙采用现浇施工。施工工艺流程：基坑开挖→基底换填→铺设垫层混凝土→绑扎基础钢筋→浇筑基础混凝土→绑扎墙身钢筋→浇筑墙身混凝土→养生。

基槽土方采用挖掘机及人工配合进行开挖。挖基槽配合墙体施工分段进行，用 1m³ 反铲挖掘机开挖，多余的土方装车外运弃土。在施工过程中，应根据实际需要设置排水沟及集水抗进行施工排水，保证工作面干燥以及基底不被水浸。

挡土墙基底垫层为 50cm 厚碎石和 10cm 厚 C15 混凝土。

现浇砼基础按挡土墙分段，整段进行一次性浇灌，清理好的垫层表面测量放线，立模浇灌。

现浇砼挡土墙与基础的结合面，应按施工缝处理，即先进行凿毛，将松散部分的砼及浮浆凿除，并用水清洗干净，然后架立墙身模板，砼开始浇灌时，先在结合面上刷一层水泥浆再浇灌墙身砼。

墙身模板采用钢板和清水模板拼装，竖向用双根钢管间距为 40cm，横向双根钢管作做主楞间距 60cm，斜撑选用钢管进行支撑，侧模用 $\varnothing 16$ 的止水螺栓对拉定位，螺栓间距为 75cm，墙身模板超过 4m 高采用二次立模的办法。当砼落高大于 2.0m 时，要采用串筒输送砼入仓，或采用人工分灰，避免砼产生离析。砼由砼加工厂，用砼运输车运至现场，混凝土输送泵进行浇灌，砼浇灌从低处开始分层均匀进行，分层厚度一般为 30cm，采用插入式振捣器振捣，振捣棒移动距离不应超过其作用半径的 1.5 倍，并与侧模保持 5～10cm 的距离，切勿漏振或过振。在砼浇灌过程中，如表面泌水过多，应及时将水排走或采取逐层减水措施，以免产生松顶。浇灌到顶面后，应及时抹面，定浆后再二次抹面，使表面平整。

以上是长春南四环下穿工程的框构和 U 型槽主体结构施工介绍，主体结构建成后如图 2.3.3-19 所示。

图 2.3.3-19 主体结构建成后的长春南四环下穿工程框构和 U 型槽

2.3.4 长春南四环下穿工程匝道桥预应力混凝土连续箱梁支架整体现浇施工

(1) 工程概况

在伊通河彩虹桥东侧由西向东方向设置左转掉头匝道,匝道桥长752m,建桥前河堤东路需桥下左转方可进入南四环,修建匝道桥后解决了河堤东路与南四环路之间交通转换,提高南四环路与河堤东路的通行能力。

匝道桥通行:河堤东路由北至南方向进入四环路,可由南侧上匝道桥,从南侧下四环路辅路。河堤东路由南至北方向进入四环路,可由南侧上匝道桥,从北侧下南四环路辅路。

北侧为8m宽现浇梁及挡墙,南侧为12m宽现浇梁及挡墙,中间为钢箱梁。全桥分为N线、B线。N线含8m宽现浇预应力混凝土箱梁157.4m,梁高1.8m,腹板厚度0.5~0.8m,顶板0.25m,底板0.22m,混凝土标号C50;12m宽钢箱梁240.4m,梁高2m;12m宽现浇预应力混凝土箱梁195m,梁高1.8m。B线为8m现浇预应力混凝土箱梁153.6m,梁高1.8m。以下选择N3-N5联预应力混凝土连续箱梁(跨径布置34+33.36m)做施工介绍,分别如图2.3.4-1和表2.3.4-1所示。

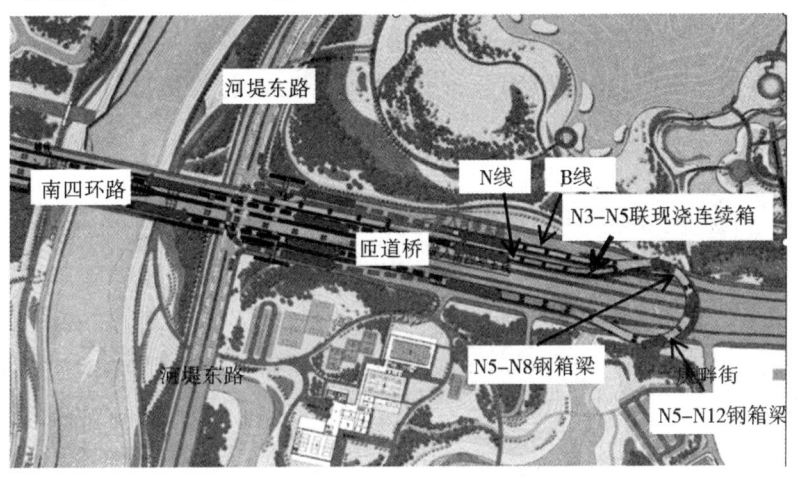

图2.3.4-1 长春南四环下穿工程匝道桥现浇梁位置

表 2.3.4-1　匝道桥现浇梁及钢箱梁

桥梁名称	墩台号 起始	墩台号 终止	跨径布置（m）	梁宽（m）	梁高（m）	结构形式
线桥	0	3	3×30	8	1.8	预应力混凝土连续箱梁
	3	5	33.99+33.361	8	1.8	预应力混凝土连续箱梁
	5	8	29+43.66+39	变宽	2	钢箱梁
	8	12	30.6+2×33+32.246	12	2	钢箱梁
	12	15	3×33	12	1.8	预应力混凝土连续箱梁
	15	18	3×32	12	1.8	预应力混凝土连续箱梁
线桥	0	3	3*30	8	1.8	预应力混凝土连续箱梁
	3	5	31.718+31.896	8	1.8	预应力混凝土连续箱梁

（2）结构简介

1）上部结构

上部结构为预应力混凝土连续曲梁桥，主梁为单箱单室箱梁，该联箱梁一般构造的平面和立剖面见图 2.3.4-2 所示，横断面见图 2.3.4-3 所示。

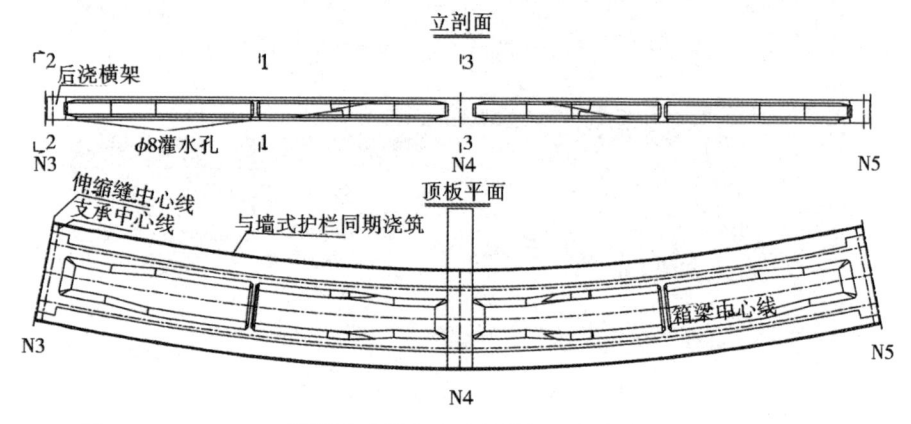

图 2.3.4-2　N3－N5 联预应力混凝土连续箱梁一般构造图（平面和立剖面）

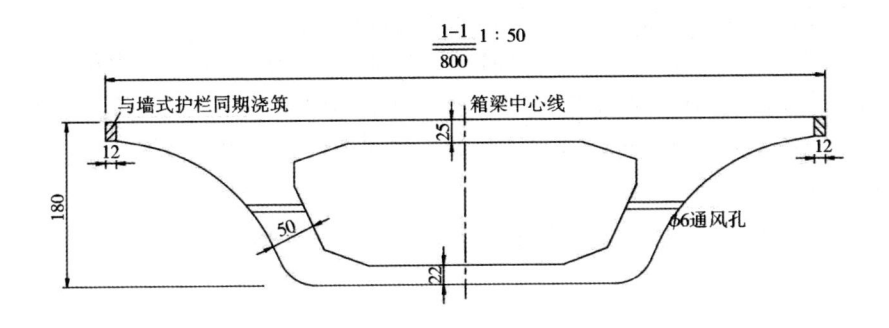

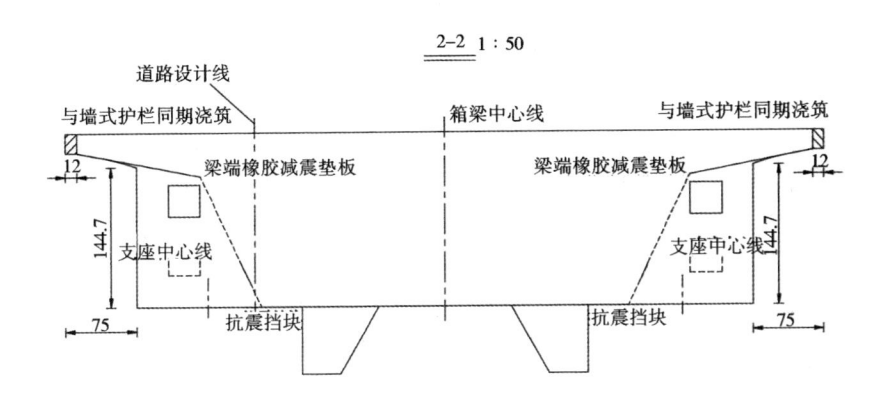

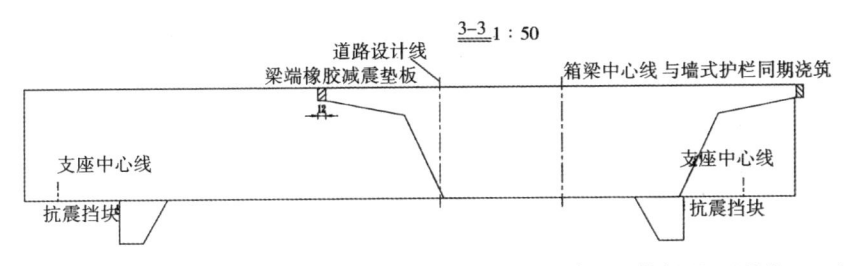

2.3.4-3 N3－N5 联预应力混凝土连续箱梁一般构造图（横断面）（单位：cm）

2）下部结构

桥梁下部结构的桥墩共有双柱式"H"型花瓶墩、独柱花瓶墩、矩形直柱墩三种形式。桥台采用钢筋混凝土薄壁型桥台结构，由前墙、背墙及翼墙三部分构成。

（3）总体施工方案

1）施工方案

匝道桥 N3－N5 联预应力混凝土连续箱梁采用支架整体现浇施工方法。
所有混凝土均采用商品混凝土，9m³和 12m³ 混凝土搅拌运输车运输，混凝土垂直运输采用臂式泵车。采用插入式振捣器振捣。

钢筋采用人工配合切断机、弯曲机下料制作，钢筋混凝土连续箱梁骨架采用焊接连接或机械连接。钢筋均在加工场地集中加工制作，在桥位处绑扎安装。按照设计图纸要求，所有后台加工的钢筋一律采用双面焊，现场连接的钢筋有限选择双面焊，对于不具备双面焊接的部位，例如：天窗封口钢筋、防撞墙连接钢筋、墩柱顶面横向受拉钢筋等采用单面焊。

预应力钢绞线张拉前按20%、60%、100%分级校验，预应力钢绞线采用无齿锯下料，人工配合卷扬机安装。张拉采用智能张拉，压浆采用真空辅助压浆。孔道压浆时间控制在张拉结束后24小时以内。

2) 总体工期

2018年8月5日进场施工，2018年11月15日通车，共103d。关键性工期如下：

①桩基结构完成时间：　　　　　2018年08月25日；
②墩柱主体完成时间：　　　　　2018年09月15日；
③钢箱梁加工完成时间：　　　　2018年09月3日；
④箱梁结构完成时间：　　　　　2018年10月30日；
⑤桥面系施工和通车时间：　　　2018年11月15日。

（四）主要施工流程及施工工艺

1) 承台施工

①承台采用现浇施工，其施工工艺流程如图2.3.4-4所示。

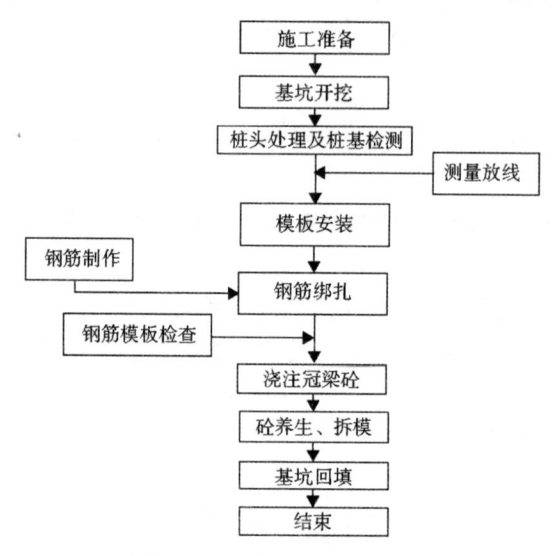

图2.3.4-4 承台施工工艺流程

② 基坑土方开挖和防排水

承台基坑采用1:0.75的坡度进行开挖,如遇土质不好处需放缓开挖坡度。基坑开挖底口每边留置1m施工作业面,以利挖掘机施工及排出基坑底积水。基坑采用明排水的方式,在基坑四周设置20×20cm的排水沟,对角分别设置30cm×30cm×40cm的集水井,每个基坑配备两台潜水泵,施工中设专人检查水泵,防止抽水端被堵塞,保证排水的连续性。承台基坑排降水布置如图2.3.4-5所示。

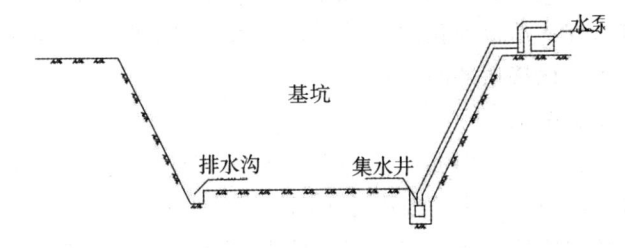

图2.3.4-5 承台基坑排降水布置

基坑开挖采用白天开挖,夜间运输的方式,即:白天用挖机开挖基坑,将开挖土方就近堆放在基坑两侧;夜间采用挖机装车,运输至指定地点弃土。如图2.3.4-6所示。

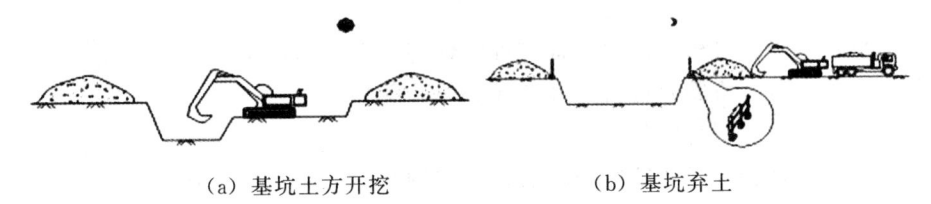

(a) 基坑土方开挖　　(b) 基坑弃土

图2.3.4-6 承台基坑土方开挖和弃土示意

在基坑顶缘四周适当距离设截水沟,防止地表水流入坑内,冲刷坑壁,造成坍方破坏基坑。坑缘边留有护道,静载距坑缘不少于0.5m,动载距坑缘不少于1.0m。

③ 桩头的凿除

施工顺序:测量放线→环切桩头→破碎桩头和剥离钢筋→吊离桩头和人工修整→校直桩头钢筋。

测量放线:测量人员根据设计桩基预留高度(深入承台内10cm),确定桩顶标高。在桩顶标高及5cm及以上20cm处用红油漆划线标识。

环切桩头:用切割机沿着桩身红油漆标识部位(桩顶标高以上5cm处)环向切割3~5cm深的切口,防止破桩头时凿掉桩边。切割时严格控制切割深度,避免割伤钢筋。

破碎桩头，剥离钢筋：切割完毕后先用人工在两道红油漆线之间凿开缺口，深入至钢筋，便于后续的风镐作业不会破坏钢筋保护层。风镐剥离缺口上侧钢筋外保护层，使钢筋向外侧微弯，便于施工在20cm处环向打入钢钎，打断桩头混凝土，钢钎保持水平或稍向上，使桩头微凸，保证不破坏保护层。

吊离桩头，人工修整：桩头按位置打断后，采用钩机统一吊离，吊离过程中应避免磕碰桩头钢筋。完成后，人工作业破除余下桩头至桩头标高。

在凿除桩头时避免桩头钢筋多次弯折，而使钢筋受到损坏。在剔除桩头时，要保证桩头伸入承台的长度满足设计要求，在承台钢筋绑扎前清除桩顶处松散的混凝土，保持顶部的平整。

④垫层混凝土施工

垫层混凝土施工前，测量人员应先放出承台位置线，并复核基底标高，垫层边线位置应距离承台位置线以外10cm。

当基坑开挖完成后，用钢筋标记出承台底面标高，钢筋相互布置间距不大于2m。垫层侧模板采用10cm×12cm的方木，用钢筋固定。浇筑时以方木与钢筋为基面，确保垫层混凝土的高度与平整度。混凝土垫层为10cm厚C20混凝土。

⑤桩基检测

桩头凿除后对钻孔桩的完整性进行检测，检测工作要在监理工程师在场的情况下进行。检验合格后方可进行下一步施工。

⑥钢筋的加工与安装

根据设计施工图和结构图，认真审核钢筋的下料长度及其细部尺寸。作出钢筋下料单，将钢筋的规格、型号、编号、直径、单根长度、根数、理论重量、总长、总重、钢筋简图、用于部位等分别列入下料单中。对于同一编号的钢筋下完后用铁丝捆绑并做好标识。钢筋下料的具体要求如下：

各种钢筋必须经试验合格。钢筋表面应洁净，无油渍及鳞锈；钢筋应平直，无局部弯折，成盘和弯曲的钢筋均应调直；钢筋的弯制和末端的弯钩均应符合设计要求。

受力钢筋焊接或绑扎接头设置在内力较小处并错开布置。对于绑扎接头，两接头间距不小于1.3倍搭接长度。对于焊接接头，在接头长度区段内，同一根钢筋不得有两个接头。配置在接头长度区段内的受力钢筋，其接头的截面面积占截面总面积的百分之比为：焊接接头在受拉区不超过50%，在受压区不限。

钢筋在钢筋加工厂加工成半成品，运至现场绑扎成型，钢筋在绑扎、连接成型的过程中，严格保证钢筋顺直。

钢筋连接。主筋钢筋接头宜采用直螺纹套筒连接，或采用焊接接头连接。

焊接可采用双面焊，焊接长度不小于 $5d$，或单面焊，焊接长度不小于 $10d$。钢筋接头应按50%搭接率错开布置，错开距离不小于 $50d$。钢筋焊接采用 J502 焊条。

采用直螺纹套筒连接时，钢筋端部应切平或镦平后加再工螺纹；钢筋丝头长度应满足企业标准中产品设计要求，公差应为 $0\sim2.0p$（p 为螺距）；安装接头时可用管钳扳手拧紧，应使钢筋丝头在套筒中央位置相互顶紧。标准型接头安装后的外露螺纹不宜超过 $2p$。

钢筋绑扎。首先在垫层上弹出承台边线，然后在垫层上画出钢筋位置线，再进行钢筋的绑扎施工。

钢筋的保护层采用混凝土垫块，支垫间距在纵横向均不得大于 1.0m，梅花形布置，在浇注混凝土前安放、检查好，并经监理工程师认可。

⑦模板的安装与固定

承台模板采用 9015、6015、3015、2015、1015 组合钢模板，背肋采用横向双钢管、竖向单钢管。支撑采用钢管配合木方支撑，为防止模板跑模，模板之间采用 ϕ16mm 对拉钢筋，对拉钢筋纵、横间距为 75cm。

模板支撑分上、中、下均匀布置三道间距 70cm，横向间距 1m。模板支撑具体布置形式见图 2.3.4-7。

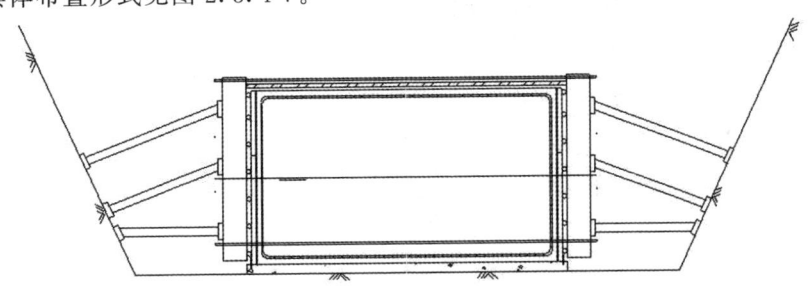

图 2.3.4-7 承台模板支护示意图

⑧墩柱预埋筋的安装

承台模板加固完成后，在承台钢筋上定位出墩柱预埋钢筋的位置，墩柱钢筋采用施工现场整体绑扎、吊装的形式。墩柱预埋完成后采用 L 型钢筋与底板钢筋焊接连接的方式加固。

⑨混凝土浇筑分层

混凝土采用整体分层连续浇筑，每层浇筑厚度控制在 30~50cm，在前层混凝土初凝前将次层混凝土浇筑完毕。

混凝土浇筑顺序。混凝土浇筑沿长边方向从一端向另一端进行。必要时采取多点同时浇筑，防止浇筑时间过长而产生施工缝。

⑩承台基坑回填

承台混凝土浇筑完毕并达到拆模条件时应及时拆模并进行基坑回填，基坑回填必须对称进行，回填必须经过监理工程师批准后方可进行，回填时采取分层夯填密实以满足设计要求，同时也为后期的箱梁支架基础施工创造条件。基坑回填采用山皮石回填，山皮石顶采用20cm厚的C20砼硬化。详见图2.3.4-8。

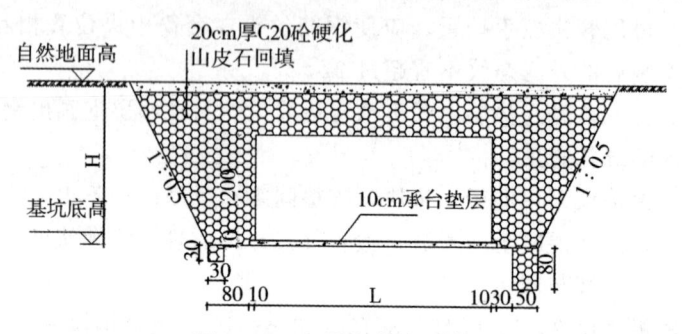

图2.3.4-8 承台基坑回填

2）墩柱及台身施工

本工程墩柱模板采用定型钢模板，桥台模板采用9015、6015组合钢模板。墩柱配置定型钢模板，台身配置组合钢模板。配置原则：尽量减少每套模板节数，降低其重量，从而达到降低成本的目的。

①墩柱、台身施工工艺

墩柱、台身施工流程如图2.3.4-9所示。

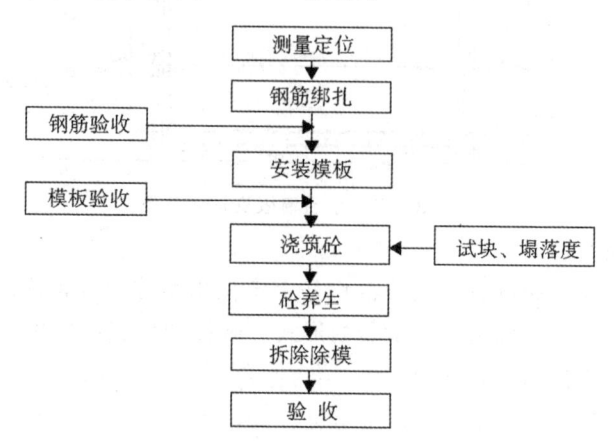

图2.3.4-9 墩柱、台身施工工艺流程

②墩柱、台身施工工序控制要点

a. 施工准备：

仔细阅读设计图纸，明确墩柱型号，计算好模板配节，提前准备好配套的钢模板。

承台墩柱区域进行砼面凿毛处理，进行处理时不损坏边缘砼。

施工测量放样：利用全站仪在承台顶放出墩柱或台身控制中心点，并放出纵、横轴线，用米尺量出墩柱或台身边线。

b. 墩柱钢筋加工

墩身钢筋采用在钢筋场地制作整体式钢筋笼，然后运输至相应的位置吊装焊接就位。

墩高超过8m的采用2台25T吊机配合吊装，墩高小于8m的采用1台25T吊机吊装。

主筋接长采用直螺纹套筒机械连接或搭接双面焊。

绑扎箍筋圈，绑扎时注意箍筋的间距。

为了保证保护层的厚度，在墩身的周围垫上高强砼垫块。

c. 墩柱钢筋预埋

承台钢筋绑扎过程中，提前将墩柱钢筋整体绑扎成型。承台钢筋绑扎完成后，将墩柱钢筋整体预埋。带系梁墩柱，采用两次吊装就位后，绑扎系梁钢筋。

设计图纸墩柱钢筋深入承台长度为1.75m，距离承台底悬空25cm，考虑墩柱钢筋预埋固定在承台顶层钢筋后，由于墩柱钢筋自重容易产生下沉。为保证墩柱钢筋与承台钢筋形成整体，防止发生倾覆及塌陷，将墩柱钢筋深入承台部分自行加长至承台底层钢筋。并用L型钢筋与承台底层钢筋焊接牢固。

墩柱预埋就位固定前，需测量校准墩柱钢筋垂直度，并进行调整后方可就位。

墩柱预埋就位后，需采用不少于12根缆风绳在墩柱四周进行加固，为减小缆风绳倾斜角度，固定点需尽力外扩至围挡边。

d. 搭设施工平台

施工人员施工操作平台采用φ48碗扣钢管支架搭设，支架间距60cm及支架立管位于承台上；设置50cm宽梯道，梯道每层高1.2m，梯道每层及支架顶部铺设50cm宽跳板作为工作平台，跳板与钢管间用8号线连接。外侧支架做安全防护栏杆（高于墩顶1.5m），绑扎密布网。支架顶部用缆绳紧固在设于桥墩四周的临时地锚上，确保支架有足够的稳定性。墩柱支架搭设如图 2.3.4-10 所示。

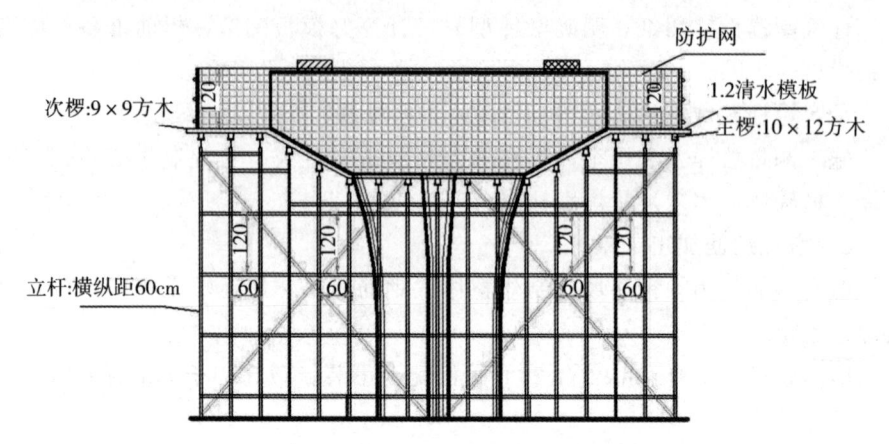

图 2.3.4-10　墩柱支架立面示意图（单位：cm）

e. 墩柱模板工程：

模板的制作

模板采用 0.1m、0.2m、0.3m、0.5m、1m、2m、3m 共 6 种分段定型钢模板拼接，以适应同一型号墩柱不同的高度。面板采用 Q235-B，6mm 厚钢板，连接板及筋板为 10mm 厚钢板，连接板螺栓孔为 18mm×24mm 长孔，螺栓孔距 200mm，并与面板满焊。模板接缝间用 M20×60 高强螺栓连接。竖向背肋为 10♯槽钢，间距 300mm。横向背肋为 14♯双槽钢，间距 1m，模板对拉螺杆采用 M22 高强螺杆。连接系梁贴面板背肋为 10♯槽钢。定型模板竖向缝隙拼装后及上、下套模板拼装完成后，模板拼缝均采用密封条密封。

墩柱模板采用定型钢模。施工脚手架用碗扣型支架搭成，配合普通脚手架钢管做斜向支撑。钢筋绑扎完毕后，将预先组拼成型的模板用吊车吊装到位，每次吊装以 2～3m 为佳，模板使用前要除锈、涂脱模剂，支模前将承台顶面的模板底座处用水平尺和砂浆找平，以保证模板的垂直度，防止墩柱根部砼出现烂根现象。为防止漏浆，模板螺栓接口处夹放海绵条，保证施工中不跑模、不漏浆。

f. 砼浇注：

砼浇筑应尽量将砼顶面设置在模板接缝处，如不在接缝处，需测量出砼标高线，标志在模板上，并在模板顶部挂铁线确定砼标高位置。

砼采用商品砼、混凝土运输车运至现场，墩柱采用混凝土泵车浇筑。用插入式振捣器分层振捣，当混凝土的浇筑高度超过 2m 时，应采用串筒进行施工，防止砼发生离析和水泥浆溅到钢筋和模板上，每次浇筑高度30cm左右，接柱砼必须一次连续浇筑完，及时养护，确保砼外观质量优良。

根据墩身高度选用合适长度的振动棒。振动棒间距为30～35cm，振捣深度一般插入前层5～10cm，振捣直至砼表面泛浆并不再冒气泡、水泡。振捣时不得碰撞钢筋，不得出现漏振、重复振捣现象。靠模板处做为重点，防止漏振，尽量减少气泡。

浇筑砼时，砼顶面如果析水，及时清除表面水分，严格控制砼坍落度，防止砼运输时离析，必要时，进行二次搅拌。

砼养生：混凝土浇注完，待顶面砼收浆后尽快覆盖，防止风干裂纹，在砼终凝以后洒水养生。

g. 脱模及支架拆除：在砼抗压强度达到10MPa以上时拆除钢模，拆除时不能损坏墩柱表面。

h. 混凝土养护：

模板拆除后，对于墩柱，外罩塑料布进行覆盖养生，台身采用覆盖土工布洒水养生，使砼面始终处于湿润状态。

3) 现浇箱梁施工

①施工方案

施工流程：

场地处理及硬化5d→支架架设3d→纵、横木方铺设3d→支架预压1d→底模安装3d→侧模安装3d→绑扎底腹板钢筋3d→安底腹板波纹管及钢绞线3d→安装芯模6d→绑扎顶板钢筋6d→安装顶板波纹管及钢绞线6d→浇筑混凝土2d→混凝土养生（期间拆芯模）7d→张拉及压浆3d→封天窗及支架拆除3d（合计51d）。

现浇箱梁采用一次浇筑，支撑体系采用碗扣支架，芯模采用木方支撑。全桥箱梁翼板及侧模采用$\varnothing$48壁厚4mm预弯钢管。侧模、底模和内模采用清水模，用砂袋预压。

根据现场施工情况及拆迁情况，本项目现浇箱梁主要投入材料有支架、木方、底模、芯模、侧模、侧模支架等。

总体施工步骤

步骤一：搭设满堂支架完成除端横梁部位的混凝土浇筑，待强度达到100%后，张拉腹板钢绞线，完成灌浆。

步骤二：完成端横梁腹板张拉段封锚，浇筑端横梁混凝土，待混凝土强度达到100%后张拉顶、底板、横梁钢绞线，完成灌浆。

步骤三：完成端横梁灌浆封锚，先中跨，后边跨的拆除满堂支架。如图 2.3.4-11 所示。

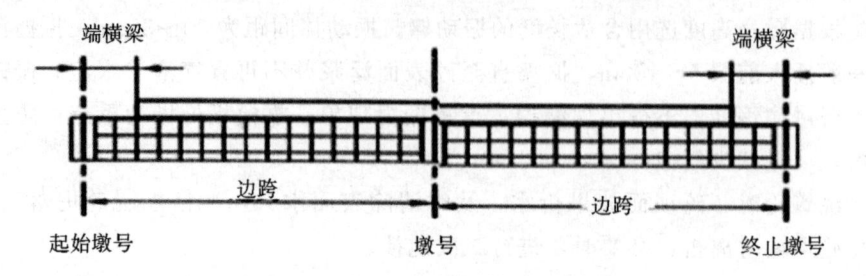

图 2.3.4-11 现浇梁支架布设示意

施工进度

支架现浇连续箱梁39d，后浇端横梁20d，共计59d，如表4.2.4-2所示。

表 4.2.4-2 匝道桥（N3-N5联）连续箱梁固定支架现浇施工进度

序号	工序	施工时间（d）
支架现浇连续箱梁		
1	现浇梁－脚手架提前进场	1
2	现浇梁－脚手架搭设	5
3	现浇梁－底模安装	3
4	翼缘板部位支架安装	2
5	翼缘板部位模板搭设	2
6	现浇梁－预压	3
7	现浇梁－钢筋安装（底板及腹板）	4
8	现浇梁－箱梁芯模安装	3
9	现浇梁－砼浇筑（底板及腹板）	2
11	现浇梁－钢筋安装（顶板）	3
12	现浇梁－砼浇筑（顶板）	1
13	现浇梁-砼养生	7
14	现浇梁－腹板处预应力张拉	2
15	腹板预应力封锚	1
小计		39

续表

序号	工序	施工时间（d）
后浇端横梁		
1	端横梁－钢筋安装	2
2	端横梁－模板安装	1
3	端横梁－砼浇筑	1
4	砼养生	7
5	端横梁－顶/底处预应力张拉	6
6	脚手架拆除及返还	3
小计		20
合计		59

②支架

a. 支架基础

由于本桥所处原道路承载力能满足支架要求，不需对原道路做处理。只需要对探坑、基坑开挖处进行特殊处理。处理方法为：分层回填粒料至距路面55cm处，采用20t震动压路机分层碾压，碾压合格后分层回填山皮石，并进行碾压，山皮石回填厚度为40cm，最后在山皮石上铺设20cm厚的C20混凝土作为支架基础。由于中央分隔带及两侧绿化带涉及左右幅导流，为保证车辆通行时路面结构的稳定性，在全线绿化带采取40cm厚山皮石＋25cm厚C20砼结构。

b. 支架布设

采用碗扣式脚手架。匝道桥按照箱室、横梁两个部位分别进行计算，其中箱室断面取腹板最厚位置按照不同受力区段最不利荷载工况下进行支架计算。腹板位置0.6×0.9×1.2m布置，翼缘板及梁底0.9×0.9×1.2m布置，主楞10×12cm方木，次楞9×9cm方木@0.22m。

翼板部分采用48mm壁厚4mm钢管加工成圆弧，间距90cm，全桥布置按照支架纵向间距布置，每一排顶托上布置一道。纵向剪力撑按45°交叉布设，每个腹板下及桥梁最外侧布设1组；横向剪力撑按45°交叉布设，每隔4道立杆布设1组，桥梁支架外侧下设扫地杆。如图2.3.4-12所示。

(a) 中墩横桥向

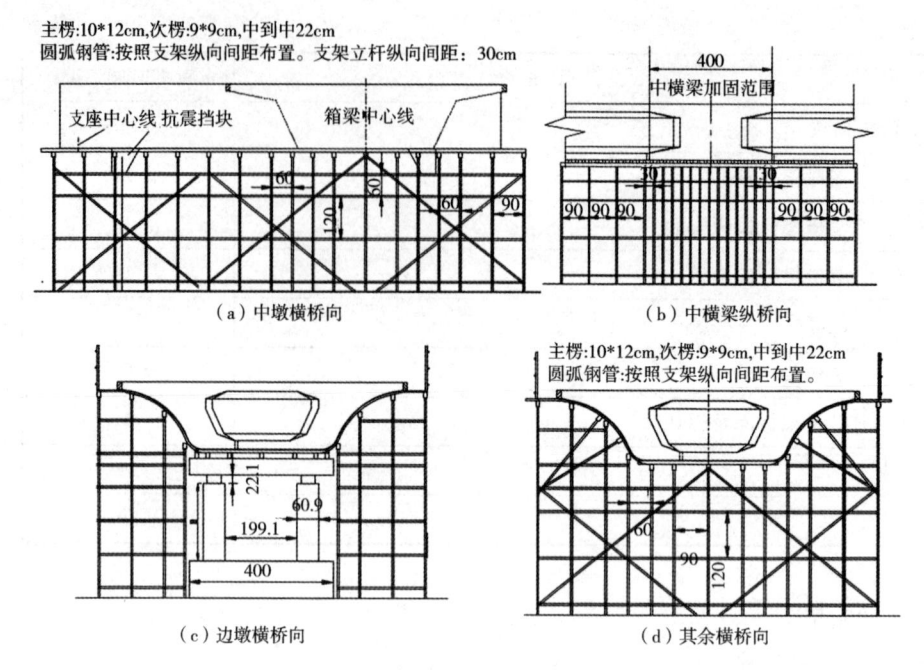

(b) 中横梁纵桥向

(c) 边墩横桥向

(d) 其余横桥向

图 2.3.4-12　现浇箱梁施工支架布设（单位：cm）

c. 支架预压

本项目支架预压采用每联预压 1 孔，采用砂袋法预压（沙袋 5000 个），最大加载按设计荷载的 1.2 倍计。支架采用小挖机装砂，吊机安放砂袋。按设计要求分级加载，每级持荷不小于 30min，最后一级为 1h，然后逐级卸载，分别测定各级荷载下支架和支架梁的变形值。根据测试结果，确定支架的施工预抛值，以消除施工中因支架变形而造成的箱梁线形和标高误差。预压时观测三类数据，以分清支架的弹性变形与非弹性变形，一是测量支架底座沉降（测地基沉降量），二是测量支架顶部沉降量（测支架沉降），三是测量支架顶部卸载后回弹值，并用悬线吊铅锤测支架总沉降量及侧位移量（测支架加载后的垂直度）。测量时采用多点动态观测以求得经验沉降量（弹性变形部分），作为预调标高时参考。观测点纵向布置在每跨的桥墩墩顶、1/4L、1/2L、3/4L（L 为计算跨径），纵向每跨布设 5 点，横向布置在箱梁中心线及四道腹板处。卸载后，按测得的沉降量及设计标高，重新调整模板标高，以保证砼施工后，底模仍保持其设计位置。预压施工时，砂袋不能破坏测试基准点。支架预压见图 2.3.4-13 所示。

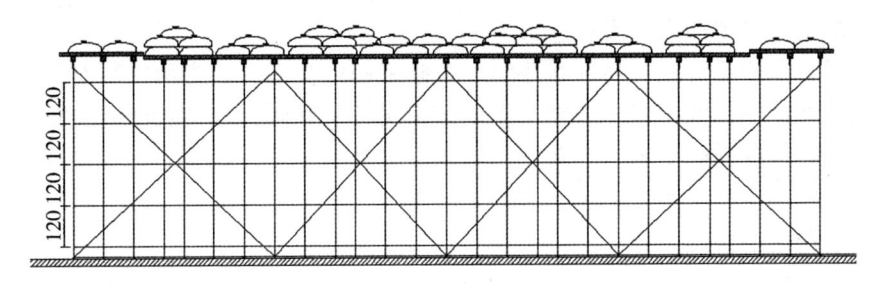

图 2.3.4-13　支架预压示意图

d. 天窗施工

在 1/4 跨度左右弯矩较小处的箱梁顶面预留天窗。天窗尺寸为 80cm× 100cm，其附近处钢筋调直后采用帮条焊，焊接长度不小于 $10d$，采用同标号微膨胀砼进行浇筑，浇筑时间应选择一天中气温最低时进行。浇筑后及时用土工布覆盖、洒水养生。

③模板

箱梁模板选用清水模板，外模形式如图 2.3.4-12 现浇箱梁施工支架布设所示，内模形式如图 2.3.4-14 所示。

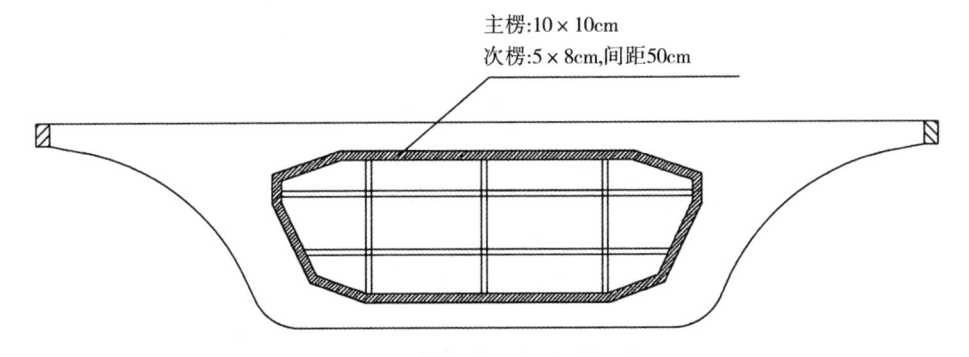

图 2.3.4-14　现浇箱梁内膜断面

④桥面及附属工程施工

梁桥桥面及附属工程包括支座、伸缩装置、桥面防水与排水、桥面铺装、桥面防护设施及桥头搭板等。在此只介绍支座和伸缩装置施工工艺。

a. 支座安装

其支座安装工艺流程

以螺栓连接球形支座为例介绍。

墩台顶凿毛清理 → 预留孔清理 → 拌制砂浆 → 安装锚固螺栓及支座 → 模板安装 → 砂浆浇筑

螺栓连接球形支座安装方法

墩台顶凿毛清理。当采用补偿收缩砂浆固定支座时，应用铁錾对支座支承面进行凿毛，并将顶面清理干净；当采用环氧砂浆固定支座时，将顶面清理干净并保证支座支承面干燥。

清理预留孔。清理前检查校核墩台顶锚固螺栓孔的位置、大小及深度，合格后彻底清理。

配制环氧砂浆。补偿收缩砂浆的配制按配合比进行，其强度不得低于35MPa。

安装锚固螺栓及支座。吊装支座平稳就位，在支座四角用钢楔将支座底板与墩台面支垫找平，支座底板底面宜高出墩台顶20～50mm，然后校核安装中心线及高程。

安装模板。沿支座四周支侧模，模板沿桥墩横向轴线方向两侧尺寸应大于支座宽度各100mm。

灌注砂浆。用环氧砂浆或补偿收缩砂浆把螺栓孔和支座底板与墩台面间隙灌满，灌注时从一端灌入从另一端流出并排气，保证无空鼓。

砂浆达到设计强度后撤除四角钢楔并用环氧砂浆填缝。

安装支座与上部结构的锚固螺栓。

b. 伸缩装置安装

伸缩装置安装工艺流程：测量放线→切缝、清理→安装就位→焊接固定→浇筑混凝土→嵌缝。

其余桥面系等施工略去，本工程建成后如图2.3.4-15所示。

图 2.3.4-15 现浇箱梁内膜断面

2.3.5 长春南四环下穿工程匝道桥钢箱梁的制造与安装

(1) 工程概况

长春南四环下穿工程在伊通河彩虹桥东侧由西向东方向设置左转掉头匝道，匝道桥长 752m，其中 N5－N8 和 N8－N12 联为钢箱梁，以下选择 N5－N8 联钢箱梁（跨径布置 29＋43.66＋39m）做施工介绍，位置如图 2.3.5-1 所示。

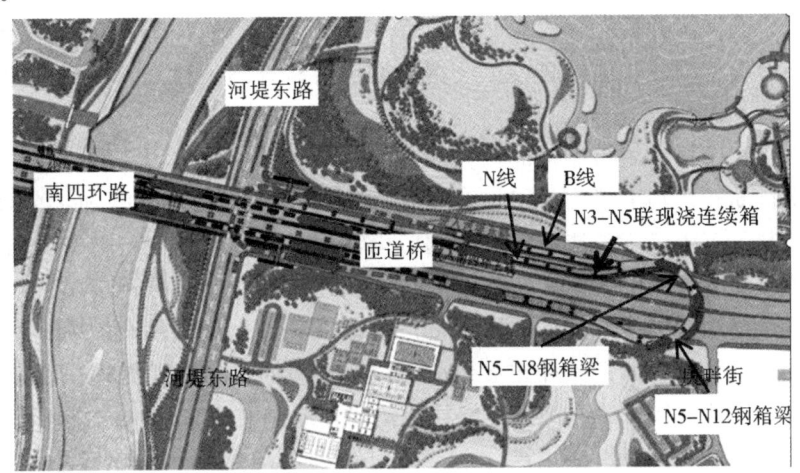

图 2.3.5-1 长春南四环下穿工程匝道桥钢箱梁位置示意

钢箱梁设置单向横坡，桥面、梁底始终平行，与桥面横坡保持一致，腹板始终与顶板、底板垂直，梁高 1.8m，两道腹板分割为三箱，加劲肋处钢箱梁结构如图 2.3.5-2 所示。

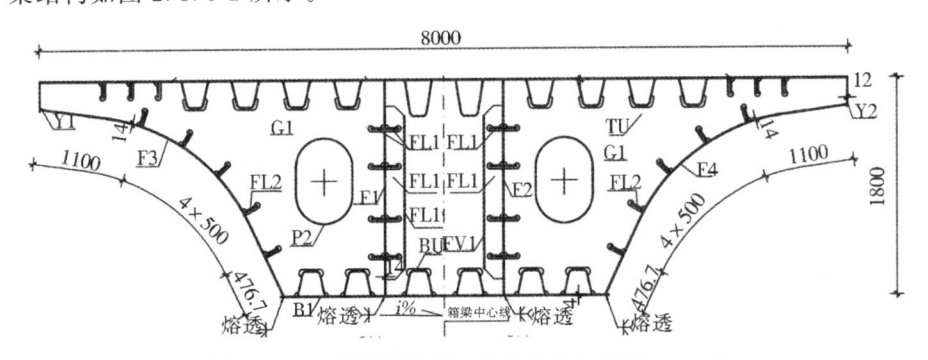

图 2.3.5-2 钢箱梁构造（加劲肋处）（单位：mm）

(2) 总体施工方案

钢箱梁采用工厂制作，现场固定支架安装。

钢箱梁按图纸划分的节段进行制造，在加工厂内充分处理好钢板的防腐和加工过程中的构件焊接，并在预设拱度的钢梁拼装平台上进行钢梁节段的预拼装，使各节段接口误差满足焊接要求。钢箱梁梁底设置临时支墩，支墩下进行地基处理。

1）钢箱梁加工和拼装施工流程

审图配料→放样→钢板喷砂除锈→切割下料边缘加工→焊接工艺评定→钢板接拼→焊缝检验→零件矫正→成型→半成品检查→测装配支撑平台→钢箱梁组对、焊接→焊缝检测→箱体修复校正→钢箱梁预接装→预装检查、标记、拆开→表面处理→涂装

直接在钢板上划出零件的切割线称为放样。零件宜采用精密（数控、自动、半自动）切割下料。剪切仅可用于次要零件或剪切后仍需加工的零件。手工气割仅可用于工艺待定的或切割后仍需加工的零件。大型钢箱梁的梁段应在胎架上组装，胎架应具有足够的刚度和几何尺寸，监控测量应避开日照的影响。钢结构桥梁应按试装图进行厂内试拼装，未经试拼装检验合格，不得成批生产。桥梁的钢构件在涂装前，应对其表面进行除锈处理。桥梁钢结构常用的工地连接方式有高强度螺栓连接和工地焊接连接两种。

2）总体施工部署

钢箱梁总体安装施工顺序为先N5—N8联，后N8—N12联。钢箱梁加工进度：2018.11.15—2019.03.30；钢箱梁安装进度：2019.04.01—2019.05.15。

（3）主要施工工艺技术

1）钢箱梁制作工艺流程

①梁段划分

按南四环下穿临河街工程-匝道桥钢箱梁设计说明书及相关规范，划分梁段安装。

纵桥向节段划分，应避开支点和跨中等受力大的位置，钢桥制作过程中应按照《公路桥涵施工技术规范》（JTG/T F50-2011）19章相关规定执行，其中顶底板及横隔板焊缝应错开布置，错开最小距离满足19.4.3条规定要求，并根据施工单位自身的加工、运输、吊装能力以及曲率的影响，对各梁段长度进行分割。原则上钢箱梁应尽量采用长节段，减少焊缝，分割长度不宜小于5m，且分割部位应避开墩顶、跨中等应力集中部位。箱梁加工节段按顺时针划分，共有45段，吊装重量17.6~67.1t，如图2.3.5-3所示。

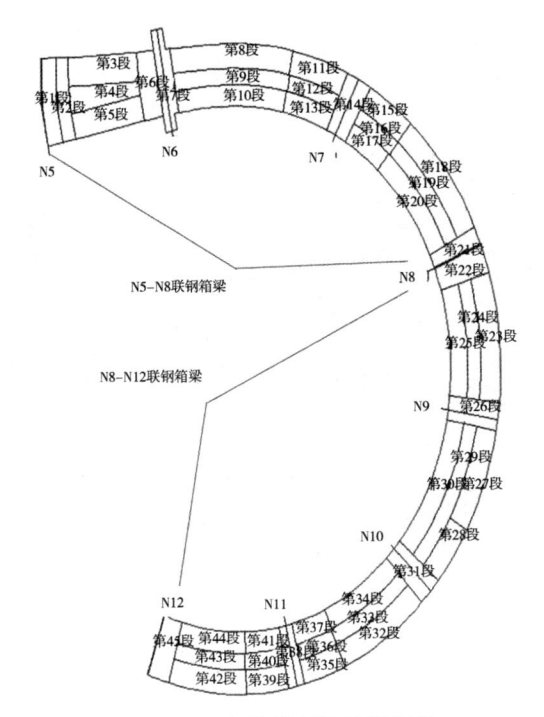

第 2 章 梁桥常见结构形式和主要施工方法

图 2.3.5-3 钢箱梁制作梁段划分

② 钢箱梁制作工艺流程

钢箱梁制作工艺流程如图 2.3.5-4 所示。

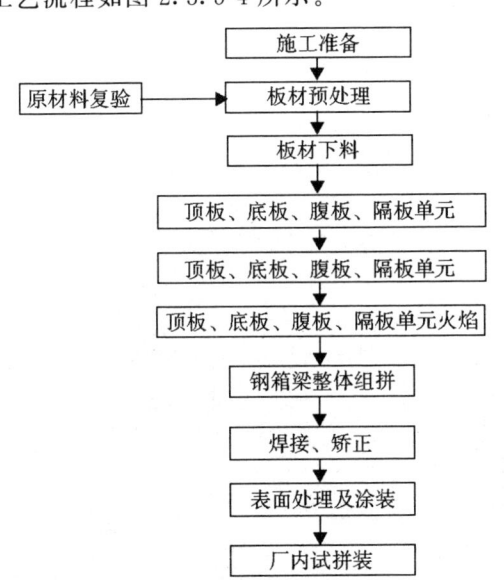

图 2.3.5-4 钢箱梁制作工艺流程

板材预处理

预处理采用喷丸清理机和高压无气喷涂机进行。

板材下料

板材下料主要包括隔板、顶板、底板、腹板、肋板等。如图 2.3.5-5 所示。

图 2.3.5-5　板材下料

顶板、底板、腹板、隔板单元组装、焊接与矫正

在专门的装配平台上进行顶板、底板、腹板、隔板单元组装，在专门的胎架上进行火工矫正。

钢箱梁整体组拼

钢箱梁按设计图纸各孔跨中起拱值设置预拱度，起拱值由跨中至墩台顶按二次抛物线过渡，并考虑由于安装温度误差、焊接变形、残余应力、施工临时荷载等引起的变形。

图 2.3.5-6　钢箱梁整体组拼

箱梁整体组装的顺序：顶板上胎→划顶板肋板及隔板位置线→组装顶板肋板→组装一侧隔板→组装中腹板→组装另一侧隔板→组装边腹板→组装腹板竖向肋板→组装底板。如图2.3.5-6和2.3.5-7所示。

图 2.3.5-7　钢箱梁整体组拼后焊接与矫正

运输方式、运输工具和构件稳定措施

从经济、快捷角度考虑，采用汽车从公路运输的方案。构件运输工具采用大型车辆进行运输。构件装车时必须让构件的重心和车辆的重心吻合，构件下部用道木、支架与车厢垫实，构件上部用钢丝绳与车体捆绑一起。用紧线器、导链拉紧，使构件和车厢成为一体。如图2.3.5-8所示。

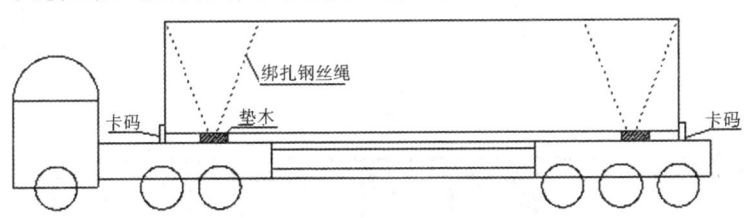

图 2.3.5-8　钢箱梁节段运输示意

2) 钢箱梁安装施工流程

钢箱梁安装施工分为以下4个节段，如图2.3.5-9所示。

①第一阶段：

完成 N5－N8♯墩桩基础及墩柱施工；

在进行主墩基础施工的同时，进行临时支墩扩大基础施工。

②第二阶段：

相关墩柱施工完成后安装支座；

地基回填压实后，搭设施工临时支墩；

工厂同时分段预制拼装钢箱梁。

③第三阶段：

将各段预制钢箱梁单元运至施工现场，随即吊装至事先搭设好的临时支墩上，经测量人员精确定位并确保符合设计线形后焊接；

重复以上工序，将所有预制钢箱梁单元吊装并施焊完毕。

④第四阶段：

浇筑防撞墙栏杆基础；

桥面铺装施工；

安装桥梁伸缩缝装置等；

完成其余附属设施施工。

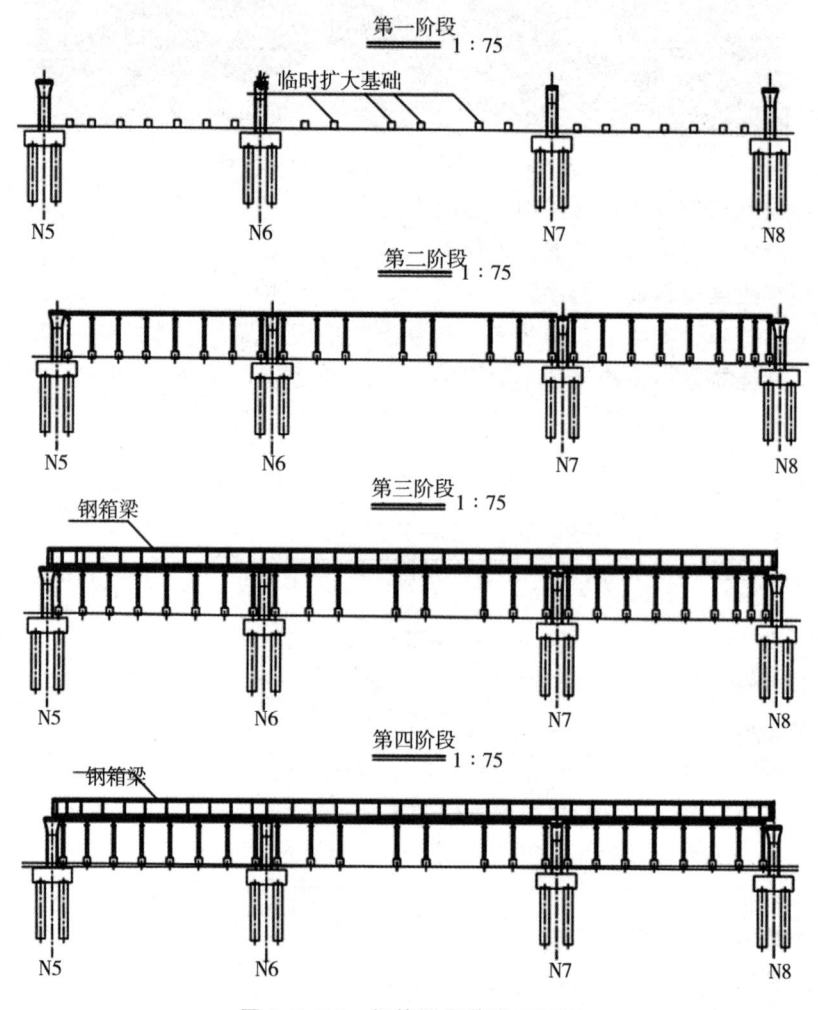

图 2.3.5-9 钢箱梁安装施工流程

第2章 梁桥常见结构形式和主要施工方法

3) 门洞及临时墩施工

①门洞施工

为保证南四环路在施工期间不中断交通，设置门洞。

施工工艺流程

交通调流→浇筑门洞基础→架立门洞钢管柱→安放钢板→铺设横桥向45b工字钢→铺设纵桥向63b工字钢→63b工字钢上铺设一层清水模板（防止施工中杂物掉落）→安装限高门→箱梁施工→降低临时支座→拆工字钢→拆门洞钢管柱→拆限高门→破碎门洞基础→路面处理→恢复原交通。

施工方法

门洞基础采用C30砼浇筑（1.5×1.1×14.3m），模板采用6015组合钢模板。基础浇筑时需预埋钢板，钢板埋件下设弯钩钢筋，以保证预埋钢板与基础的稳定性。

门洞采用ϕ609mm钢支撑（3m），钢支撑与门洞基础之间采用钢板连接，钢板几何尺寸为：800mm×800mm×10mm。钢支撑之间采用14a角钢焊接，以保证钢支撑的稳定性。

钢支撑每个上横桥向铺设2道45b工字钢，纵桥向铺设63b工字钢（间距0.6cm）。63b工字钢上铺设间距60cm10×12cm木方，30cm10×12cm木方，30cm9×9木方，最后铺设清水板。如图2.3.5-10所示

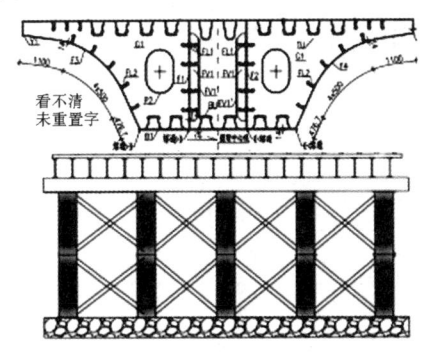

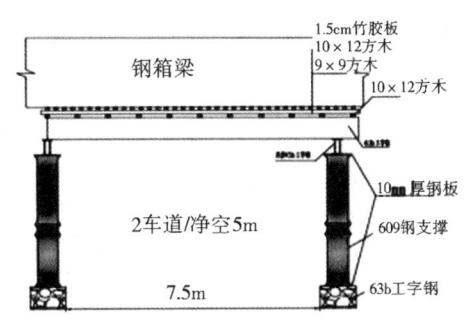

图2.3.5-10 门洞布置示意

匝道桥N9#墩距东西两侧各100m处破除50m，以及从东向西方向辅路分隔带破除135m，作为交通导行便道，硬化中央分隔带，硬化区域换填40cm厚的山皮石，浇筑20cm厚的C20混凝土。施工主路分隔带导行便道占用南侧主路宽3m，施工范围采用反光路锥引导车辆通行，保证南侧主路剩余两排车道。施工由东向西方向辅路分隔带时，占用辅路宽3m，封闭辅路通行。导行结束后将硬化的路面破除恢复原有分隔带。

②临时支墩施工

a. 临时支墩布置

路面安装设置临时支撑系统架设钢箱梁（支架高度按墩身高 6m 考虑），临时支墩平面布置见图 2.3.5-11，横桥向布置见图 2.3.5-12。

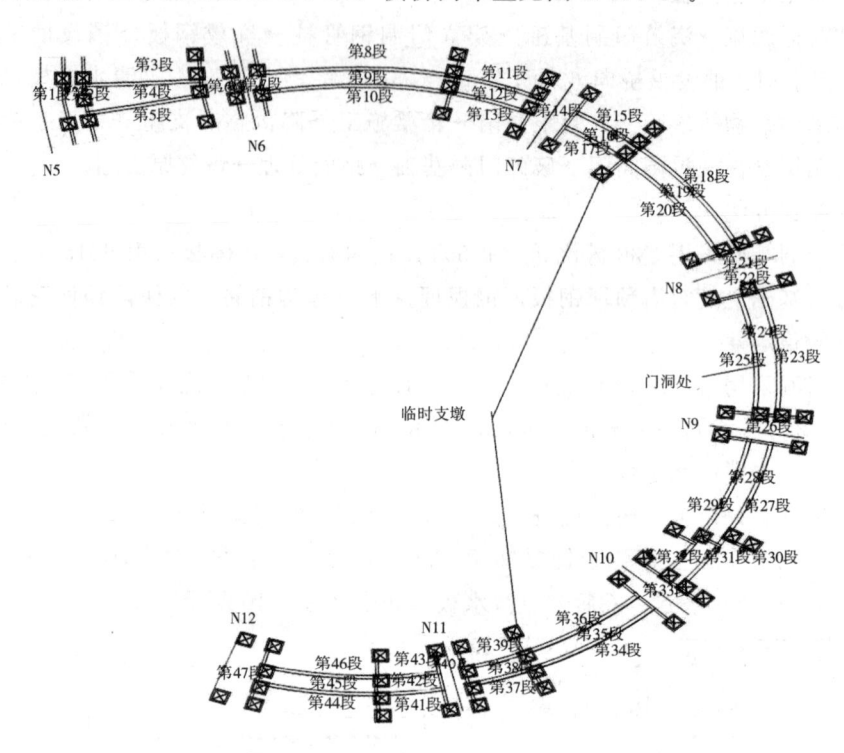

图 2.3.5-11 临时支墩平面布置图

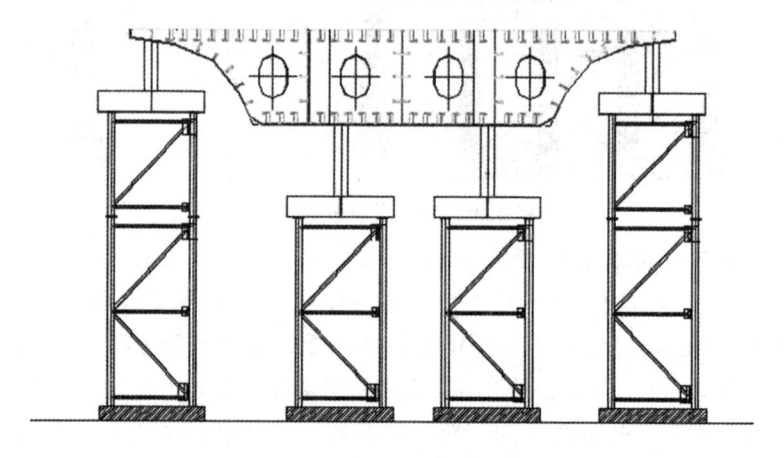

图 2.3.5-12 横桥向临时支墩布置图

b. 临时支墩施工验算

支架地基承载力计算

支架荷载按 60t，支架及基础重 6t，支架基础面积 2.3m×2.3m，(60+6)t/(2.3m*2.3m)＝0.124MPa

ⅱ）支架立在现有铺装路面

根据《城市道路设计规范》，道路抗压强度 0.8MPa～1.1MPa，0.124MPa＜0.8MPa～1.1MPa 满足要求。

c. 支架立在非铺装路面

对非铺装路面，要求对支架设立部位进行地基处理，首先对土层夯实，然后填 400cm 厚碎石，回填面积为 4m×4m，回填时分层碾压，承载力达到 300kPa。

d. 支架强度及稳定性验算

钢箱梁对支架最大压力为 45t，支架最高 6.4m，本工程采用最大压力为 60t，最大高度 6.4m 的支架，支架强度及稳定性验算满足要求。

③吊车选用

据本工程的特点及构件的重量，本工程吊装机械设备根据施工阶段各施工部位选用 1 台 220t 汽车吊进行现场钢箱梁的吊装，1 台 25t 汽车吊进行临时支撑及安装平台的安装。220t 汽车吊工况如图 2.3.5-13 所示。

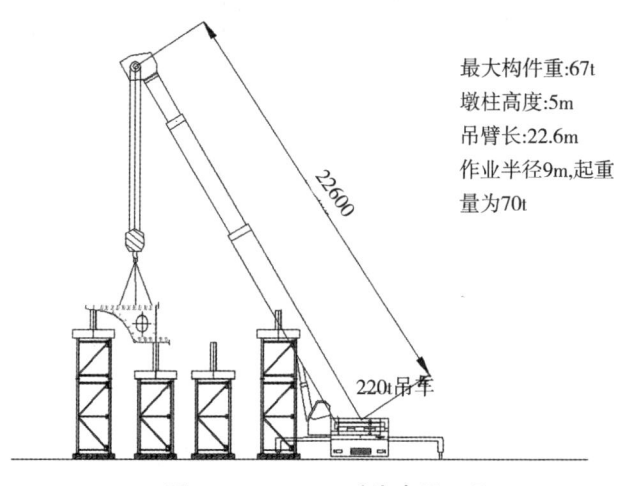

最大构件重:67t
墩柱高度:5m
吊臂长:22.6m
作业半径9m,起重量为70t

图 2.3.5-13　220 吨汽车吊工况

4）钢箱梁组对、焊接

焊接合龙温度控制在 20℃左右，钢箱梁段间修正宜选在一段完成，也可在出厂前做无余量放线。

5）桥面铺装

桥面铺装结构层自钢箱梁从下到上依次为：①0.4kg/m 环氧树脂防水黏结层、②3.5cm 热拌环氧沥青混凝土（EA10）、③0.4kg/m 环氧树脂黏层、④4.5cm 高黏改性沥青玛蹄脂碎石（SMA13）。严格按设计要求和施工规范进行施工。

6）桥梁防撞墙施工

防撞墙施工采用现场浇筑，其工艺流程：钢筋绑扎→安装定型钢模板→浇筑混凝土→养生。

按设计要求绑扎钢筋，然后利用自制推车安装定型钢模板，如图 2.3.5-14 所示。浇筑混凝土后按规定时间拆模，派专人洒水养生，铺设钢遮板。控制防撞墙顶面高程及线型，按要求涂刷脱模剂，按规定时间拆模，防止出现掉角现象，及时覆盖土工布并洒水养生，防止出现收缩裂缝。

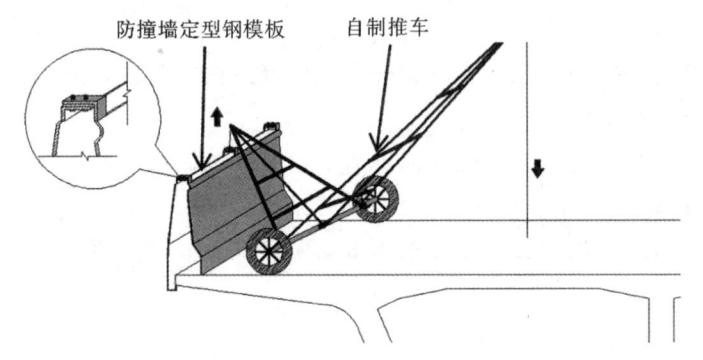

图 2.3.5-14 利用自制推车安装防撞墙定型钢模板示意图

7）桥梁伸缩缝施工

采用梳齿式伸缩缝装置，与路面横坡一致。伸缩缝内浇筑 C50 聚丙烯腈纤维混凝土，钢纤维的含量为 1.5kg/m^3。

①工艺流程：

施工准备→切缝、清槽→安装型钢→调整标高并固定→焊接→浇筑混凝土→养生。

②施工方法：

伸缩缝施工前先封闭交通，必须从伸缩缝处通行的施工车辆经伸缩缝上的杨木跳板通过。采用切缝机进行伸缩缝处切割，切割前采用墨线定位，保证切割几何尺寸满足要求，切割完成后采用高压水枪冲槽。清槽工作完成后安装型钢，必须保证型钢顺直且与接触面紧密结合。型钢安装完成后采用靠尺测量其平整度，平整度不满足要求再进行型钢调整，平整度满足要求后采用电焊固定，然后采用502电焊条进行满焊。型钢全部固定后采用铣刨型钢纤维混凝土浇筑，浇筑完成后采用覆盖塑料薄膜洒水养生。

8) 钢箱梁涂装施工

涂装施工应在8℃以上进行，当室内温度低于8℃时，停止涂装作业，如因特殊情况必须进行时，需进行局部增温（如电暖气），以保证质量。钢箱梁外表面、钢箱梁内表面及钢桥面涂装严格执行设计钢箱梁防腐涂装工艺要求。

①涂装工艺，如表2.3.5-1所示。

表2.3.5-1 钢箱梁涂装工艺

结构类型	涂装工艺	防锈等级/道数	厚度（μm）
钢箱梁外表面	表面清洁	Sa3.0级	
	预处理，无机硅酸锌车间底漆	1道	1×20
	二次表面清洁，表面粗糙度RZ40-70μm	SA3.0级	
	冷镀锌涂料	2道	2×40
	冷镀锌封闭漆	2道	2×50
	氟碳面漆（工厂）	1道	1×40
	氟碳面漆（工地）	1道	1×40
	涂层总厚度	共7道	280
钢箱梁内表面	表面清洁	Sa3.0级	
	预处理，无机硅酸锌车间底漆	1道	1×20
	二次表面清洁，表面粗糙度RZ40-70μm	SA3.0级	
	冷镀锌涂料	2道	2×40
	涂层总厚度	共3道	100
钢桥面	表面清洁	Sa3.0级	
	预处理，无机硅酸锌车间底漆	1道	1×20
	二次表面清洁，表面粗糙度RZ40-70μm	SA3.0级	
	冷喷锌底漆（漆层可承受400℃）	2道	2×40
	涂层总厚度	3道	100

②施工气候条件的控制

涂装涂料时必须注意的主要因素是钢材表面状况、钢材温度和涂装时的大气环境；通常涂装施工工作应该在5℃以上，相对湿度应在85%以下的气候条件中进行。

以温度计测定钢材温度，用湿度计测出相对湿度，然后计算其露点，当钢材温度低于露点3℃时，由于表面凝结水分而不能涂装，必须高于露点3℃才能施工。

当气温在5℃以下的低温条件下，造成防腐涂料的固化速度减慢，甚至停止固化，视涂层表干速度，可采用提高工件温度，降低空气湿度及加强空气流通的办法解决。

气温在30℃以上的恶劣条件下施工时，由于溶剂挥发很快，必须采用加入油漆自身重量约5%的稀释剂进行稀释后才能施工。

③基底处理

表面涂装前，必须清除一切污垢，以及搁置期间产生的锈蚀和老化物，运输、装配过程中的部位及损伤部位和缺陷处均须进行重新除锈，钢箱梁内外均采用喷砂除锈，等级达到Sa3.0。

基底处理工序：喷砂前的表面预处理→喷砂除锈→采用稀释剂或清洗剂除去油脂、润滑油、溶剂等。

④涂装施工程序

ⅰ）预涂装原材料除锈，喷涂一道底漆（膜厚15~20μm，不影响焊接质量），然后进行切割下料；构件成型后，隐蔽部位无法除锈，因此要进行预涂装；关键焊接部位除锈后不油漆。

ⅱ）构件正式涂装

构件完成以后，对构件表面进行清洁工作。清洁方式：对于尘土、锌盐等，采用高压水龙和钢丝绒，对于油污等，采用有机溶剂。涂漆时，不允许在相对湿度70%以上，雨天、雾天或风沙天气下施工，三级风力以上天气不允许施工。

ⅲ）局部修补

受损部位除锈→除锈部位扩展→底漆及后续涂层。

2.3.6 长春南四环下穿工程彩云南街人行天桥钢箱梁的制造与安装

（1）工程简介

南四环下穿临河街工程彩云南街人行天桥位于吉林省长春市南四环路与临河街交汇东400m处，横跨南四环路，天桥全长约164.259m，如图2.3.5-15所示，人行天桥断面如图2.3.5-16所示。以下仅简要介绍该天桥的主要施工工序。

第 2 章　梁桥常见结构形式和主要施工方法

图 2.3.5-15　彩云南街人行天桥效果图

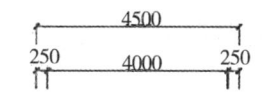

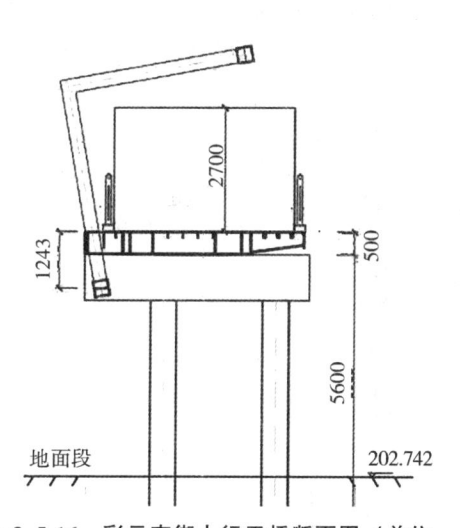

图 2.3.5-16　彩云南街人行天桥断面图（单位：mm）

（2）总体施工部署及施工方法

1）施工方法

钢箱梁在工厂钢结构车间进行下料、组焊、试拼装及涂装等作业。试拼装是在批量加工生产前，为检验制造精度，选取有代表性的局部钢构件进行的拼装。钢箱梁制造采用"零件→板单元→整体→预拼装"流程生产，将每个钢箱梁分为外壁板单元、横隔板单元等部件制作，然后组焊成钢箱梁整体。

该人行天桥钢箱梁由主桥梁和梯道两部分组成，施工现场分别针对不同节段采用600t、300t、150t汽车吊吊装，25t汽车吊配合施工作业（如现场临时支架、墩柱等）。桥梁采用场内拼装设临时支墩的方法安装，桥梁安装完毕经验收确认合格后方可拆除辅助措施。

2）工期计划

本工程先进行地脚螺栓及预埋件的安装工作，再进行P3－P6柱墩的安装工作，然后进行主箱梁段及梯道梁段安装，最后进行桁架部分安装。安装工期为2020.6.8－2020.6.30。

3）总体施工流程

总体施工流程：场地三通四平、围挡封闭→水、电、通信接入→桩基施工、承台及预埋件施工→混凝土墩柱施工→钢墩柱安装→盖梁施工→临时墩施工→钢箱梁主梁安装→梯道安装→钢桁架安装→涂装施工→护栏及雨棚施工→铺装施工→亮化施工→投入使用。

4）钢箱梁分节方案

主桥节段划分。主桥节段划分原则：主桥向划分为7个节段，梯道每侧各2段，桁架共计划分11段，每段约14m。天桥钢箱梁分段如图2.3.5-17所示，天桥梯道分段如图2.3.5-18所示。

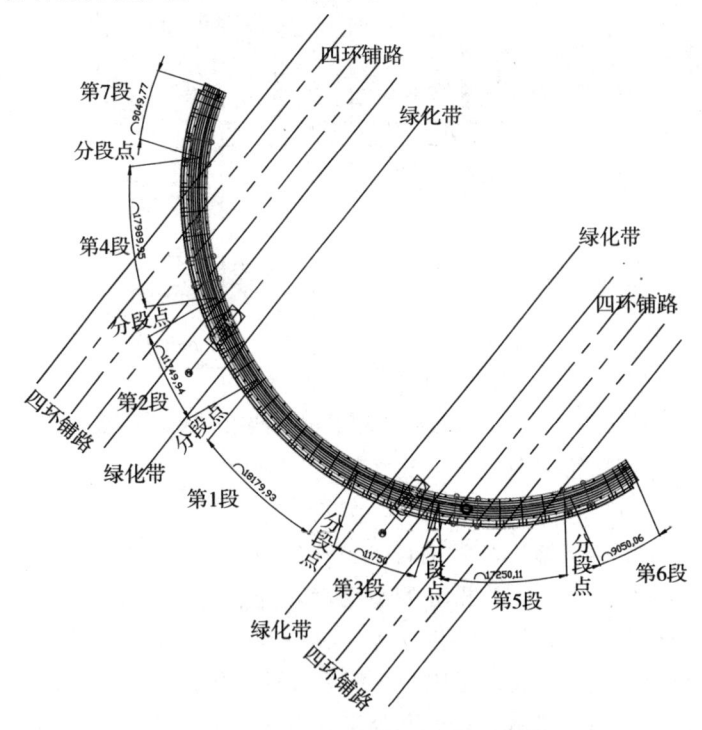

图 2.3.5-17　天桥钢箱梁分段示意图

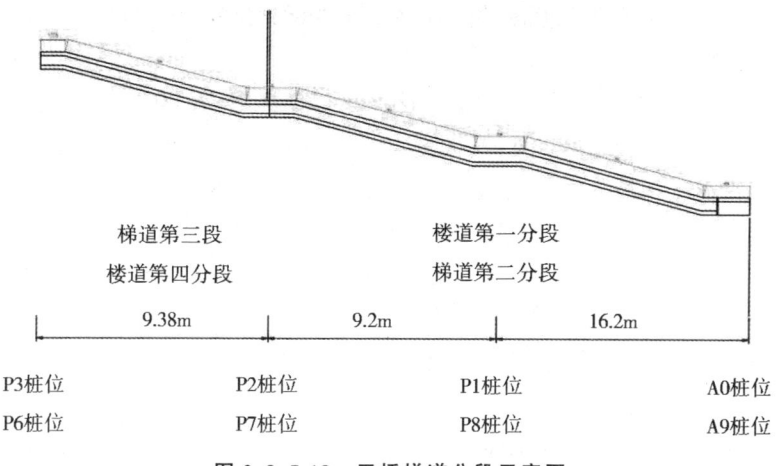

第 2 章　梁桥常见结构形式和主要施工方法

图 2.3.5-18　天桥梯道分段示意图

（3）施工工艺

1）钢墩柱安装

天桥下部结构施工仅介绍钢墩柱，其余部分施工方法参见其他工程实例。

本工程共四个钢墩柱，其中 P3、P4 为预埋螺栓形式，P4、P5 为锚固插入式形式，施工前按照设计尺寸加工完钢墩柱，提前预埋螺栓以便固定钢墩柱，锚固插入式形式采取与混凝土同期浇筑形式施工保证下部钢墩柱施工，具体钢墩柱钢材加工、下料、焊接参考 2.3.5.1 进行。

第一步需要安装 P3、P6、P4、P5 钢桥墩，根据施工现场情况先安装 P3、P6 钢桥墩，然后安装 P4、P5 钢桥墩，先跟随土建队伍进度将下段预埋部分安装完成，待混凝土强度达到 75％以上后，进行上段桥墩安装。钢桥墩采用 25t 汽车吊进行安装，单点式起吊，缆风绳平衡稳固，钢桥墩就位时，应注意轴线及标高偏差应在控制范围之内。

2）钢箱梁单元制作工艺

①划线下料：在隔板划线平台上完成自动划线，除齿形切口外，进行一次下料切割。采用数控切割机进行零件的下料，下料时预留焊接收缩量和机加工量。

②装配纵横加劲：在专门的装配平台上进行纵横向加劲的自动对线压紧定位焊。

③加劲焊接：采用二氧化碳气体保护焊对纵横向加劲及人孔加劲进行双面全位置焊接。

④单元件矫正：在专门的胎架上进行火工矫正。

⑤检查及标记：将单元件吊到专用检验平台上，检查单元件长度、宽度、

对角线差、焊接质量和平面度等。合格单元件标记后转入存放。

（3）钢箱梁的运输

采用重型牵引车头、挂车运输，该批车可根据货物的高度或长度调整。

（4）钢结构安装

施工流程：预埋件及钢柱进场→支架进场→主体箱桥进场→桁架进场。

箱梁吊装顺序：P4－P5段箱梁→P4－P3段箱梁→P5－P6段箱梁→P3－A0梯道→P6－A9梯道→P4－P5段桁架→P4－P3段桁架→P5－P6段桁架→P3－A0段桁架→P6－A9段桁架。

下面以P4－P5段箱梁安装为例说明，其余梁段施工类似。

①P4－P5段现场拼接

临时支架搭设，按车间制作工艺，安装桥胎，控制桥线、水平等。按测量数据放置支架，必须保证支架稳定及承载力。利用300t汽车吊配合，将桥段吊装到临时胎具上，保证桥线与设计相符，测量桥段的水平标高，检测桥体曲线与设计相符。排马板点焊，并在检查各项数据，满足要求后开始施焊。焊接完成24小时探伤检测。

②P4－P5段箱梁吊装

本桥段是3段箱桥现场地面焊接组对完成的，最大重量约150t，根据计算，采用300t+600t汽车吊进行吊装。此段吊点确定非常重要，双车抬吊中两个吊车分别采用四个吊点吊装。钢箱梁安装采取马板进行临时固结，马板按照板厚控制好现场焊接质量。

5）钢桁架安装

钢桁架按照钢箱梁施工顺序施工。因桁架形式的约束，不能在工厂制作后发到现场，依据施工图纸及运输情况，将桁架分解为4m桁架柱和4.5m桁架盖梁。桁架盖梁及桁架柱均在工厂制作完成后发至施工现场。桁架需在现场进行二次组对焊接，组对平台利用已完成箱梁作为平台，桁架重量约为$0.2t/m^2$，满足承重要求。

人行钢桁架最大吊重按15t考虑，选用150t汽车吊，吊装半径选择$S=16m$，起重高度$H=12m$，吊臂长度$L=32m$，物体宽度$D=4.5m$。

建成后的彩云南街人行天桥如图2.3.5-19所示。

第 2 章 梁桥常见结构形式和主要施工方法

图 2.3.5-19 建成后的彩云南街人行天桥

第3章　拱桥常见结构形式和主要施工方法

根据行车道的位置，拱桥可以分成上承式、下承式和中承式三种类型。一般上承式拱桥，桥跨结构是由主拱圈、拱上建筑等组成。简单体系拱桥均有推力拱，其受力特点是主拱拱脚不仅产生竖向反作用力，还产生水平推力，从而使拱主要受压。组合体系拱桥的行车系与拱组合，共同受力，其中无推力拱（拱的推力由系杆承受）使用较广泛。拱片桥的行车道系与拱肋刚性连成整体，包括桁架拱和刚架拱两类。

拱桥主要优点：跨越能力大，能充分做到就地取材，耐久性好，养护费用小，外形美观，构造较简单，有利于广泛采用。拱桥主要缺点：是有推力的结构，自重较大，因而水平推力也较大，对地基要求也高，需要采取较复杂的措施如设置单向推力墩等；上承式拱桥的建筑高度较高。拱桥的缺点正在逐步得到改善和克服，在200～600m跨径范围内，拱桥仍然是悬索桥和斜拉桥的竞争桥型。

拱桥的结构形式丰富多彩，如1997年建成的重庆万州长江大桥（$L=420m$）的拱圈采用钢管混凝土劲性骨架外包C60高强混凝土复合结构，其中钢管混凝土劲性骨架先期是施工构架，在拱圈形成后它就成为拱圈内的劲性钢筋，是当时世界上跨径和规模最大的钢筋混凝土拱桥；2000年建成的广州丫髻沙特大桥（$L=360m$）是一座连跨自锚中承式钢管混凝土特大拱桥，主跨、边跨拱脚均固结于拱座，边跨曲梁与边墩之间设置轴向活动盆式橡胶支座，在两边跨端部之间设置钢绞线系杆，通过边拱拱肋平衡主拱拱肋所产生的水平推力，为飞燕式系杆带悬臂半孔。主拱拱肋采用中承式双肋悬链无铰拱，边拱采用上承式双肋悬链线拱；1932年建成的澳大利亚悉尼钢桁架拱桥（$L=503m$）及2003年建成的上海卢浦大桥（空间提篮中承式拱梁组合体系钢拱桥，$L=550m$）等。

拱桥的施工方法有多种，如有支架施工，一般适用于中小跨度拱桥；悬臂扣挂法，适用范围较广；悬臂施工包括悬臂浇筑和悬臂拼装；劲性骨架施工适用于特大跨度拱桥施工，用钢量大；转体施工法，是我国建筑拱桥常采用的方法。

3.1 拱桥常见结构形式

以下从拱桥的分类和构造两方面介绍拱桥常见结构形式。

3.1.1 拱桥的分类

拱桥的分类有多种，下面按结构受力图式、主拱圈截面形式介绍拱桥的分类。

(1) 按结构受力图式分类

拱桥按结构受力图式分为简单体系拱桥、组合体系拱桥、拱片桥三类。简单体系拱桥包括三铰拱、两铰拱和无铰拱，无铰拱属外部三次超静定结构，结构整体刚度大，应用最广泛，如图 3.1-1 所示。

1) 简单体系拱桥

(a) 三铰拱　　(b) 两铰拱　　(c) 无铰拱

图 3.1-1　简单体系拱桥

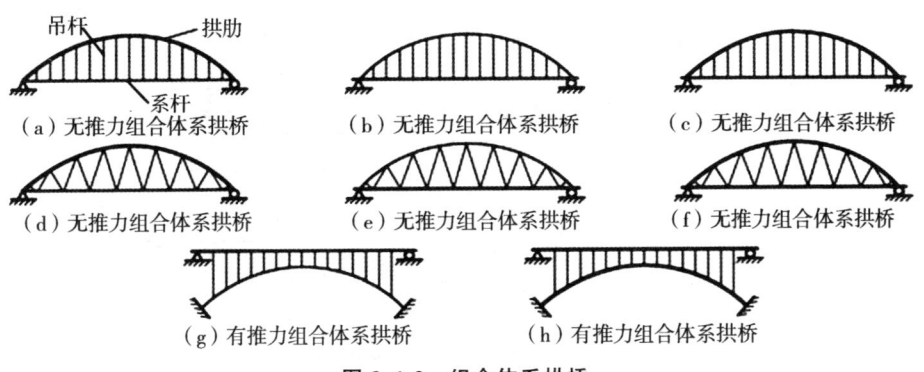

2) 组合体系拱桥

组合体系拱桥一般由拱肋、系杆、吊杆（或立柱）、行车道梁（板）及桥面系等组成。分为有推力和无推力两种类型，如图 3.1-2 所示。

(a) 无推力组合体系拱桥　　(b) 无推力组合体系拱桥　　(c) 无推力组合体系拱桥
(d) 无推力组合体系拱桥　　(e) 无推力组合体系拱桥　　(f) 无推力组合体系拱桥
(g) 有推力组合体系拱桥　　(h) 有推力组合体系拱桥

图 3.1-2　组合体系拱桥

3) 拱片桥

拱片桥的行车道系与拱肋刚性连成整体，共同承受荷载，如图 3.1-3 所示。

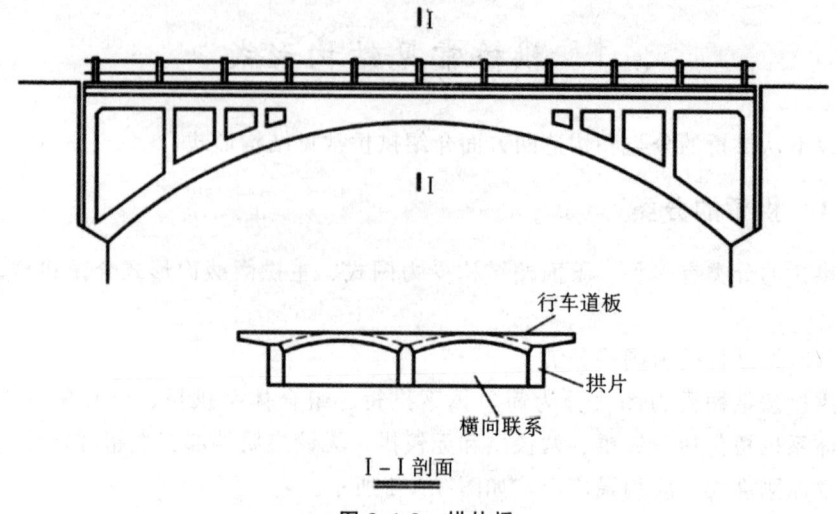

图 3.1-3 拱片桥

(2) 按主拱圈截面形式分类

拱桥按主拱圈截面有板拱、肋拱、双曲拱、箱形拱、钢管混凝土拱、劲性骨架混凝土拱等形式，如图 3.1-4 所示。

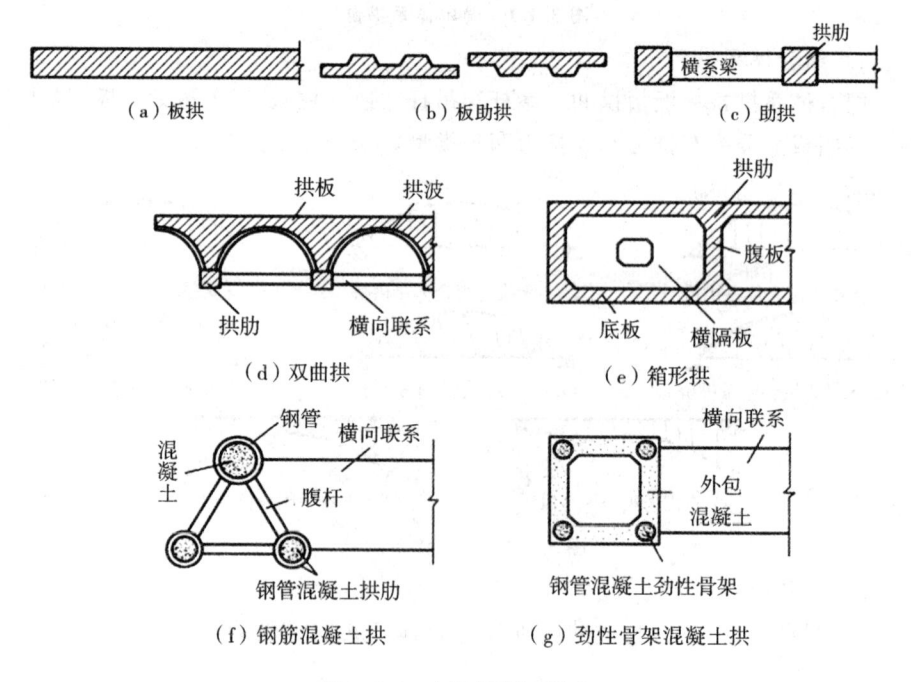

图 3.1-4 主拱圈截面形式

3.1.2 拱桥的构造

下面按普通型上承式拱桥、整体型上承式拱桥、中下承式钢筋混凝土拱桥和拱式组合体系桥，来简介拱桥的构造。

(1) 主拱的构造

1) 普通型上承式拱桥

根据主拱截面形式，普通型上承式拱桥可分为板拱、肋拱、双曲拱和箱形拱等，如图3.1-5、3.1-6、3.1-7和3.1-8所示。板拱和双曲拱多用于中、小跨径的拱桥；肋拱具有较大的截面抵抗矩，多用于大、中跨径的拱桥；箱形拱的截面抗弯刚度和抗扭刚度大，横向整体性和结构稳定性好，特别适用于无支架施工，在大跨径拱桥施工中广泛采用。

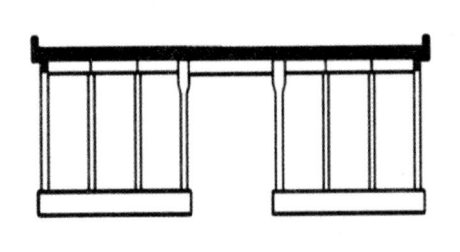

图3.1-5 钢筋混凝土板拱的横截面图

图3.1-6 肋拱桥立面布置图

图3.1-7 双曲拱桥主拱圈横截面图

图3.1-8 箱形拱拱圈横断面示意

2) 整体型上承式拱桥

整体型上承式拱桥包括桁架拱桥和刚架拱桥，具有自重轻，结构整体性好，施工进度快等优点，其构造如图3.1-9和3.1-10所示。

3) 中、下承式钢筋混凝土拱桥

中、下承式拱桥的桥跨结构由拱肋、横向联系、悬挂结构三部分组成，构造如图3.1-11和3.1-12所示。中承式拱桥桥面系一部分用吊杆悬挂，一部分用刚架立柱支承在拱肋上。

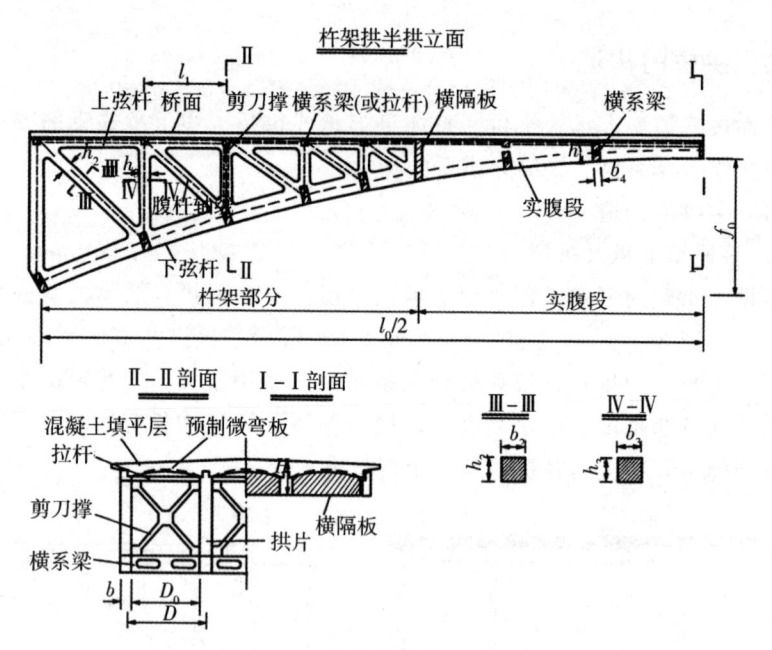

图 3.1-9 桁架拱桥的主要组成

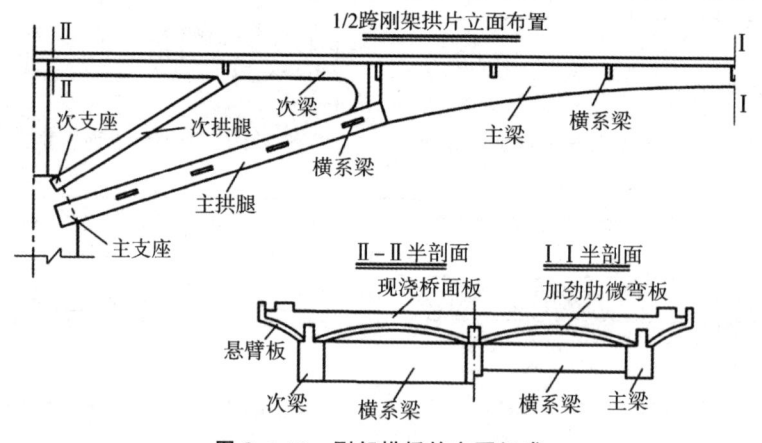

图 3.1-10 刚架拱桥的主要组成

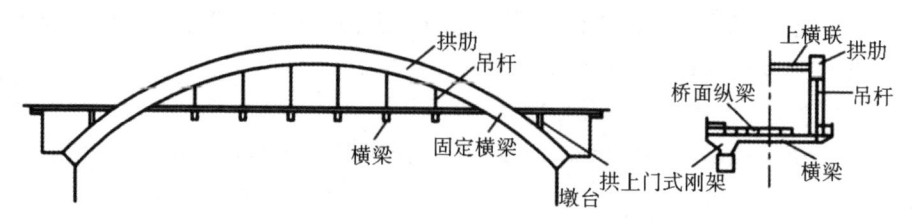

图 3.1-11 中承式钢筋混凝土拱桥的总体布置

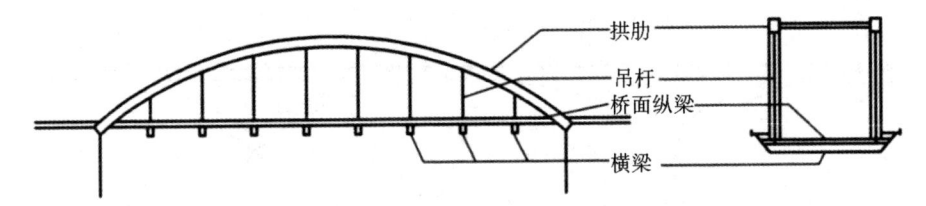

第 3 章 拱桥常见结构形式和主要施工方法

图 3.1-12 下承式钢筋混凝土拱桥的总体布置

4）拱式组合体系桥

拱式组合体系桥是将梁和拱两种基本结构组合起来，共同承载，充分发挥梁受弯、拱受压的结构特性，其基本形式有简支梁拱组合式、连续梁拱组合式和单悬臂梁拱组合式三种，如图 3.1-13、3.1-14 和 3.1-15 所示。

①简支梁拱组合式桥梁

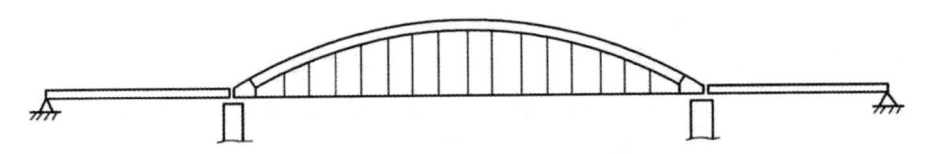

图 3.1-13 简支梁拱组合式桥梁示意

②连续梁拱组合式桥梁

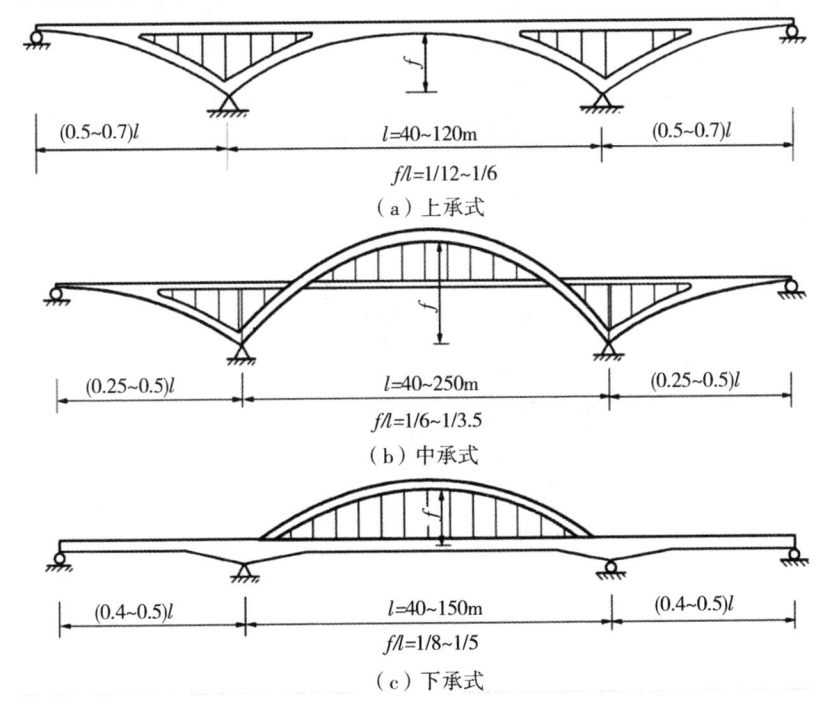

(a) 上承式

(b) 中承式

(c) 下承式

图 3.1-14 连续梁拱组合式桥梁

③单悬臂梁拱组合式桥梁

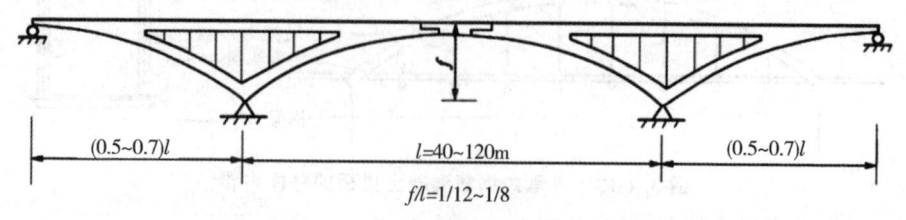

图 3.1-15　单悬臂梁拱组合式桥梁

（2）拱上建筑构造

拱上建筑构造分实腹式和空腹式两大类，实腹式拱上建筑构造简单，施工方便，恒载较重，一般用于小跨径拱桥，构造如图 3.1-16 所示。

1）实腹式拱上建筑

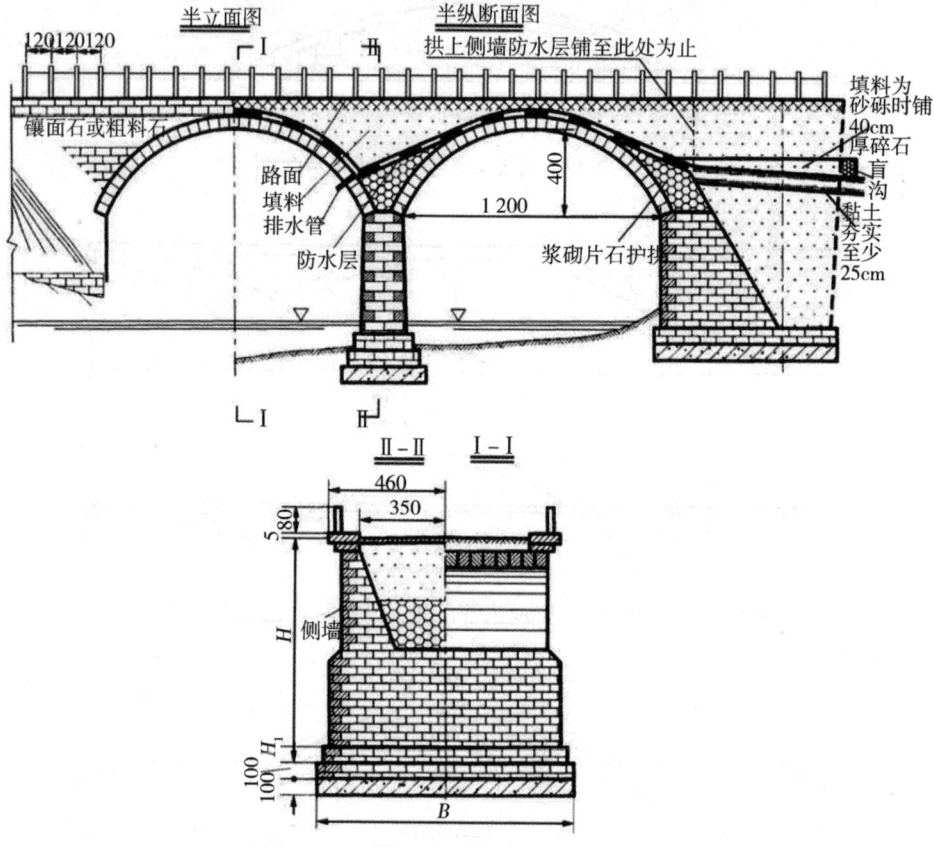

图 3.1-16　实腹式拱桥构造图（尺寸单位：cm）

2）空腹式拱上建筑

大、中跨径的拱桥，采用空腹式拱上建筑为宜，有拱式和梁式两种形式，具有腹孔和腹孔墩。

①拱式拱上建筑

拱式拱上建筑构造简单，外形美观，但自重较大，一般用于圬工拱桥，构造如图 3.1-17 所示。

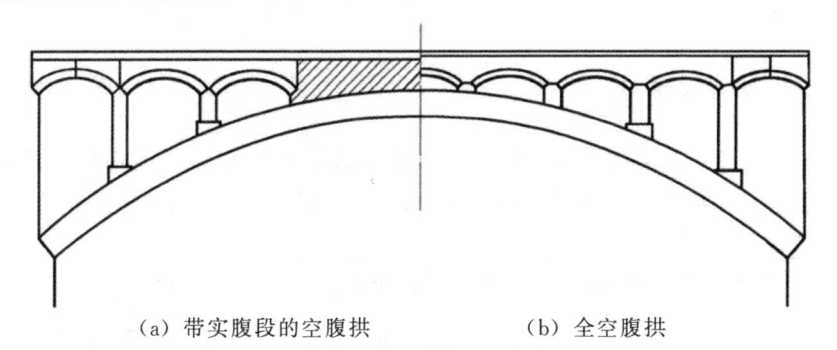

(a) 带实腹段的空腹拱　　　　(b) 全空腹拱

图 3.1-17　拱式拱上建筑

②梁式拱上建筑

梁式拱上建筑，可减轻拱上质量，改善主拱在施工过程中的受力状况，梁式腹孔结构有简支、连续和框架式等多种形式，构造如图 3.1-18 所示。

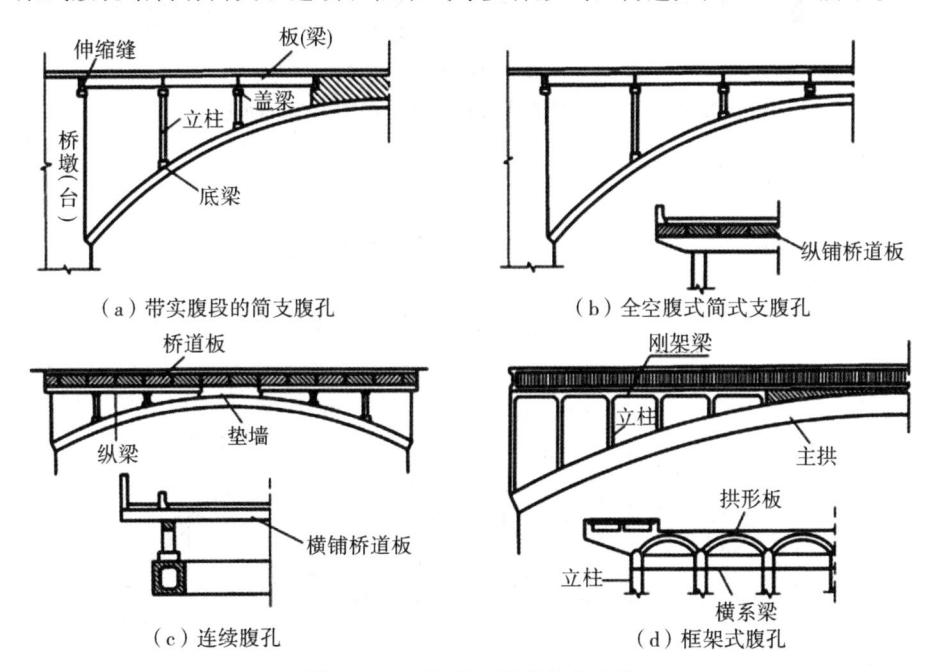

(a) 带实腹段的简支腹孔　　　　(b) 全空腹式简式支腹孔

(c) 连续腹孔　　　　(d) 框架式腹孔

图 3.1-18　梁式空腹式拱上建筑

3.2 拱桥主要施工方法

拱桥按其主拱圈成型方法主要有就地浇筑法、预制安装法和转体法三大类。

3.2.1 就地浇筑法

就地浇筑法是把拱桥主拱圈混凝土直接在桥位完成，按所用设备分为有支架施工法（见第三节施工实例）和悬臂浇筑法两种，如图 3.2-1 所示。

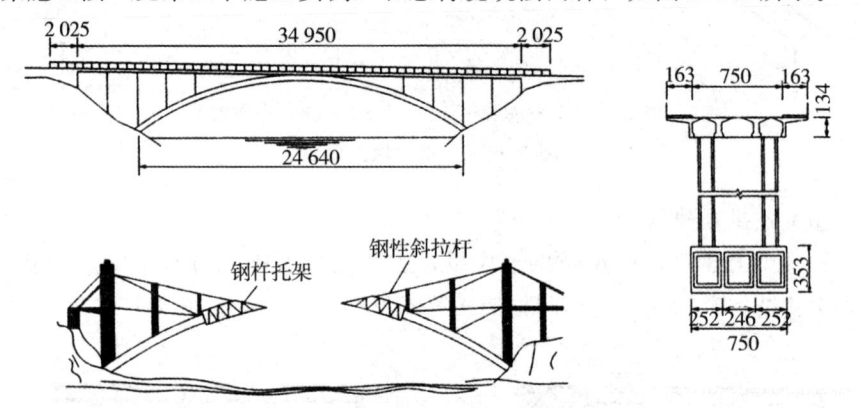

图 3.2-1 箱形拱悬臂浇筑示意（尺寸单位：cm）

3.2.2 预制安装法

预制安装法又可分为整体安装法和节段悬拼法两种。

①整体安装法

整体安装法适用于钢管混凝土系杆拱的整片起吊安装，如图 3.2-2 所示。

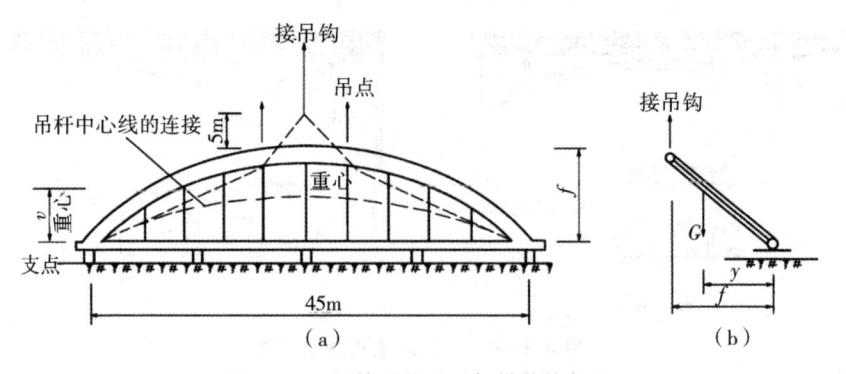

图 3.2-2 钢管混凝土系杆拱整体起吊

②节段悬拼法

节段悬拼法是把主拱划分为若干节段，先现场或工厂预制，然后运至桥孔下，起吊拼接成拱。根据所用起重设备，常用缆索吊装和悬臂拼装两种，如图 3.2-3 和 3.2-4 所示。

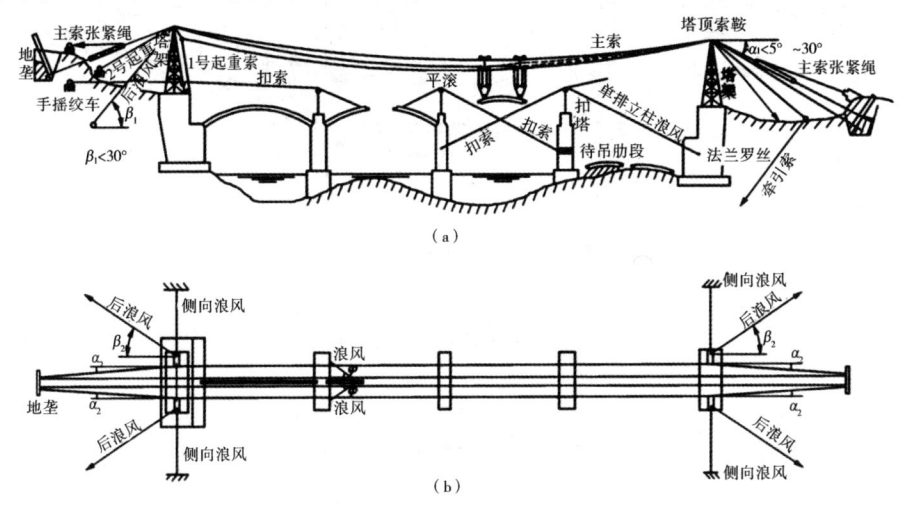

图 3.2-3 缆索吊装布置示意图

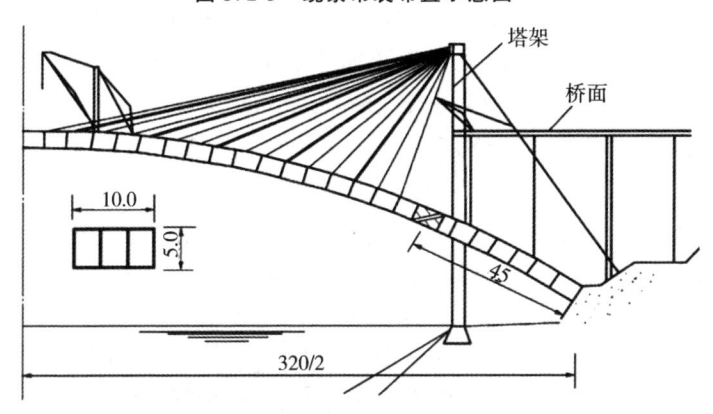

图 3.2-4 悬臂拼装示意图（尺寸单位：m）

3.2.3 转体施工法

转体施工法是将主拱从拱顶分开，将浇筑主拱的高空作业改为放在桥孔下或两岸进行，并预先设置旋转装置，再将主拱转体就位成拱。按转体方式不同分为平面转体、竖向转体和平竖结合转体三种。我国广州市丫髻沙大桥（三跨连续自锚中承式钢管混凝土系杆拱桥）首次采用平－竖相结合的转体施工法。竖向转体如图 3.2-5 所示。

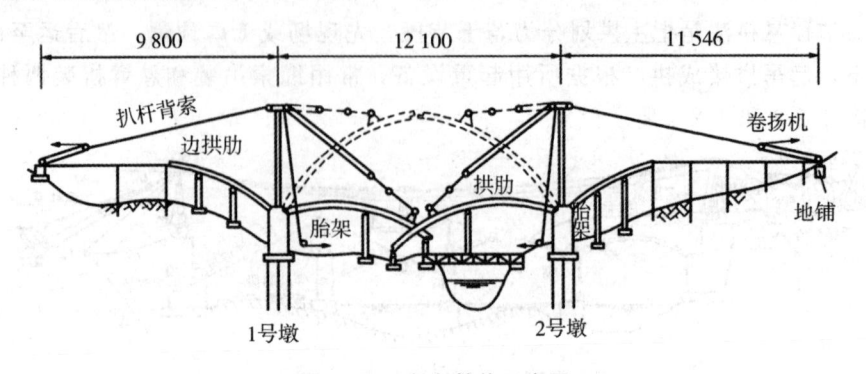

图 3.2-5 竖向转体示意图

3.3 拱桥施工实例

3.3.1 长春南湖大桥翻建工程——钢肋拱桥

(1) 工程概况

本工程位于长春市朝阳区南湖大路上，人民大街以西，跨越南湖。

原桥为一座东西走向的五孔不等跨空腹式悬链线双曲拱桥，桥梁全长 149.9m，跨径组合为：11.2m＋22.5m＋26.5m＋29.5m＋26.5m＋22.5m＋11.2m。上部结构为空腹式钢筋混凝土双曲拱，下部结构为单排桩接盖梁桥墩，片石混凝土重力式桥台。桥梁桥面净宽为 4.4m（人行道）＋16m（车行道）＋4.4m（人行道）＝24.8m。根据 2014 年 10 月的检测报告，南湖大桥目前的技术状况总体评定为 D 级桥（不合格状态），如图 3.3-1 所示。

图 3.3-1 南湖大桥旧桥

翻建南湖大桥为一座东西走向的五孔不等跨空腹式悬链线钢肋拱桥，桥梁全长149.88m。横断面形式：4.5m（人行道）+16m（机动车道）+4.5m（人行道）=25m，如图3.3-2所示。为了保证桥梁在南湖公园中正常施工，在翻建桥梁两侧外边线各20m处设置钢板桩围堰，内侧设置草袋围堰支撑来抵抗湖水压力。将社会车辆导流至钢便桥上之后进行拆桥施工，拆桥完成后进行新建桥梁作业。

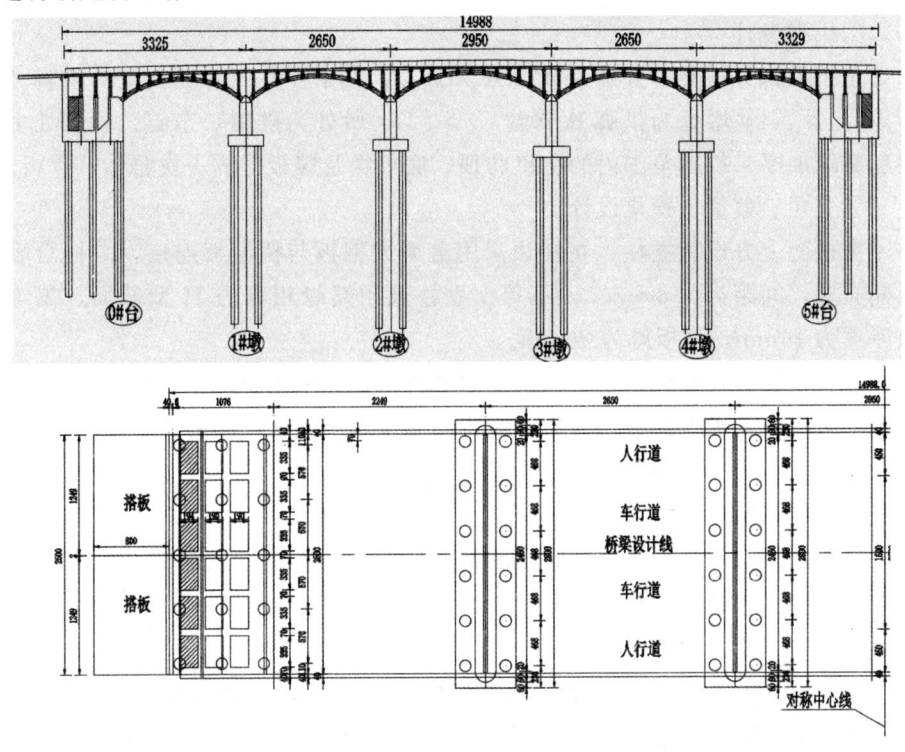

图3.3-2 翻建南湖大桥立面和1/2平面（尺寸单位：cm）

（2）桥梁结构设计简介

1）总体设计

本次桥梁工程设计，桥梁位置保持不变，设计中心线仍为既有南湖大路中心线。新建南湖大桥为一座东西走向的五孔不等跨空腹式悬链线钢肋拱桥。桥头两侧保持既有湖堤路和人行踏步不变。重新翻建人行踏步及部分湖堤路，新建人行景观步道。

2）上部结构

本桥采用五跨连续上承式钢肋拱桥，各跨保持净跨径不变，跨径组合为11.2m+22.49m+26.5m+29.5m+26.5m+22.49m+11.2m，桥梁总宽25.8m。

①拱肋设计

主拱圈矢跨比各孔均为1/6,拱轴系数中孔为3.5,次孔和边孔为2.814。本桥主拱圈采用肋型拱断面,每跨由17根拱肋组成,全桥共计85根主拱肋,拱肋横向间距为1.5m。主拱肋截面采用翼缘板宽为500mm,厚为20mm,腹板高为660mm,厚为20mm的H型钢,在拱脚处主拱肋翼缘板加厚为30mm。

②拱脚设计

全桥拱脚分三类,分别为节点A、B、C,其中0#、5#桥台处为拱脚A节点,1#、4#墩处为拱脚B节点,2#、3#墩处为拱脚C节点。拱脚处主拱肋翼缘加厚。拱脚范围内的主拱肋顶、底翼缘及腹板形成一块整体节点板。

③立柱、盖梁、横梁设计

主拱肋上方设有立柱,立柱顶采用盖梁或钢板与桥面板连接,立柱沿顺桥向布置,间距为1.8~2.7m不等。立柱采用翼缘相等的H型截面,翼缘板厚度为16mm,腹板厚为20mm。

立柱顶设置盖梁或钢板,盖梁横向通长布置,采用H型截面。两片主拱肋之间采用横梁进行连接,横梁沿顺桥向除每跨边立柱外其它立柱处均设置,间距为1.8~2.7m不等。

主拱横断面如图3.3-3所示。

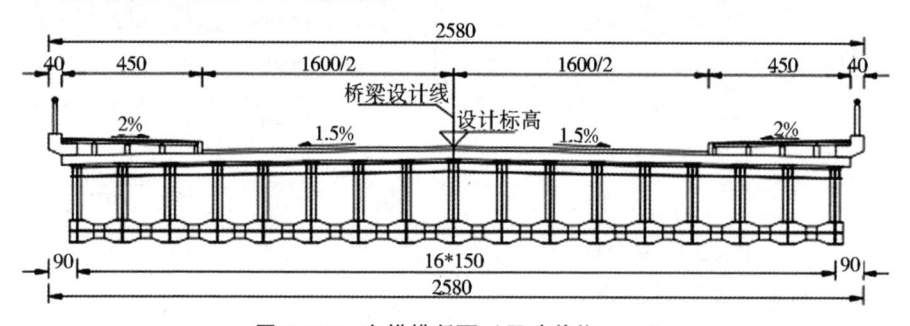

图3.3-3 主拱横断面(尺寸单位:cm)

3)下部结构及基础

①桥墩

桥墩为重新翻建部分,桥墩墩身为实体墩身。墩身底截面尺寸为26.8m×2.2m,其中矩形部分截面尺寸为24.6m×2.2m,矩形截面两侧为从顶部护脚到墩柱底部的扇形截面。墩身顶部护脚部分高1.26m,墩柱内预埋拱脚钢板。桥墩基础采用承台接桩基形式,承台为实体承台,承台宽28m,长6.5m,厚2m。桥墩桩基为直径1.2m的钻孔灌注桩。桥墩一般构造如图

3.3-4 所示。

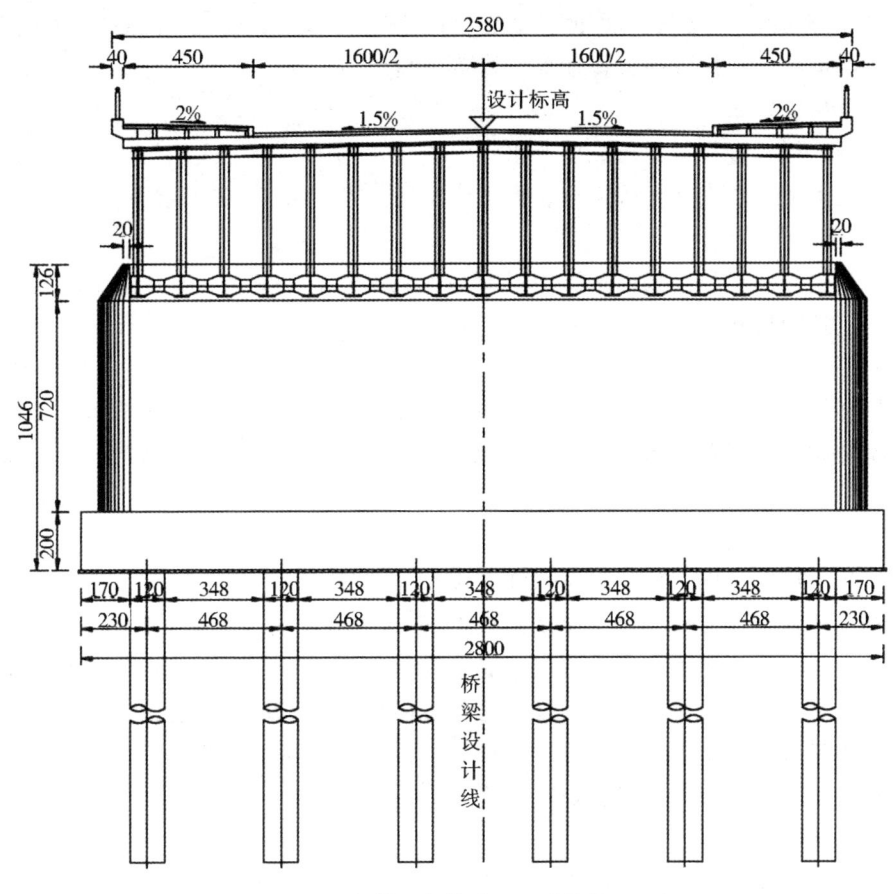

图 3.3-4 桥墩一般构造（尺寸单位：cm）

②桥台

桥台为重新翻建部分，桥台采用重力式桥台，桥台宽度为 25m，桥台两侧为 0.4m 栏杆基础。桥台台身由前墙、横墙、纵墙、立墙组成。其中前墙宽 2.76m，横墙宽 0.8m，纵墙宽 0.7m，立墙宽 1.1m。立墙上为台帽，台帽宽 1.2m，厚 0.6m。立墙、前墙与纵横墙围成格构，内填泡沫轻质 C20 混凝土。桥台基础采用承台接桩基形式，承台为实体承台，承台宽 25m，长 11.2m，厚 2m。桥台桩基为直径 1.2m 的钻孔灌注桩。桥台横墙上注意预埋栏杆基础钢筋。

4）附属结构

①桥面铺装

桥面铺装自上而下依次为：4cm 细粒式聚酯纤维沥青混凝土、AL

(M)-5 液体石油沥青粘层油 0.4L/m²、6cm 中粒式沥青混凝土（AC-26、4％SBS 改性沥青）、聚合物改性沥青（PB（Ⅱ））防水层、30cm C50 防水混凝土桥面板（补偿收缩、掺加聚丙烯腈纤维）。

②桥面防水

防水层设置在桥面铺装层的水泥混凝土和沥青混凝土之间及人行道下水泥混凝土铺装层表面，采用聚合物改性沥青（PB（Ⅱ））防水层。

③伸缩装置

桥面板断缝处均采用 RBKF60 型单元式多向变位梳形板桥梁伸缩装置。

④桥台搭板

桥台后设搭板，搭板一端通过栓钉与背墙牛腿连接，另一端置于枕梁上。台后搭板长 800cm，厚 40cm；枕梁宽 60cm，厚 30cm。搭板和沥青混凝土间设聚合物改性沥青（PB（Ⅱ））防水层，搭板下铺设 40cm 厚二灰碎石，二灰碎石下回填山皮石。

⑤支座及垫石

桥面板断缝处立柱盖梁顶采用耐寒型 GYZF4 四氟板式橡胶支座，其余位置立柱盖梁顶及部分立柱顶设置 GYZ 板式橡胶支座。支座上下钢板、立柱顶钢板、立柱盖梁顶钢板、桥面板底预埋钢板均应水平。桥面板底预埋钢板上焊接剪力键。每跨拱顶处三排立柱与桥面板采用固结方式连接。桥台处支座采用耐寒型 GYZF4 四氟板式橡胶支座。桥台台帽顶设置垫石，采用 C40 细石混凝土，与台帽混凝土同期浇筑。

⑥减震垫板

在桥面板与桥面板、桥面板与桥台背墙之间设置减震垫板，减震垫板采用天然橡胶垫板，采用环氧树脂胶结剂粘贴。

⑦泄水管

车行道处泄水管设置在人行道边石外侧。人行道板下在桥面板悬臂处直接抠孔埋泄水管，泄水管沿立柱向下顺接到主拱肋下方流入湖中。

⑧人行道

桥面人行道采用装配式钢筋混凝土人行道板，支撑于纵横板肋上。人行道顶面设置 2cm 防滑广场砖，中间 2cm 水泥砂浆，下设 8cm C30 钢筋混凝土预制板。

⑨人行道栏杆

人行道外侧采用不锈钢钢管栏杆。栏杆顶钢管内装护栏路灯。

⑩抗震锚栓

桥台及部分立柱顶两侧设置抗震锚栓，锚栓直径为 $\phi50mm$，钢筋等级为HPB300。

⑪剪力键

桥面板底预埋钢板上焊接剪力键，剪力键与钢板焊接采用围焊。

⑫桥梁装饰

桥梁两侧采用铝单板做装饰。

(3) 总体施工方案

1) 施工总流程

主桥施工流程如下：

①钢便桥：将社会车辆导流至钢便桥上通行；

②钢板桩围堰

③抽干湖水、便道、清淤及硬化

④拆除旧桥

⑤新建桥梁：按以下 12 步施工。

ⅰ) 施工桥台桩基础及台身、桥墩桩基、桥墩承台、浇筑桥墩墩柱（预埋拱脚钢板）；

ⅱ) 同期钢厂加工和运输主拱肋；

ⅲ) 吊装各拱脚到临时支架上，复测拱脚坐标和高程，确保拱脚准确就位；

ⅳ) 吊装主拱肋 1-1、1-3、2-1、2-3、3-1、3-3、4-1、4-3、5-1、5-3 节段到临时支架上。

ⅴ) 复测各节段主拱肋坐标和高程，确保各节段主拱肋准确就位；

ⅵ) 焊接拱脚与以上各主拱肋节段之间拼接缝；

ⅶ) 吊装主拱肋合龙段 1-2、2-2、3-2、4-2、5-2 节段到临时支架上，复测各节段主拱肋坐标和高程，确保各节段主拱肋准确就位；

ⅷ) 焊接合龙段与第三阶段主拱肋之间拼接缝。合龙温度为 15℃ 左右；

ⅸ) 焊接各主拱肋间横向联系梁。完成主拱施工；

ⅹ) 施工桥台台身上立柱及盖梁、主拱上立柱及盖梁，施工完成后安装支座；

ⅵ) 施工桥面系及其余附属设施

ⅶ) 拆除临时支架，湖底恢复、拆除钢板桩围堰、便桥。

2）施工场地布置

施工场地布置内容包括钢便桥、钢板桩围堰、施工便道、河底清淤、支架下地面硬化等，施工现场平面布置和施工横断面如图3.3-5、3.3-6所示。

图 3.3-5 施工现场平面布置图

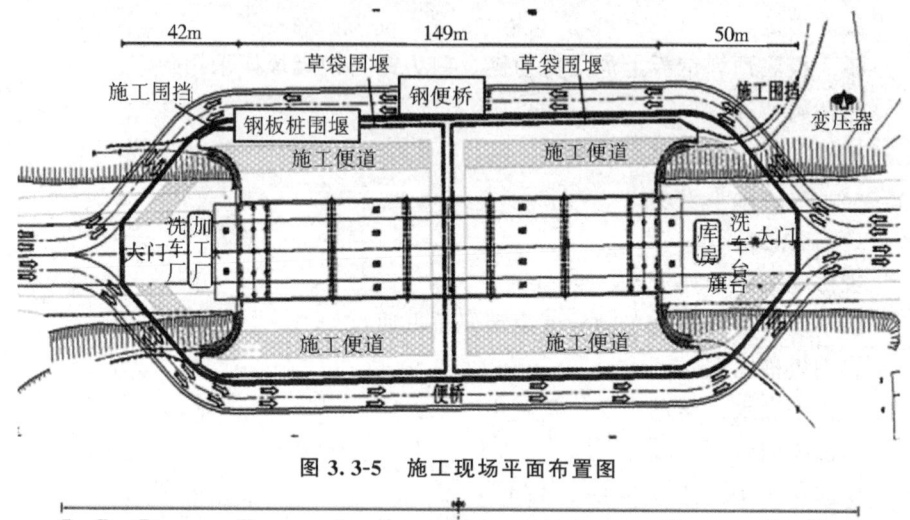

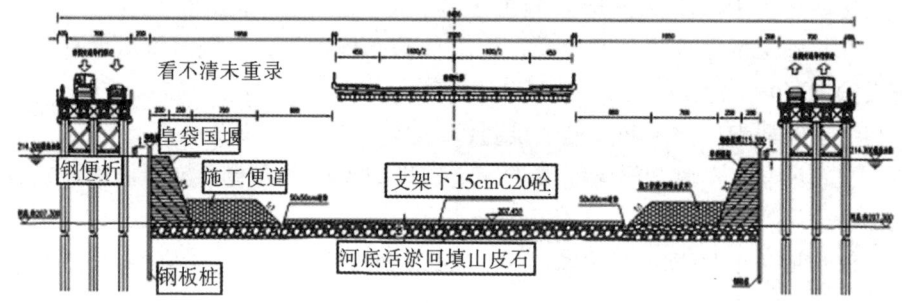

图 3.3-6 施工横断面图

3）施工进度

本工程工期为2016年11月25日至2017年9月30日，合计309日历天。于2017年4月30日将车流导行至便桥上，于2017年8月31日新建桥梁通车。施工进度详见图3.3-7。

（4）主要施工流程及施工工艺

全桥的总施工流程：（1）钢便桥→（2）钢板桩围堰→（3）抽干湖水、便道、清淤及硬化→（4）拆除旧桥→（5）新建桥施工（①基础施工；②墩台施工；③钢结构加工、运输；④结构安装；⑤桥面铺装、伸缩缝及人行道等附属结构施工；⑥湖底恢复、拆除钢板桩围堰、便桥）。新建桥梁施工之前的工作涵盖是"四通一平"，包括水通、电通、路通、通信通和场地平整。

第3章 拱桥常见结构形式和主要施工方法

项目	开始时间	结束时间	持续时间(天)	2	3	4	5	6	7	8	9
钢便桥	2017/2/4	2017/3/6	30	━	━						
钢板桩围堰	2017/3/7	2017/3/27	20		━						
抽干湖水	2017/3/28	2017/4/4	7			━					
便道、清淤及硬化	2017/4/5	2017/4/30	25			━					
拆除旧桥	2017/4/30	2017/5/20	20				━				
基础施工	2017/5/21	2017/6/25	35				━	━			
钢结构加工	2017/3/21	2017/6/9	80		━	━	━	━			
钢结构安装	2017/6/15	2017/8/4	50					━	━	━	
桥面及人行道	2017/8/5	2017/8/20	15							━	
道路及伸缩缝	017/8/21	017/8/31	10							━	
湖底恢复、拆除板桩围堰、便桥	2017/8/21	2017/9/30	40							━	━

图 3.3-7　施工进度横道图

以下做详细介绍。

1）钢便桥

为了在施工期间不影响南湖大路车辆、行人通行，在桥梁南北两侧各搭设一座钢便桥，钢便桥桥面宽度为 0.5m（防撞护栏）+7m（双车道）+1m（人行道）+0.5m（防撞护栏）=9m。

于 2017 年 4 月 30 日将社会车辆导流至钢便桥上通行，封闭原有道路及桥梁，占道总长 241m，并借助钢便桥内侧护栏做围挡封闭，在桥头东西两侧分别设置标准化大门用于施工车辆进出。2017 年 8 月 31 日新建桥梁、道路开放交通，历时 123d。钢便桥立面如图 3.3-8 所示，钢便桥的桥面布置如图 3.3-9 所示。

钢便桥路面结构如图 3.3-10 所示。桥面钢板采用 1cm 厚花纹钢板，在花纹钢板上涂刷减摩剂后绑扎间距 20cm×20cm 的 $\phi 6$ 钢筋网并浇筑厚度 10cm 的 C30 混凝土，混凝土上铺 6cm 厚 AC-13 改性沥青混合料，为防止沥青脱落开裂并保证混凝土与沥青混合料结合严密，在混凝土表面涂刷聚合物改性沥青（PB（II））防水层作为防水黏结体系，拆除时采用铣刨方式。施工工艺流程：桥面板铺设→$\phi 6$ 钢筋网绑扎→桥面砼浇筑→砼表面涂刷黏结油→沥青砼路面铺设。

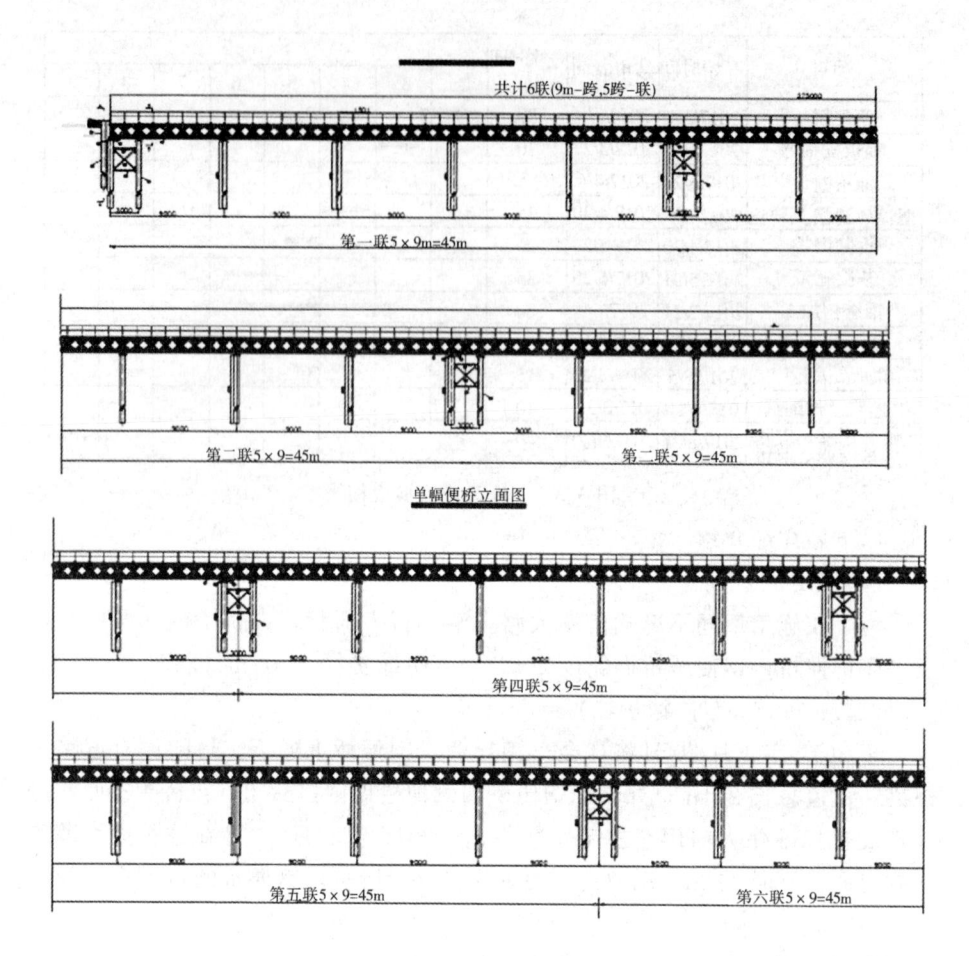

图 3.3-8 钢便桥立面

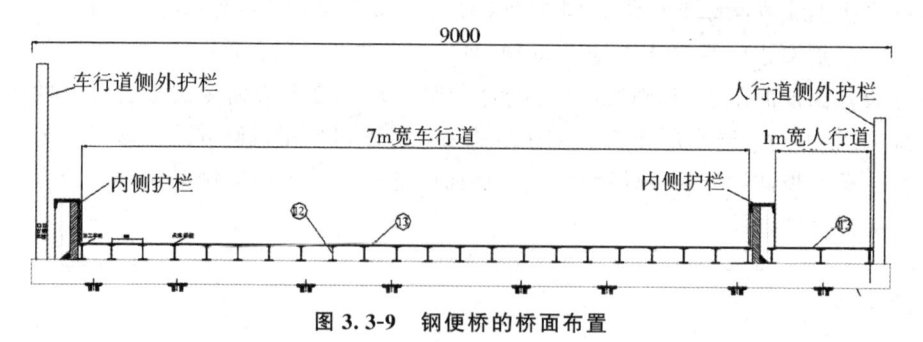

图 3.3-9 钢便桥的桥面布置

第 3 章　拱桥常见结构形式和主要施工方法

```
6cm厚AC-13改性沥青混合料
聚合物改性沥青（PB（Ⅱ））防水层
φ6钢筋网
10cm厚C30混凝土
1cm厚花纹钢板
```

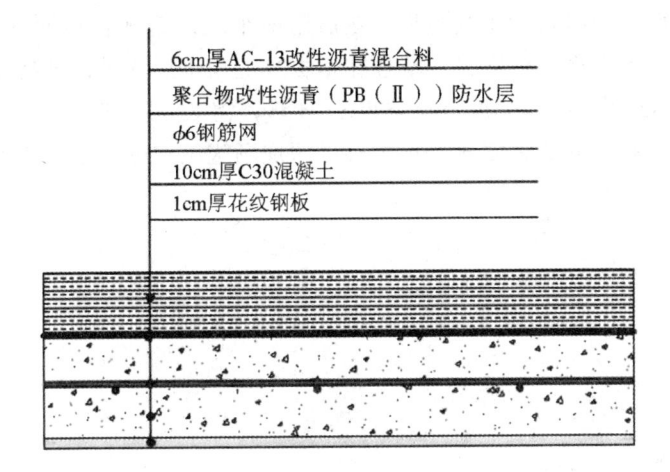

图 3.3-10　钢便桥路面结构

建成后的钢便桥如图 3.3-11 所示。

图 3.3-11　建成后施工便桥

2）钢板桩围堰

为了保证桥梁在南湖水中正常施工，在翻建桥梁两侧施工便道外设置钢板桩止水围堰，在钢板桩靠近桥梁一侧设置草袋围堰，以平衡湖水压力和防止湖水渗漏，最高水位 214.3m，为防止风浪将湖水带入围堰内部，钢板桩高出 1m，桩顶标高为 215.300m，打入方式采用履带吊加振动锤的组合，钢板桩施工时要利用导行钢便桥。待围堰内具备施工条件后，在南湖中部开放 3m 过水通道，施工区域内用钢板桩围堰封闭。

投入 1 个钢板桩围堰专业队伍，组成 4 个小组，从 4 个方向同时进行施工，围堰的钢板桩共计 484.4m，每个小组每天完成 10m，12 天完成钢板桩施工，并在钢板桩后沉入塑料布作为防水层，在打钢板桩同时进行土袋围堰施工，使用小勾机将砂子装吨袋，然后用吊车沉入钢板桩后面（使用绳索把吨袋捆绑沉入湖底，绳索另一端挂在钢板桩上用于后期吊出吨袋使用）。草袋围堰共计 5238.8m³，按每个吨袋装 1t 计算，需 6000 个吨袋，按平均每天沉入 650 个计算，共 8 天完成。钢板桩围堰现场施工如图 3.3-12 所示。

图 3.3-12　钢板桩围堰施工

3）抽干湖水、便道、清淤及硬化

湖内抽水清淤，在施工围堰形成后，利用 10 台大功率水泵进行湖水疏干。在湖水抽干后在桥梁两侧修筑施工便道，具备通车条件后投入 6 台挖掘机进行湖底清淤作业，淤泥采用具有封闭设施的运输车运送至指定弃土场。清淤后采用山皮石进行回填至设计标高，形成工作平台

为保证正常施工车辆通行及材料倒运，在建桥梁两侧分别设置一条 7m 宽施工便道，便道在河道清淤后利用山皮石回填 1.5m 高，用 C25 混凝土进行罩面，便道内侧设置 50cm 深 50cm 宽排水边沟，并且每隔 20m 设置一个集水坑，每个坑内设 6 寸水泵一台，以便于场地内积水外排。便道、清淤及硬化后如图 3.3-13 所示。

第 3 章 拱桥常见结构形式和主要施工方法

图 3.3-13 便道、清淤及硬化后

4）拆除旧桥

在钢便桥具备通车条件后把南湖大路交通导行到钢便桥后，进行旧桥拆除作业，旧桥拆除采用具有多年拆桥经验的劳务队伍，采用微爆破方式，将上部结构爆破下落后使用人工搭配破碎锤的方式进行拆除。爆破时需报交通管理部门临时封闭此处社会车辆、人员的通行，防止爆破时对周边造成损伤。旧桥爆破拆除如图 3.3-14 所示。

图 3.3-14 旧桥爆破拆除

5）新建桥施工

以上是新建桥梁的施工准备，下面介绍新建南湖大桥的施工，分为以下六个步骤。

①步骤一

ⅰ）施工桥台桩基础及台身、桥墩桩基、桥墩承台、浇筑桥墩墩柱（预埋拱脚钢板），施工完成后安装支座。

ⅱ）同期钢厂加工主拱肋。

ⅲ）吊装各拱脚到临时支架上，复测拱脚坐标和高程，确保拱脚准确就位。步骤一如图3.3-15所示，预埋拱脚钢板如图3.3-16所示。

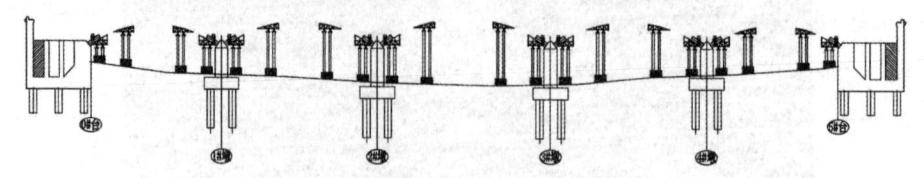

图3.3-15 新建南湖大桥施工步骤一

图3.3-16 拱脚及桥台钢筋

本工程共计2个桥台、4个承台，每个桥台15根桩，每个承台12根桩，共计78根桩，投入2台旋挖钻机，因为钻孔桩灌注后临近桩基不能马上进行钻进施工，所以每台旋挖钻机在3个承台间进行"跳打"作业。每台钻机计划每天完成2.5根桩，共计15天完成。

桥台承台尺寸长25m，宽11.2m，高2m，一个承台约560m砼，墩柱承台尺寸长28m，宽6.5m，高2m，一个墩柱承台约364m³砼。

墩柱共计4个，长26.8m，宽2.2m，高5.8~8m，桥台2个。因为墩顶有拱脚预埋件需要安装，所以分为2层进行浇筑。

钢结构共计2057t，在钢结构厂加工，钢拱肋制造加工完成后在工厂内进行试拼装，然后由汽车运输至施工现场。

新桥支架布置如图 3.3-17 所示，临时支座采用砂筒，支架采用110%荷载预压，立柱基础混凝土顶面设置两层 $10\times10cm\phi12$ 钢筋网。

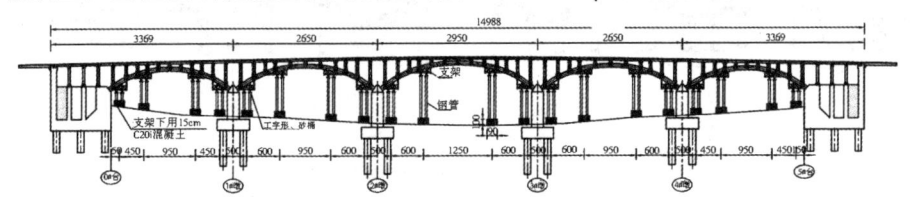

（a）新桥支架纵断面布置

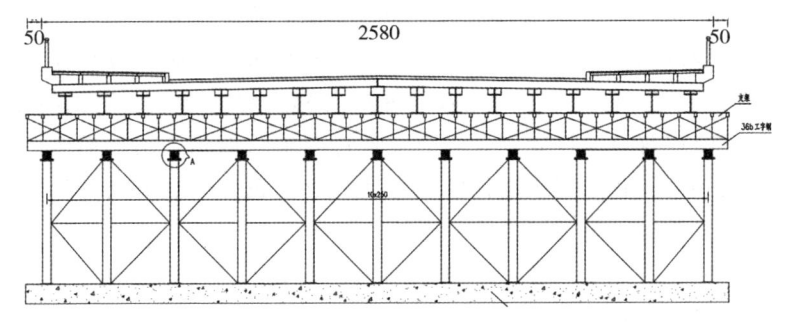

（b）新桥支架横断面布置

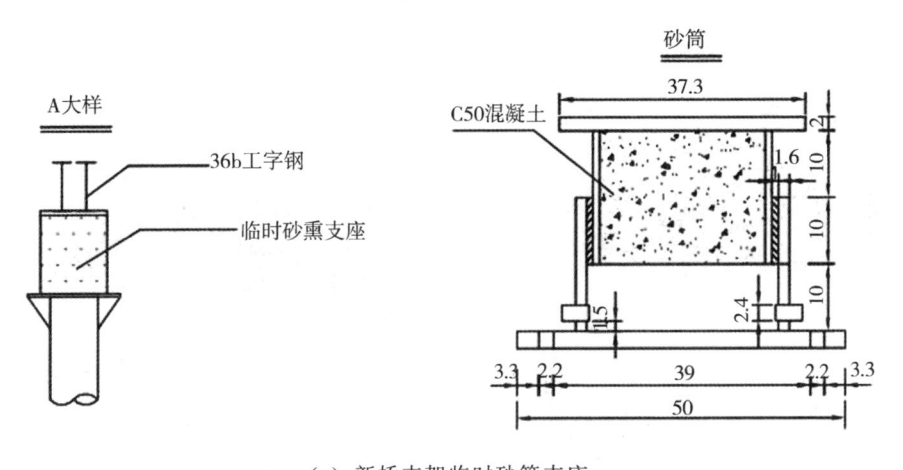

（c）新桥支架临时砂筒支座

图 3.3-17　新桥支架示意图

②步骤二

ⅰ）吊装主拱肋 1-1、1-3、2-1、2-3、3-1、3-3、4-1、4-3、5-1、5-3 节段到临时支架上。

ⅱ）复测各节段主拱肋坐标和高程，确保各节段主拱肋准确就位。

ⅲ）焊接拱脚与以上各主拱肋节段之间拼接缝。步骤二如图3.3-18所示。

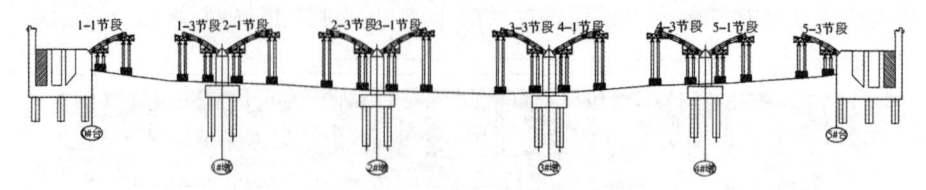

图 3.3-18　新建南湖大桥施工步骤二

主拱桥共计5跨，每跨17片拱肋，每片拱肋分3节段，拱肋运输到场内后进行组装焊接，将3节段焊接成1整片拱肋，然后起吊，与两边拱脚进行焊接。拱肋节段间的安装应对称进行。拱肋的端头应设临时连接装置，安装时应先临时连接后再进行正式连接，并应对称施焊或栓接。钢拱桥合龙时，合龙段的安装应符合设计规定，并应按设计要求采取相应辅助措施；设计未规定时，对钢桁拱宜采用单构件安装合龙，对钢箱拱应提前设置临时刚性连接再进行合龙钢构件的焊接或栓接连接。

拱肋焊接完毕后进行立柱和盖梁的焊接施工，相邻2个墩柱施工完毕后立即进行主拱圈的施工，最后1个墩柱直接影响2跨主拱圈，从下部结构2017年6月25日完成后，用时40天完成2跨施工。主拱吊装施工现场如图3.3-19、3.3-20和3.3-21所示。

图 3.3-19　主拱施工现场全貌

图 3.3-20　吊装拱脚　　　　图 3.3-21　吊装主拱肋

③步骤三

ⅰ）吊装主拱肋合龙段 1-2、2-2、3-2、4-2、5-2 节段到临时支架上，复测各节段主拱肋坐标和高程，确保各节段主拱肋准确就位。

ⅱ）焊接合龙段与第三阶段主拱肋之间拼接缝。合龙温度为 15℃左右。

ⅲ）焊接各主拱肋间横向联系梁。完成主拱施工。步骤三如图 3.3-22 所示。

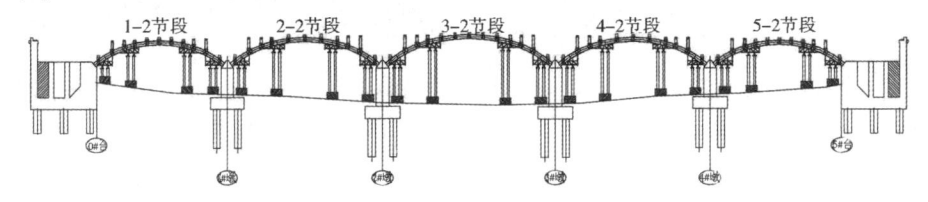

图 3.3-22 新建南湖大桥施工步骤三

主拱肋合龙段和横向联系梁安装采用汽车吊，如图 3.3-23、3.3-24 所示。

图 3.3-23 吊装主拱肋合龙段

图 3.3-24 安装横向联系梁

④步骤四

施工桥台台身上立柱及盖梁、主拱上立柱及盖梁，施工完成后安装支座。步骤四如图 3.3-25 所示。

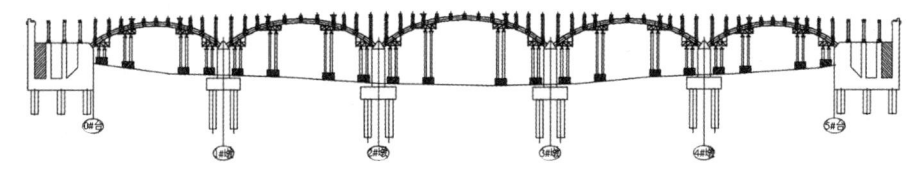

图 3.3-25 新建南湖大桥施工步骤四

立柱、盖梁以及支座安装如图 3.3-26、3.3-27 所示。

图 3.3-26 安装立柱和盖梁　　　　图 3.3-27 安装支座

⑤步骤五

拆除临时支架、施工桥面系及其余附属设施。步骤五如图 3.3-28 所示。

图 3.3-28 新建南湖大桥施工步骤五

拆除临时支架和人行道等桥面系施工如图 3.3-29 和 3.3-30 所示。

图 3.3-29 拆除临时支架　　　　图 3.3-30 人行道等桥面系施工

第一跨主拱圈、立柱及盖梁焊接完毕后立即进行桥面板的支架搭设、模板安装等，依次进行，支架需在拱圈上搭设，难度较大，然后进行钢筋混凝土的施工，桥面板完成后安排专人进行不少于 7d 的养生，养生 4d 后进行人行道基础的施工（人行道基础砼浇筑需在桥下便道使用泵车进行），同时进行人行道板的预制，待道路施工完毕后进行安装。

桥梁两侧道路翻建段的基层、二灰碎石层在桥梁施工过程中组织进行，桥面板养生期过后进行 2 层沥青混凝土的施工，用时 3d。沥青混凝土施工完毕后进行 2 道伸缩缝的施工，用时 3d。伸缩缝养生 4d 后开放通车。

⑥步骤六

湖底恢复、拆除钢板桩围堰、便桥，步骤六如图 3.3-31 所示。

图 3.3-31　新建南湖大桥施工步骤六

湖底恢复、拆除钢板桩围堰、便桥前现场如图 3.3-32 所示。

图 3.3-32　湖底恢复、拆除钢板桩围堰、便桥前现场

人行道基础施工完毕后将围堰内便道、回填料、硬化等进行拆除，投入 10 台挖掘机、多台自卸汽车进行施工。拔出钢板桩同时使用吊车利用预留绳索将吨袋吊出，若有个别无法吊出的，使用长臂勾机进行清理。

挡土墙与施工便道、导行便桥都有交叉冲突，所以在主体施工时先将不受影响部分施工完毕，待施工便道及便桥拆除后将剩余部分施工完毕。建成后的南湖大桥如图 3.3-33 所示。

图 3.3-33 建成后的南湖大桥

3.3.2 重庆环湖路 1 号桥

(1) 工程概况

本工程位于重庆市渝北区协同创新区，紧靠明月湖修建，道路等级为城市支路，标准路幅宽度为16m，双向两车道。本工程的环湖路1号桥为单跨跨径73m的上承式拱桥。

环湖路1号桥为单跨跨径73m的上承式拱桥，采用拱梁组合结构形式，主梁长87m，桥梁全长为100m，桥面总宽12.25m。主梁采用普通钢筋混凝土箱梁，为等高单箱四室结构，梁高1.0m。主拱采用1.5m高圆端形空心箱拱截面的普通钢筋混凝土箱拱，宽为8.05m。本桥下部结构采用拱座与桥台一体的普通钢筋混凝土结构形式，拱座为矩形截面，桥台为U型重力式桥台，均采用扩大基础结构。重庆环湖1号桥立面布置如图3.3-34所示，拱圈和梁体横断面如图3.3-35所示。

主梁采用普通钢筋混凝土箱梁，采用单箱四室等截面箱梁，梁高1.0m。主梁顶板宽为12.05m，底板宽为8.05m，两侧翼缘各外挑2.0m。箱梁顶板厚20cm，底板厚20cm，腹板厚50cm。端横梁和中横梁两侧各0.6m范围内，顶底板须加厚，其值均由20cm渐变为35cm。全桥共设置2道端横梁和7道中横梁，其中：端横梁宽1.2m，斜撑处中横梁宽1.0m，其余中横梁宽

0.8m。主梁通过结构设置纵、横坡，顶板、底板同坡。主拱采用圆端形空心截面，高1.5m，宽8.05m。主梁与主拱直接设置斜撑传力，在斜撑支撑处，主梁设横梁。拱圈和梁体构造如图3.3-36所示。

拱座为实体普通钢筋混凝土结构，矩形截面尺寸为8.39m×12.45m，P1、P2拱座高分别为4.3m、7.3m，采用扩大基础。

桥台采用重力式U型桥台接扩大基础，台身及前墙以拱座为基础，侧墙基础尺寸为5.66m×12.45m，与拱座连为一体，形成台阶形。

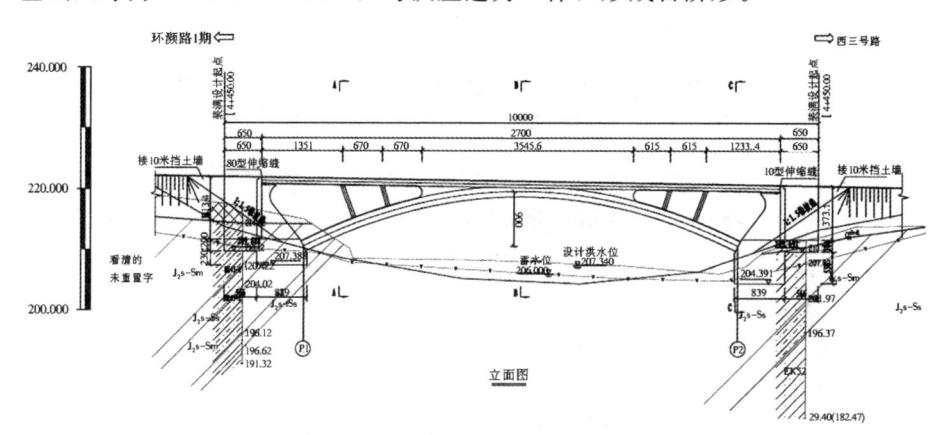

图3.3-34 重庆环湖1号桥立面图

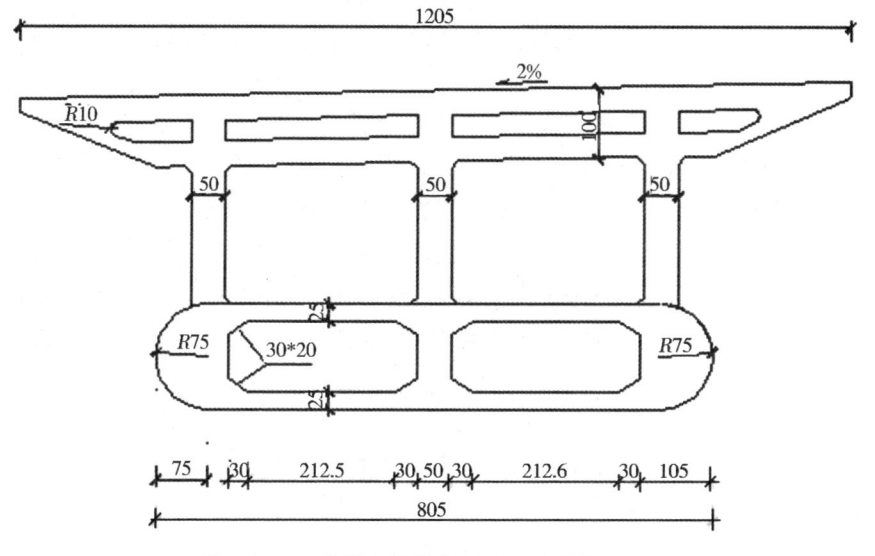

图3.3-35 拱圈和梁体断面（尺寸单位：cm）

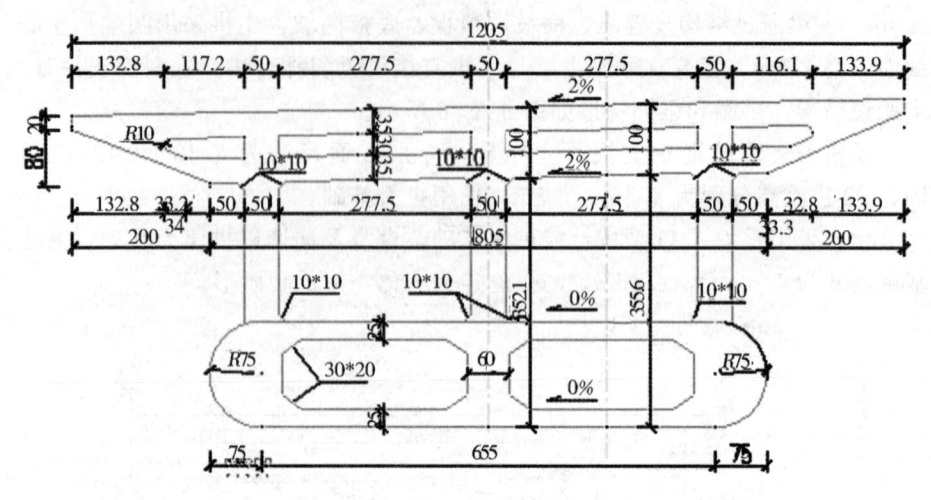

图 3.3-36　环湖 1 号桥断面构造（尺寸单位：cm）

（2）总施工方案

1）施工总流程

桥跨结构主要分 4 次进行施工：

①施工拱圈部分施工；

②待拱圈强度达到设计强度的 90％时施工拱上斜撑和拱顶三角区；

③待拱上斜撑和拱顶三角区达到设计强度的 90％时施工箱梁底腹板；

④最后进行箱梁顶板施工，待拱圈和箱梁混凝土均到达设计强度的 100％时方可拆除支架。

施工流程：技术准备→承台基坑开挖→桥台基础及拱座施工→地基处理→拱圈支架搭设及底模施工→拱圈支架预压→台身及下侧墙施工→主拱圈施工→拱上斜撑及异型段施工→箱梁支架搭设及底模施工→箱梁预压→箱梁底腹板→箱梁顶板→箱梁养护→箱梁、拱部支架。

拱圈立杆采用 ϕ60×3.2mm 型钢管盘扣支梁，横桥向腹板间距为 0.9m、底板板间距为 1.2m，纵向 0.9m；梁体施工立杆采用 ϕ60×3.2mm 型钢管盘扣支梁，横桥向间距均为 1.2m，纵向均为 1.2m；步距 1.5m，模板支架垫层采用 18cm 厚 C20 素混凝土。

桥台基础和承台采用机械加人工开挖，四周加宽 0.5m 作为工作面，开挖坡比土方按照 1∶1.5，石方按照 1∶0.75，如高度超过 8m 则分台阶开挖，每级台阶设置 2m 宽的马道，开挖土石方运至弃渣场堆放。

2）施工平面布置

环湖路 1 号桥两端道路已经形成，沥青下面层均已铺筑。1 号桥左侧为既

第 3 章 拱桥常见结构形式和主要施工方法

有施工便道，可连接两个桥台和钢筋场，便道修建到桥梁底部，便道压实后先铺筑 15cm 厚的碎石，再浇筑 20cm 厚的 C30 混凝土。便道标准宽度为 6m，两侧设置 0.5m 宽路肩，厚 20cm 厚的 C20 砼。1♯桥便道大约长 300m，2♯桥便道大约长 200m，3 号桥便道大约长 160m。K5+100 处设置便道约长 260m。

钢筋加工场位于大里程桥台左侧空地上，占地 800m²，采用 20cm 厚的 C20 混凝土全部硬化，周边采用 2.5m 高围挡全封闭。钢筋场距离施工场地较近，可减少倒运距离。环湖 1 号桥施工平面布置如图 3.3-37 所示。

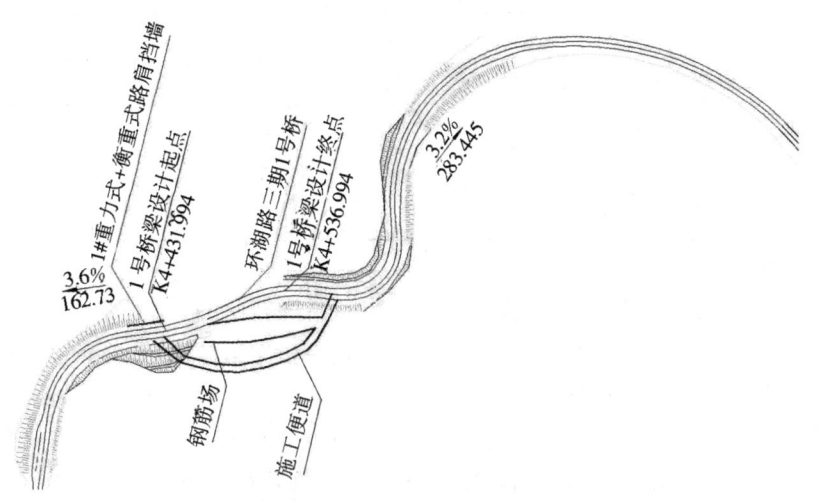

图 3.3-37 环湖 1 号桥施工平面布置

3）施工进度

于 2021 年 2 月 22 日开始施工，2021 年 9 月 30 日完成桥面系施工。施工进度见表 3.3-1。

表 3.3-1 重庆环湖 1 号桥施工进度

主要项目	时间（d）	日期
开挖	10	2021.2.22－2021.3.3
桥台基础及拱座施工	18	2021.3.3－2021.3.21
地基处理	15	2021.3.12－2021.3.26
拱圈支架搭设及底模	15	2021.3.27－2021.4.10
拱圈支架预压	10	2021.4.11－2021.4.20
台身及下侧墙施工	15	2021.4.11－2021.4.24
主拱圈施工	23	2021.4.21－2021.5.13
拱上斜撑及异型段施工	20	2021.5.14－2021.6.2

续表

主要项目	时间（d）	日期
箱梁支架搭设及底模	21	2021.6.3—2021.6.23
箱梁预压	9	2021.6.24—2021.7.2
箱梁底腹板	20	2021.7.3—2021.7.22
箱梁顶板	10	2021.7.23—2021.8.1
箱梁养护	28	2021.8.2—2021.8.29
箱梁、拱部支架拆除	10	2021.8.30—2021.9.8
台帽背墙及上侧墙施工	5	2021.8.30—2021.9.3
台背回填	10	2021.9.4—2021.9.13
搭板施工	5	2021.9.14—2021.9.18
桥面系施工	15	2021.9.15—2021.9.30

(3) 主要施工流程及施工工艺

重庆环湖1号桥的主要施工工序：(1) 基坑开挖→(2) 桥台基础施工→(3) 拱座施工→(4) 地基处理→(5) 拱圈盘扣支架搭设→(6) 拱圈模板→(7) 拱圈支架预压→(8) 台身及下侧墙施工→(9) 主拱圈施工→(10) 拱上斜撑及异型段施工→(11) 箱梁支架搭设及底模施工→(12) 箱梁预压→(13) 箱梁底腹板→(14) 箱梁顶板→(15) 箱梁养护→(16) 箱梁、拱部支架拆除→(17) 台帽背墙及上侧墙施工→(18) 台背回填→(19) 搭板施工→(20) 桥面系施工。桥台拱座施工如图3.3-38所示。

图 3.3-38　桥台拱座施工

基础与桥面系等施工与长春南湖大桥类似，不予赘述，以下只介绍主拱圈支架现浇施工，施工重点如下：

1) 地基处理

在原地面换填筑2～3m厚砂质泥岩及页岩土，碾压地基处理宽度为

21.9m，回填土应分层夯实，压实度不小于94%。在其上浇筑18cm厚C20混凝土硬化，硬化宽度为17.9m。

回填砂质泥岩及页岩土分层压实，每层碾压厚度不大于40cm，压实度要求达到94%，且地基承载力大于200kPa，浇筑C20混凝土基础面层，确保地基承载力达到现浇施工荷载的要求，保证梁体混凝土浇筑后模板支架不产生沉降。支架地基处理如图3.3-39所示。

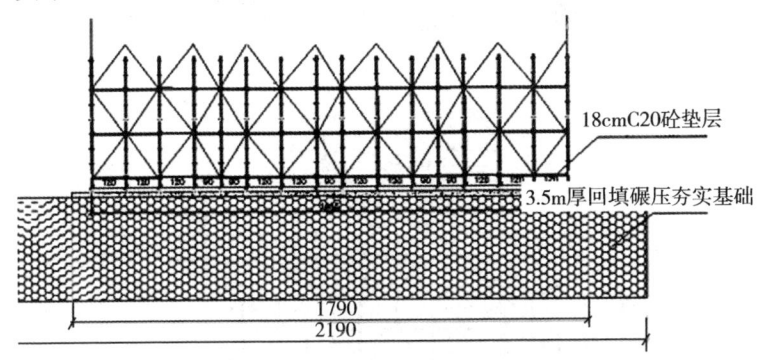

图3.3-39 支架地基处理

支架基础四周设置排水沟，横桥桥向方向往流水方向设置1.5%横坡，便于排水。排水沟宽度为0.3m。排水沟深度为0.3cm，采用砖砌筑，砂浆抹面。

横桥向预埋双排D1000钢筋混凝土涵管，以防雨季桥梁两侧水流过大，无法流出；涵管埋深大于1m，其轴线两侧各1m范围内基础硬化加入ϕ12钢筋形成网片，间距为20cm，让涵管顶部混凝土基础形成强有力板体。支架地基施工现场如图3.3-40所示。

图3.3-40 支架地基处理现场

2）拱圈盘扣支架搭设

支架采用盘扣式钢管架，立杆主要采用3m、1.5m、1m、0.5m、0.2m几种，立杆接长错开布置，横杆采用0.6、0.9m、1.2m、1.5m三种组成，顶底托采用可调托撑。

拱圈横梁处最厚1.5m，立杆采用φ60×3.2mm型钢管盘扣支梁，横桥向腹板间距为0.9m，底板间距1.2m，纵向0.9m，步距1.5m，搭设宽度为16.45m，搭设高度最高12m，搭设长度90m，最大高宽比为1.37。盘扣支架布置如图3.3-41所示。

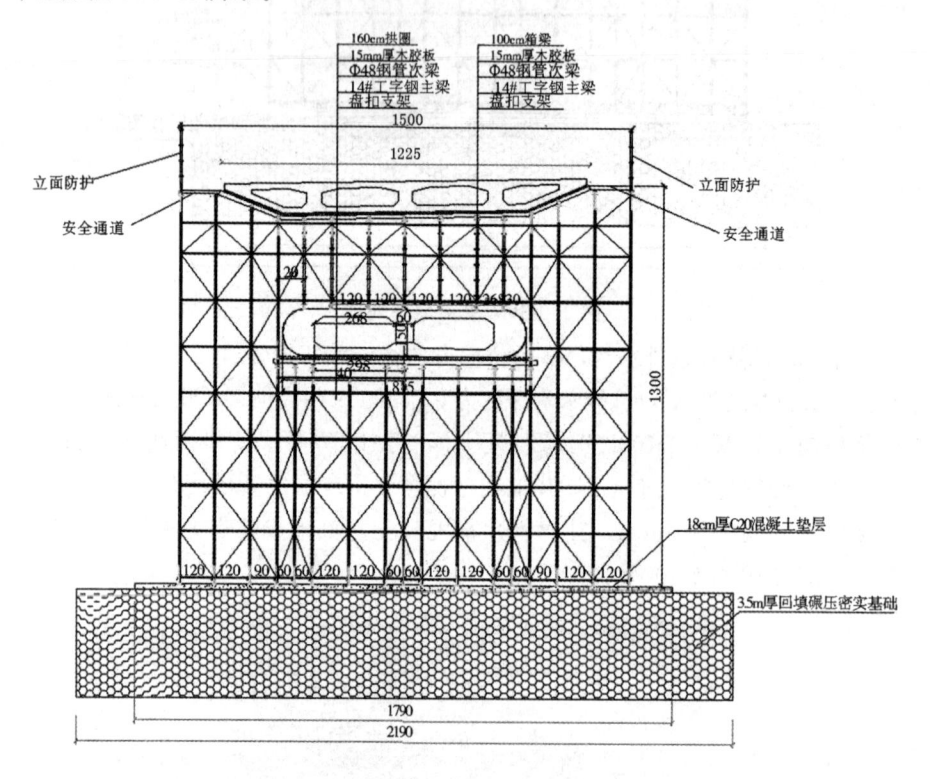

图3.3-41 盘扣支架布置

主梁采用14#工字钢，横桥向铺设；次梁采用4.8×2.5mm钢管，顺向铺设，中心间距为10cm，底模板为15mm厚桥梁专用模板，侧模圆弧采用定型钢模。

3）拱圈模板

主梁采用14#工字钢，横桥向铺设；次梁采用D48×2.5mm钢管加5×8cm方木，顺向铺设，中心间距为10cm，底模板为15mm厚桥梁专用模板，244×122×1.5cm竹胶板拼接铺设，底模长方向沿桥纵向。因拱圈纵坡较大，拱圈箱室内外砼接触面均采用木模板支撑，以保证砼成型，即拱圈底板、顶板、拱圈内底板、顶板。拱圈模板如图 3.3-42 所示。

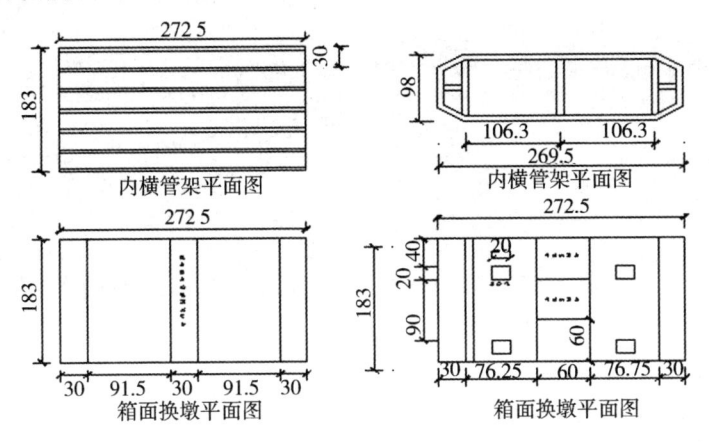

图 3.3-42 拱圈模板

上部箱梁箱室内净空为 20cm-60cm 之间，工人无操作空间，无法拆除内模，按照一次性新采购模板使用，采用 10×10cm 方木进行支撑，纵横间距均为 60cm，横向主肋为 10×10cm 方木，纵向次肋为 5×10cm 方木，中心间距 20cm；上铺 12mm 厚桥梁板。

拱圈侧模圆弧和梁拱肋连接段的圆弧处采用新采购一次性定型钢模，拉杆 M20 为一次性。定型钢模如图 3.3-43 所示。

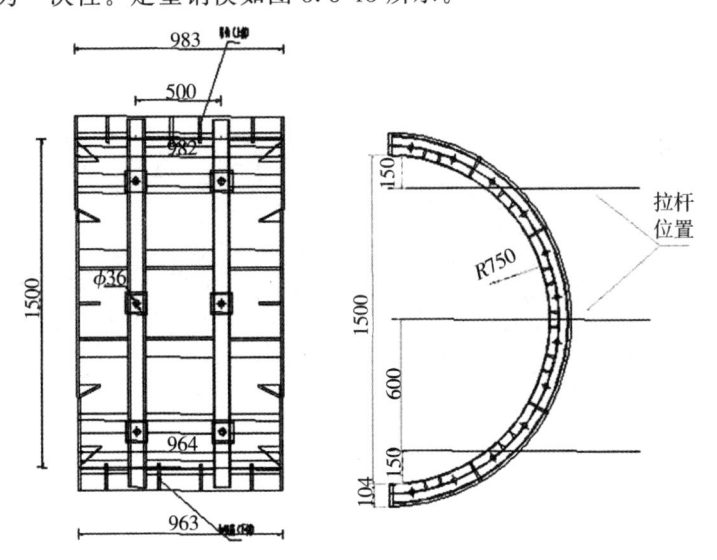

图 3.3-43 圆弧定型钢模

拱圈模板采用汽车吊搭设，施工现场见图 3.3-44。

图 3.3-44 拱圈模板搭设图 　　　　图 3.3-45　拱圈支架预压现场

4）拱圈支架预压

支架搭设完在其上铺设方木，在方木顶层铺设木板采用土袋预压，预压重量按荷载的 1.2 倍进行预压，土袋采用人工配合吊车进行，根据梁体自重和施工荷载组合，土的堆积密度按 $1.5g/cm^3$ 计算，堆加时应与箱梁混凝土布置形式尽可能相同，加载时从低端向高端推进。加载时的速度不能过快，以减少支架的早期变形。拱圈支架预压施工现场见图 3.3-45。

5）主拱圈施工

施工工序为：①主拱底板钢筋施工→②主拱圈钢内箱室模板安装→③主拱圈侧模-圆弧定型钢安装→④主拱圈浇筑→⑤拱圈拆模。主拱圈底板钢筋施工见图 3.3-46，主拱圈内箱室钢模板安装见图 3.3-47，主拱圈侧模安装见图 3.3-48。

图 3.3-46 主拱圈底板钢筋施工图 　　　　图 3.3-47　主拱圈内箱室钢模板安装

第 3 章　拱桥常见结构形式和主要施工方法

图 3.3-48　主拱圈侧模——圆弧定型钢安装

以下重点介绍主拱圈浇筑：

①砼浇筑均采用泵送砼浇筑，拱圈砼浇筑顺序与拱圈预压一致，先从拱圈两边拱脚→拱顶位置对称依次浇筑，纵向对称于拱顶，横向对称于桥轴线，并在拱脚混凝土初凝前全部浇筑完成。

②箱梁施工前，应做砼的配合比设计及各种材料试验。

③箱梁浇筑工艺采用两次浇筑方法，由低端向高端连续浇筑，水平分层、斜向浇筑，第一次浇筑底板、腹板及横梁到跳檐根部下 5cm 处，二次浇筑顶板及翼缘板，浇筑时底板、腹板对称浇筑。

采用两台输送泵浇筑，二台 57 臂架泵、确保混凝土在初凝前浇筑完成，再考虑调整砼配合比的情况下适当加入缓凝剂。

④第一次混凝土浇筑：浇筑时自箱梁较低的梁端从中间向两边，由中间向两端分层浇筑，顺序推进。在浇注横梁、腹板时将其两侧 1m 范围内的底板铺上，以免混凝土外流过多，造成横梁、腹板不易成形和底板超厚。混凝土浇到挑檐根部下 5cm 处时，将该部分抹平确保二次浇筑后在该处形成的接缝顺畅、平直。主拱圈第二次浇筑如图 3.3-49 所示。

⑤第二次混凝土浇筑：第一次浇注的混凝土强度达到拆模要求后，拆除侧模板，同时将与顶板二次浇筑时的混凝土接触面进行凿毛处理。支设顶板、翼缘板模板，进行钢筋绑扎。在箱梁每箱室纵向的 1/4 与 3/4 跨处，每跨预留两个长 1.2m，宽 0.8m 进人洞口。二次浇筑，从低的一侧向高处浇筑，混凝土浇筑完成后，收浆后尽快及时覆盖养护。

⑥混凝土振捣：砼的振捣采用 50、30 插入式振捣器进行，浇筑梁端锚固区时采用 30 振捣器配合 50 振捣器振捣。每台泵车配备 3 台 50 振捣器、2 台 30 振捣器，各型号振捣器再别外配备 2 台防止出现机械故障时更换。振捣器

移动间距不超过其作用半径的1.5倍,振捣棒作用半径30cm,混凝土振捣时快插慢抽,插入点均匀排列,插入下层砼5～10cm。对于每一个振动部位,必须振动到该部位砼密实为止,即混凝土停止下沉不再冒气泡,表面呈现平坦、泛浆,且不得超振。振捣时要避免振捣棒碰撞模板、钢筋,尤其是波纹管,不得用振捣器运送砼,振捣棒与侧模板要保持5～10cm的距离。在振捣下两层时,特别注意箱室内八字处的振捣,振捣腹板时,箱内人员随时观测八字处混凝土的溢出情况。特别严格控制内箱底层混凝土必须是从腹板处翻出并充溢箱底。

当主拱混凝土强度符合拆模要求时,拆除主拱圈模板,如图3.3-50所示。

图3.3-49 主拱圈第二次浇筑　　图3.3-50 主拱圈拆模

6) 箱梁施工

施工工序:①拱上斜撑及异型段施工→②箱梁支架搭设→③箱梁模板及钢筋→④箱梁混凝土浇筑及养生⑤箱梁、拱部支架拆除。以下仅介绍施工重点内容。

①支架

立杆采用ϕ60×3.2mm型钢管盘扣支梁,横桥向间距均为1.2m,纵向均为1.2m;步距1.5m,搭设宽度为16.45m,搭设高度15m,搭设长度90m,最大高宽比为1.09。支架拱圈位置和桥台位置支撑在二次浇筑的混凝土块体上,混凝土块体宽30cm的牛腿,浇筑前在拱圈和桥台上用C16的钢筋进行竖向植筋加固,横向间距0.5m、纵向0.2m,每道牛腿横向水平筋采用2根C12的钢筋。斜撑位置支架搭设在预埋的钢板上焊接25工字钢,预埋钢板位置同支架搭设支撑位置。

底腹板、翼板主梁均采用14#工字钢,横桥向铺设;纵向采用d48cm×

2.5mm 钢管布置（模板之间接缝处用 5cm×10cm 的木方），直接承受底模板传递下来的荷载，底板和翼板中心间距为 10cm，腹板和横梁下满铺，中心间距 5cm。底模板为 15mm 厚桥梁专用模板，244cm×122cm×1.5cm 竹胶板拼接铺设，底模长方向沿桥纵向。

②预拱度

预拱度是为抵消结构在设计荷载及施工荷载作用下产生的位移（挠度），在施工或制造时所预留的与位移方向相反的校正量。为使箱梁在卸架后能满意地获得设计规定的外形，须在施工时设置一定数值的预拱度。确定预拱度时考虑下列因素：支架在荷载作用下的弹性压缩 f1（预压后计算得出）；支架在荷载作用下的非弹性变形 f2，支架基底在荷载作用下变形 f_3 采用桩基础 5mm《公路桥涵技术规范》（JTG/TF50-2011）中规定取值。支架预拱度计算公式为 f=f1+f2+f3。梁体挠度最大值设置在跨中位置，并按二次抛物线形式向两侧位置分配，算得各点处的预拱度值后用支架顶托进行调整。

③箱梁、拱部支架拆除

拆除必须在拱圈砼和箱梁强度均达到 100%。先拆除拱上梁体支架，再拆除拱下支架，遵循先松后拆、先支后拆、后支先拆的总体原则。拱圈支架拆除顺序为：先松拱圈跨中（拱顶）→横排的顶托→依次松两侧拱脚顶托→松两侧拱角顶托→拆顶排支架→底排支架。

建成后的环湖路 1 号桥如图 3.3-51 所示。

图 3.3-51　建成后的环湖路 1 号桥

第4章 斜拉桥常见结构形式和主要施工方法

斜拉桥（Cable-stayed bridge）属于高次超静定结构，是由主梁、拉索及塔柱（也称索塔）组成的组合受力体系桥梁，外荷载由主梁受弯压、斜拉索受拉及塔柱受压弯承担，其荷载传递路径是：斜拉索的两端分别锚固在主梁和索塔上，将主梁的恒载和车辆荷载传递至索塔，在通过索塔传至地基，如图4.1-1所示。主梁构成桥面体系，属于压弯构件，稀索以受弯为主，密索以受压为主；斜拉索和索塔构成支撑体系，斜拉索是受拉构件，竖向形成多个弹性支撑，水平向形成对主梁的阶梯状轴向力；索塔是刚性支撑，属于压弯构件，以受压为主。斜拉桥在（200～500m，混凝土斜拉桥）400～1200米跨度范围具有很强的竞争力。

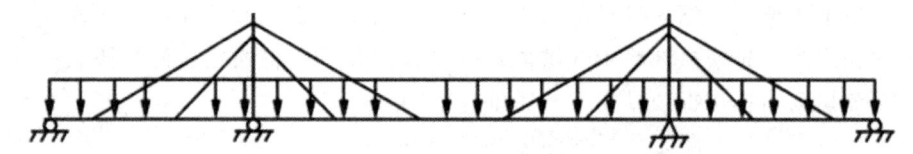

图4.1-1 斜拉桥组成示意

斜拉桥的结构体系按拉索锚拉体系划分为自锚式斜拉桥和地锚式斜拉桥；根据主梁、拉索、索塔和桥墩的不同连接方式形成漂浮体系、半漂浮体系、塔梁固结体系和塔梁墩固结体系斜拉桥；部分斜拉桥兼有斜拉桥与连续梁或连续刚构桥受力和构造特点的桥梁结构，斜拉索只分担部分荷载，其余仍由主梁及体内预应力钢束承担。

斜拉桥结构有以下受力特点：

1）主梁在斜拉索支承下，主梁像多点弹性支承的连续梁那样工作，使"局部跨度"显著减小，让"整体跨度"能显著提高，主梁高度"相对"降低。

2）斜拉桥是高次内部超静定结构，可通过调整拉索的张拉力来改善主梁和塔柱的恒载作用状态。

3）设计合理的斜拉桥在恒载作用下，主梁弯矩与剪力应接近多跨连续梁、塔柱基本只承担轴向压力。

4）在不对称荷载作用下，拉索对主梁的弹性支承作用将受塔柱顺桥向弯曲的影响。限制塔顶水平位移是控制主梁内力的关键，边跨的端锚索对主跨受力起着至关重要的作用。

斜拉桥主梁的常用施工方法有悬臂施工法（悬臂悬臂拼装法和悬臂浇筑法）、支架施工法、顶推施工法和转体施工法等。

下面将主要介绍斜拉桥的常见结构形式和主要施工方法。

4.1 斜拉桥常见结构形式

4.1.1 主要结构体系

斜拉桥的结构体系，有以下几种不同的划分形式。

（1）按塔、梁、墩相互结合方式

划分为漂浮体系、半漂浮体系、塔梁固结体系和刚构体系。

1）漂浮体系

其特点是塔墩固结，塔梁分离，如图 4.1-2 所示。该体系的主要优点是主跨满载时，塔柱处的主梁截面无负弯矩峰值，且主梁可以随塔柱的缩短而下降，温度、收缩和徐变次内力均较小；缺点是当采用悬臂施工时需要临时固结，为了防止斜拉桥产生过大的摆动，需设置限位装置。

2）半漂浮体系

其特点是塔墩固结，主梁在塔墩上设置竖向支承，成多点弹性支承的连续梁。墩顶若设置可调节高度的支座，用于成桥时调整支座反力，能消除大部分收缩、徐变等不利影响，如图 4.1-3 所示。

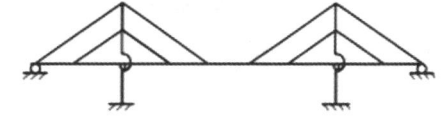

图 4.1-2 漂浮体系斜拉桥　　　图 4.1-3 半漂浮体系斜拉桥

3）塔梁固结体系

其特点是塔墩固结并支承在墩上。主梁内力与挠度直接同主梁与索塔的弯曲刚度比值有关，一般只在一个塔柱处设置固定支座，其余均为纵向可活动的支座，如图 4.1-4 所示。

4）刚构体系

其特点是塔梁墩固结，形成多点弹性支承的刚构，如图 4.1-5 所示。这种体系比较适合于独塔斜拉桥。

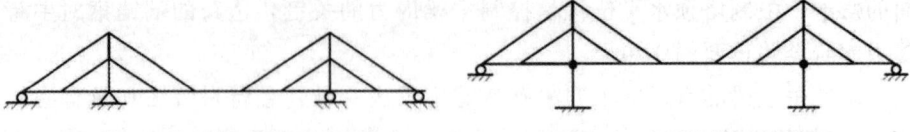

图 4.1-4 塔梁固结体系斜拉桥　　　　图 4.1-5 刚构体系斜拉桥

（2）按斜拉索的锚固方式

有自锚体系、部分地锚体系和地锚体系，桥梁实例如图 4.1-6 所示。

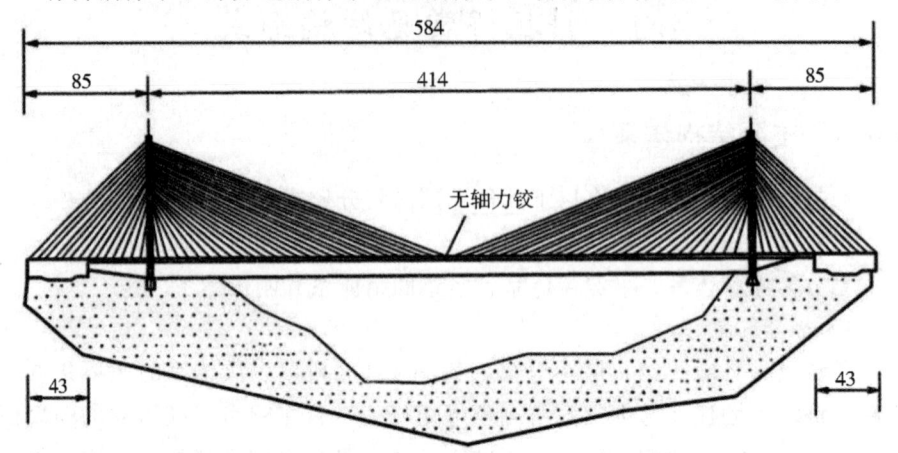

图 4.1-6 郧阳汉江桥－部分地锚体系（尺寸单位：m）

（3）按塔的高度不同

有常规斜拉桥和矮塔部分斜拉桥，矮塔部分斜拉桥如图 4.1-7 所示。

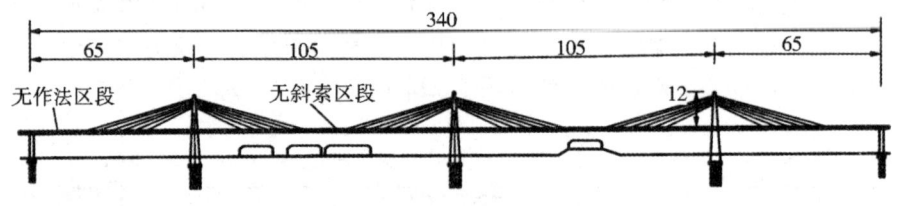

图 4.1-7 矮塔部分斜拉桥（尺寸单位：m）

4.1.2 斜拉桥的构造

（1）主梁的构造

1）实体梁式和板式主梁

一般适用于双索面斜拉桥，具有构造简单和施工方便的优点。实体梁式主梁如图 4.1-8 所示的重庆大佛寺长江公路大桥（主跨 450m，2001 年建成）。

第4章 斜拉桥常见结构形式和主要施工方法

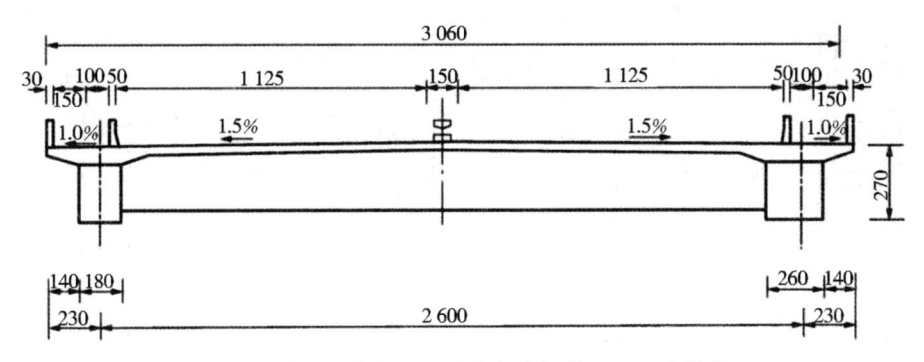

图 4.1-8 重庆大佛寺长江公路大桥主梁截面（尺寸单位：m）

实体板式主梁包括纯板式和矮梁式截面形式，如图 4.1-9 所示。

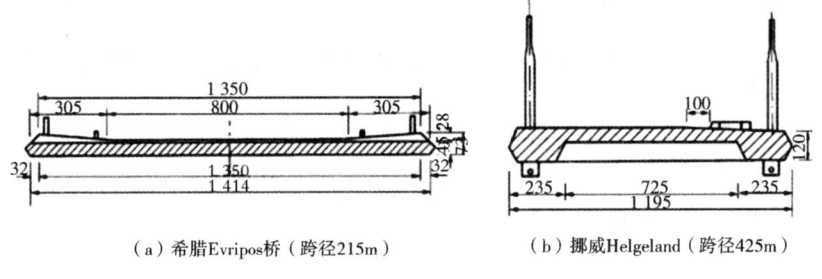

（a）希腊Evripos桥（跨径215m）　　（b）挪威Helgeland（跨径425m）

图 4.1-9 实体板式主梁（尺寸单位：m）

2）箱形截面

因其抗弯和抗扭刚度大，是斜拉桥经常采用的截面形式，如图 4.1-10 所示的武汉长江二桥（主跨400m，索距8m，1996年建成）。

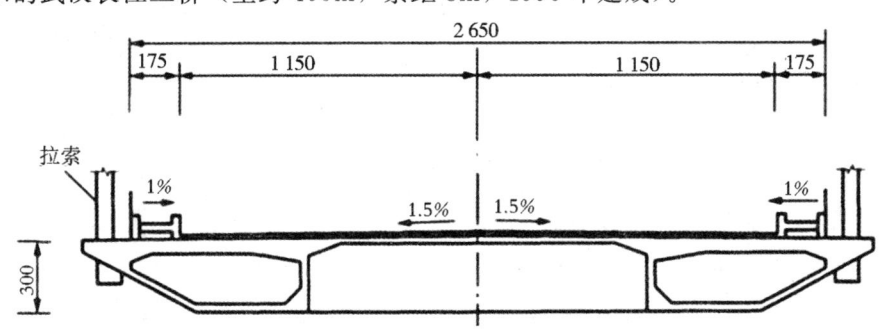

图 4.1-10 武汉长江二桥倒梯形双箱梁截面（尺寸单位：m）

（2）索塔

索塔的组成构件有塔柱、塔柱之间的横梁或其他联结构件，如图 4.1-11 所示。

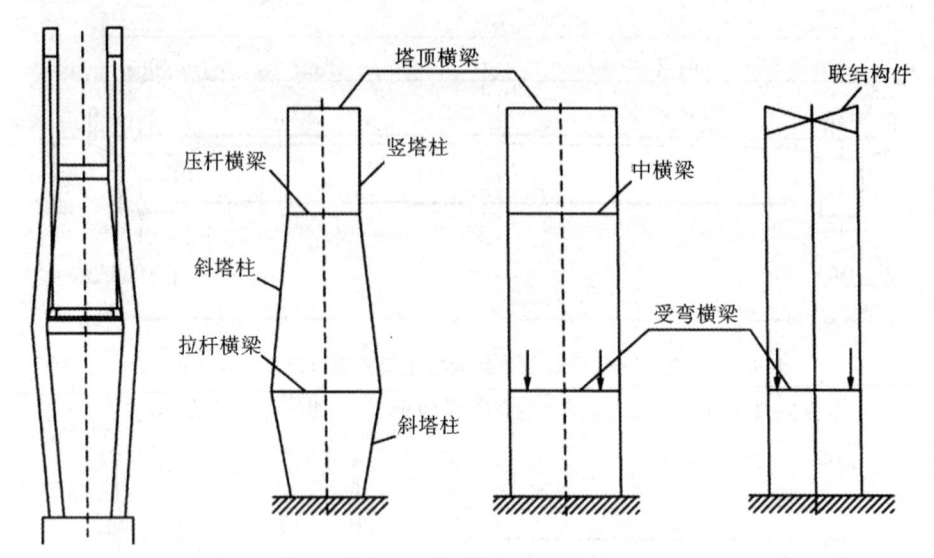

图 4.1-11　索塔构件组成

一般中小跨径的斜拉桥常采用实心体索塔，对于小跨径可采用等截面。跨径较大可采用空心截面，如矩形、六角形等。

（3）拉索的构造

拉索主要有平行钢丝索配冷铸锚和平行钢绞线索配夹片锚两大类。斜拉索与主梁和索塔的锚固形式分别如图 4.1-12 和 4.1-13 所示。

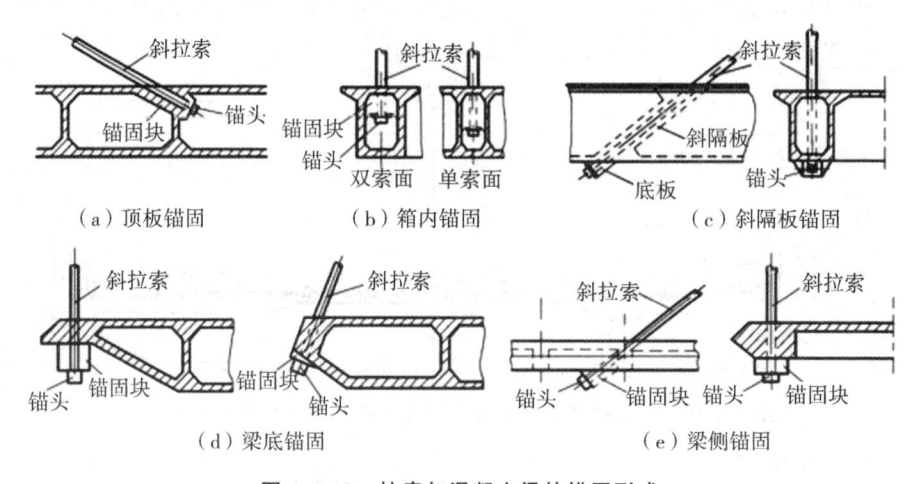

图 4.1-12　拉索与混凝土梁的锚固形式

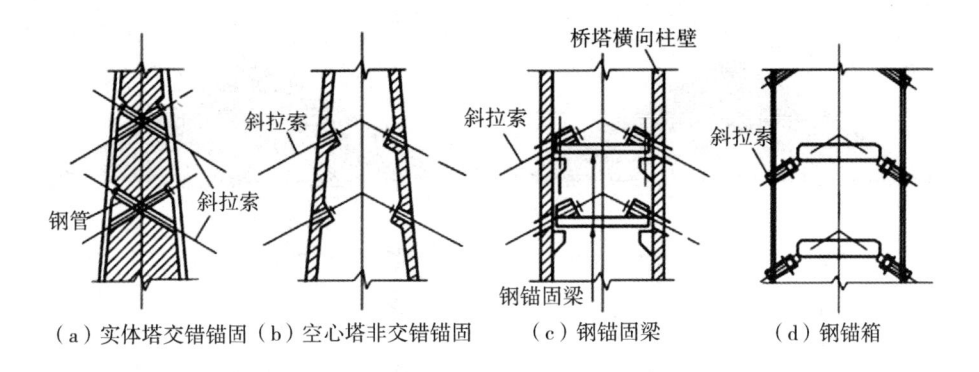

第 4 章 斜拉桥常见结构形式和主要施工方法

(a)实体塔交错锚固 (b)空心塔非交错锚固 (c)钢锚固梁 (d)钢锚箱

图 4.1-13 拉索与混凝土塔的锚固形式

4.2 斜拉桥主要施工方法

4.2.1 主梁施工方法

斜拉桥主梁施工常用方法：支架法、悬臂法（分为悬臂拼装法和悬臂浇筑法）和转体法等。支架法一般用在河水较浅或者修建在旱地上的中小跨径斜拉桥，详见 4.3 节的工程实例。下面仅介绍悬臂法。

（1）悬臂拼装法

主要用在钢主梁（桁架梁或箱形梁）的斜拉桥上。钢主梁一般先在工厂加工制作，再运至桥位处吊装就位。图 4.2-1 所示是双塔斜拉桥采用悬臂拼装法施工直到合龙之前的全貌。

（2）悬臂浇筑法

主要用在预应力混凝土斜拉桥上。其主梁混凝土的悬臂浇筑与一般预应力混凝土梁式桥基本相同。这种方法的优点是结构的整体性好，不需要大吨位悬臂吊机和运输预制节段的驳船；但其缺点是在施工过程中必须严格控制挂篮的变形和混凝土收缩、徐变的影响，施工周期较长。斜拉桥悬臂浇筑法施工程序如图 4.2-2 所示。

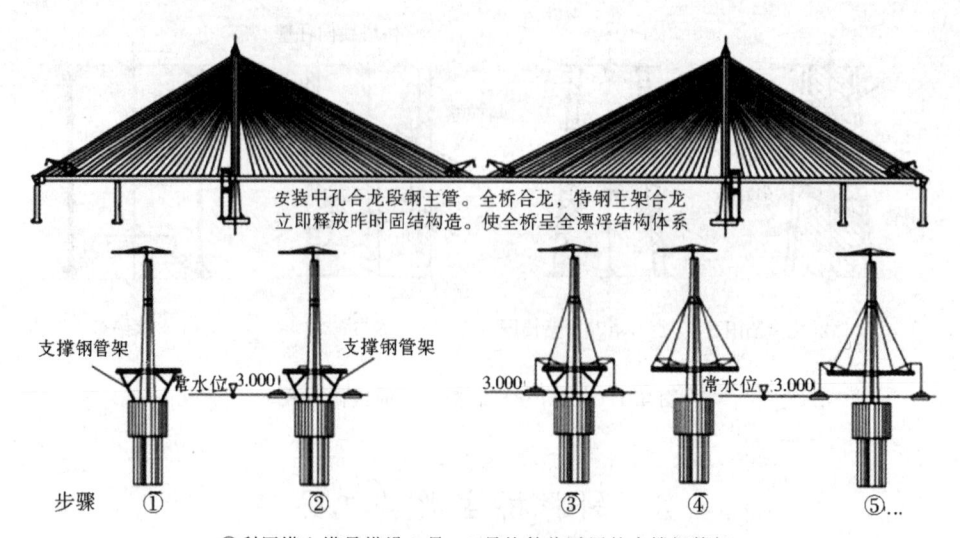

安装中孔合龙段钢主管。全桥合龙，特钢主架合龙立即释放昨时固结构造。使全桥呈全漂浮结构体系

①利用塔上塔吊搭设 0 号、1 号块件临时用的支撑钢管架；
②利用塔吊安装好 0 号及 1 号块件；
③安装好 1 号块件的斜拉索，并在其上架设主梁悬臂吊机，拆除塔上塔吊和临时支撑架；
④利用悬臂吊机安装两侧的 2 号块的钢主梁，并挂相应的两侧斜拉索；
⑤重复上一循环直至全桥合龙

图 4.2-1　悬臂拼装程序（高程单位：m）

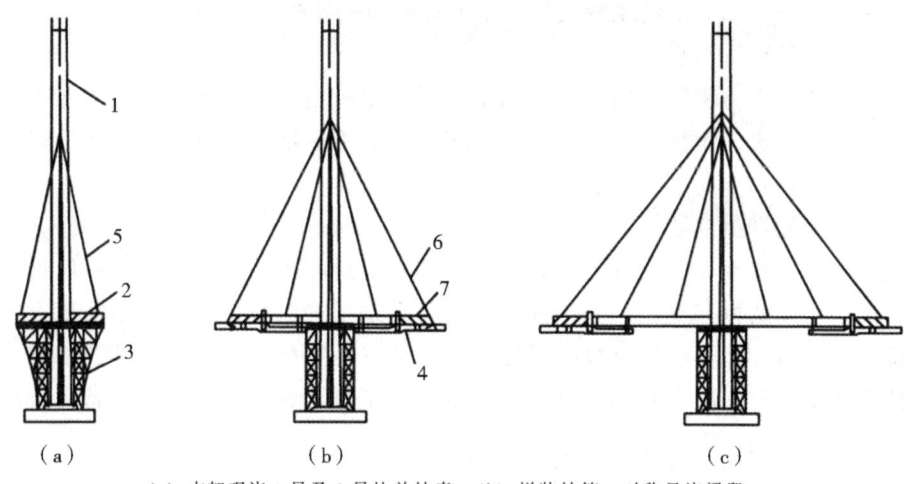

（a）支架现浇 0 号及 1 号块并挂索；（b）拼装挂篮，对称悬浇梁段；
（c）挂篮前移，依次悬浇梁段

1——索塔；2——现浇梁段；3——现拼支架；4——前支点挂篮；5——斜拉索；
6——前支点斜拉索；7——悬浇梁段

图 4.2-2　斜拉桥悬臂浇筑法施工程序

（3）悬臂施工法的其他问题

1）塔梁临时固结

主要有加临时支座和设临时支承两种措施。加临时支座并锚固主梁如图 4.2-3 所示。

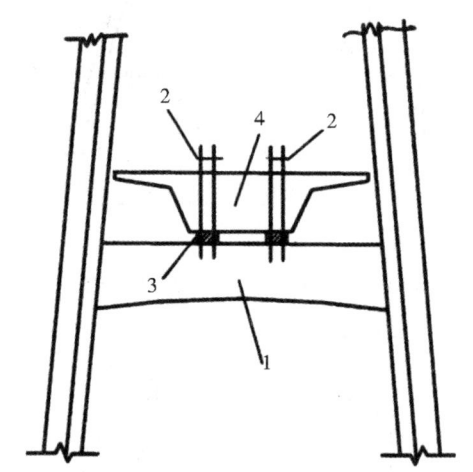

1——下横梁；2——锚筋；3——临时固结支座；4——0 号块

图 4.2-3　设临时支座锚固主梁

2）边跨局部梁段的施工

斜拉桥的边跨对主跨起到锚固作用，往往先于主跨合龙，如果主梁靠岸的局部区段内水不太深，可以采用满堂支架施工，如图 4.2-4 所示。

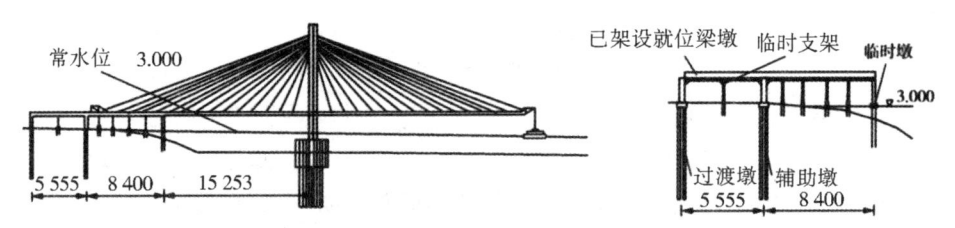

图 4.2-4　边跨局部梁段的有支架施工（尺寸单位：cm；高程单位：m）

4.2.2　索塔施工方法

一般钢塔采用预制拼装法施工，混凝土塔有搭架现浇、预制拼装、滑升模板浇筑、翻转模板浇筑、爬升模板浇筑等多种施工方法。

（1）索塔基本施工顺序

混凝土索塔的基本施工顺序如图 4.2-5 所示。

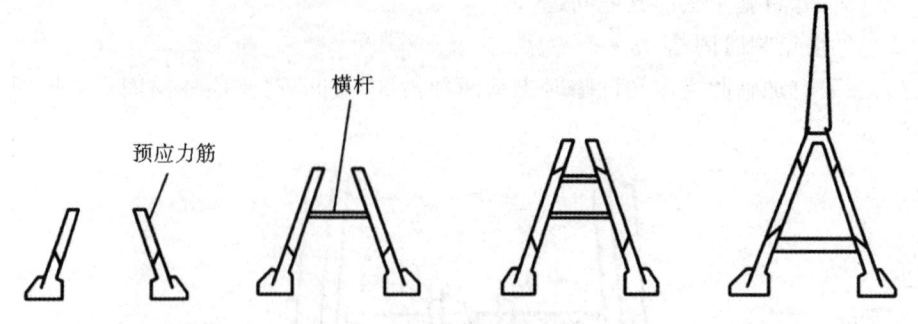

图 4.2-5　混凝土索塔基本施工顺序

（2）索塔施工起重设备

多数索塔施工的起重设备采用塔吊辅以人货两用电梯，如图 4.2-6 所示。

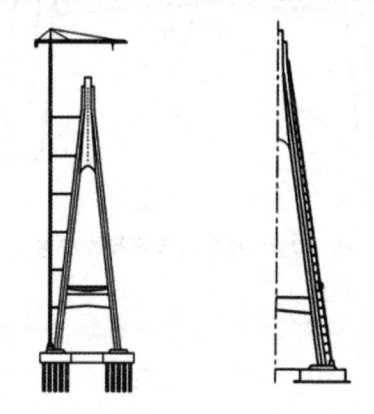

（a）附着式塔吊　　（b）人货两用电梯

图 4.2-6　索塔施工起重设备

（3）索塔施工模板

翻转模板（交替提升多节模板），由内、外模、对拉螺栓、护栏及内工作平台等组成，不必另设内外脚手架，翻转模板布置如图 4.2-7 所示。

爬模（自备爬架的提升模板），由模板、爬架及提升系统三部分组成，根据提升方式不同分为倒链手动爬模、电动爬架拆翻模、液压爬升模等。索塔爬模系统如图 4.2-8 所示。

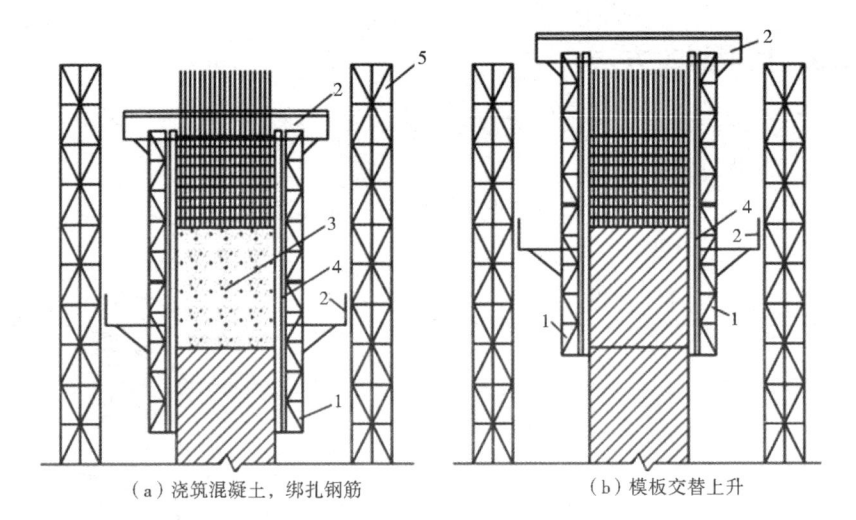

第4章 斜拉桥常见结构形式和主要施工方法

(a) 浇筑混凝土，绑扎钢筋　　(b) 模板交替上升

1-模板桁架；2-工作平台；3-已浇塔身；4-外模板；5-脚手架

图 4.2-7　翻转模板布置示意图

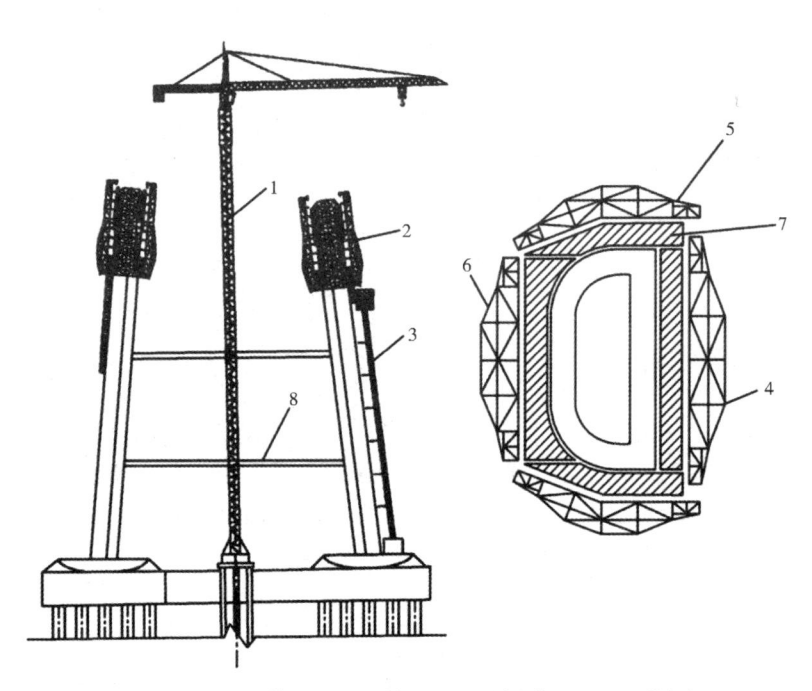

1——塔吊；2——爬模；3——电梯；4——1号爬架；5——2号爬架；
6——3号爬架；7——活动脚手架；8——临时支架

图 4.2-8　爬模系统示意图

4.2.3 拉索施工方法

以下介绍拉索安装和张拉的常用方法。

(1) 安装拉索

一般采用卷扬机组或吊机安装拉索。安装拉索如图 4.2-9 所示。

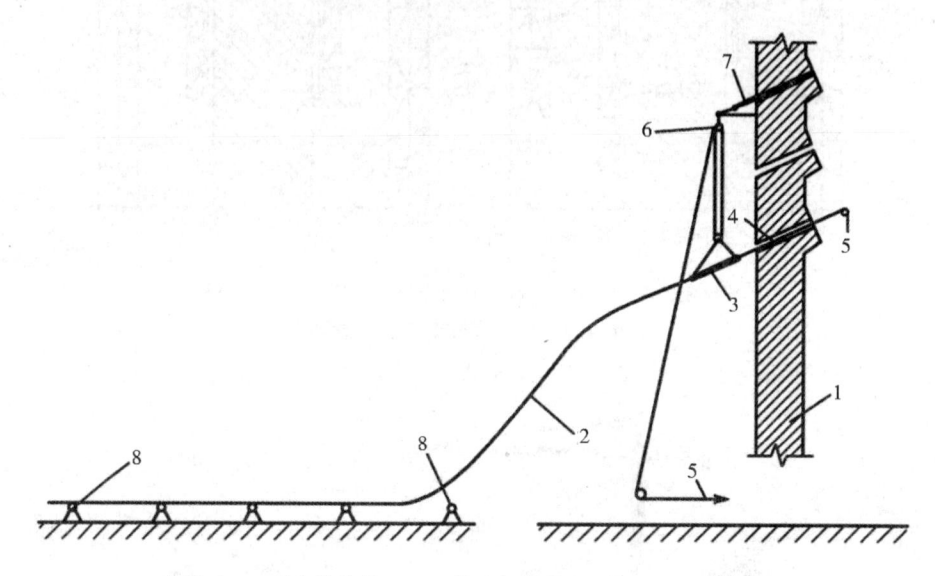

1——索塔；2——待安装拉索；3——吊运索夹；4——锚头；5——卷扬机牵引；
6——滑轮；7——索孔吊架；8——滚轮

图 4.2-9 采用单吊点法安装拉索

(2) 拉索张拉

一般分为拉丝式（钢绞线夹片群锚）锚具张拉和拉锚式锚具张拉两种，后者被更多采用。根据设计要求及现场情况，可采用塔部一端张拉、梁部一端张拉、或塔梁两端张拉，其中塔部一端张拉应用最广泛。拉锚式斜拉索张拉如图 4.2-10 所示。

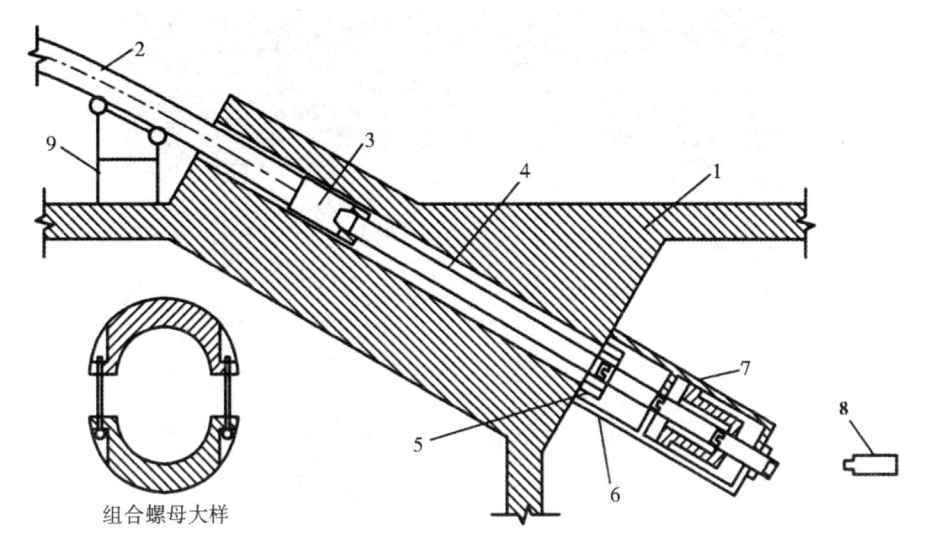

第 4 章 斜拉桥常见结构形式和主要施工方法

组合螺母大样

1——梁体；2——拉索；3——拉索锚头；4——长拉杆；5——组合螺母；
6——撑脚；7——千斤顶；8——短拉杆；9——滚轮

图 4.2-10 拉锚式斜拉索张拉

4.3 长春轻轨净月线伊通河桥施工

4.3.1 工程概况

(1) 工程位置

长春轻轨净月线伊通河桥是一座独塔无背索斜拉桥，属于长春市轻轨三号线，在卫星路上跨伊通河，是一座功能与景观相融洽的标志性建筑。本桥需跨越 140m 宽河道。位于长春卫星桥的南侧 10m 左右。长春轻轨净月线伊通河桥全貌如图 4.3-1 所示。无背索斜拉桥的施工应根据其结构特点和受力特性，在施工前制定施工方案和施工工艺。

图 4.3-1　长春轻轨净月线伊通河桥全貌

（2）桥梁结构简介

1）主体

主桥为砼塔砼梁独塔无背索斜拉桥，主桥跨径按 31m+44+130m 布置，塔梁固结，其中 31m+44m 为主塔范围，130m 为主跨范围，全部位于河槽内。引桥 92m，为三跨预应力砼连续箱梁。详见总体布置图 4.3-2。

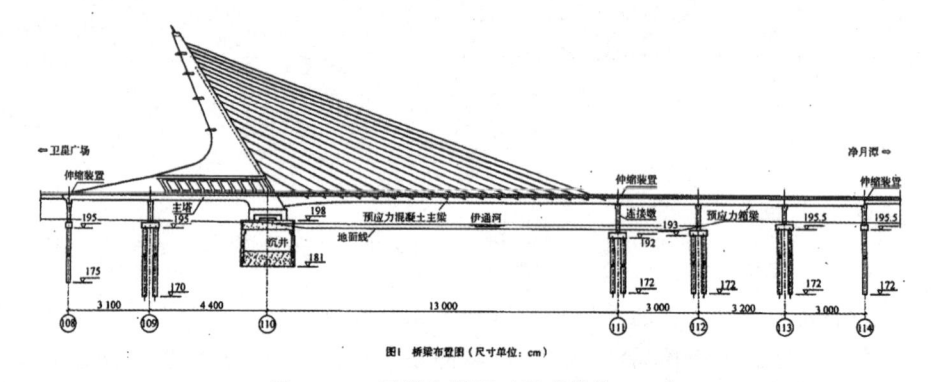

图 4.3-2　桥梁布置图（尺寸单位：cm）

2）基础

采用沉井基础，直径 20m、深度 17m。沉井分三节施工。壁厚 1.0～1.2m，中间有十字形 1m 内隔撑墙，封底砼 5m 厚，封顶砼厚 3.5m。详见沉井构造图 4.3-3。

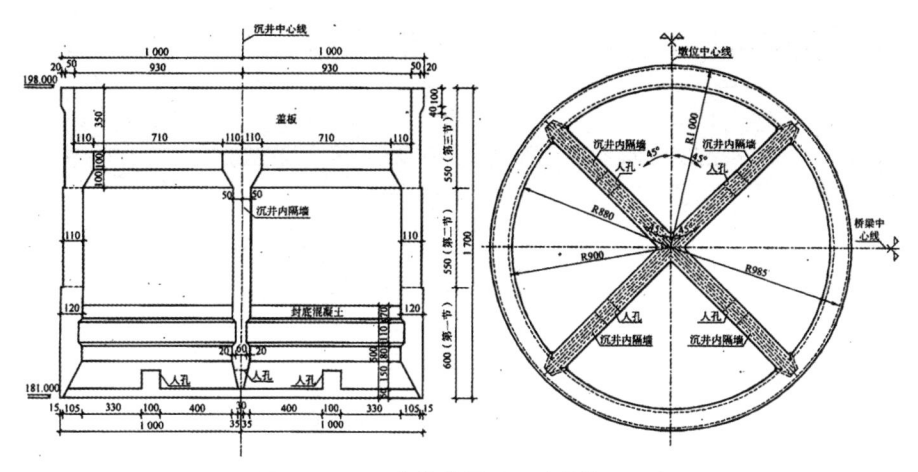

第 4 章　斜拉桥常见结构形式和主要施工方法

图 4.3-3　沉井构造图（尺寸单位：cm）

3）索塔

塔全高 65m，主梁结构以上 60m 为 A 形形状，迎索面斜度 3.1∶5，背索面斜度 2∶5，由两片 1.5m 厚塔臂组成，并由两道大横梁、配重梁及四道横撑连接成一体。详见索塔主立面和左侧立面图 4.3-4。

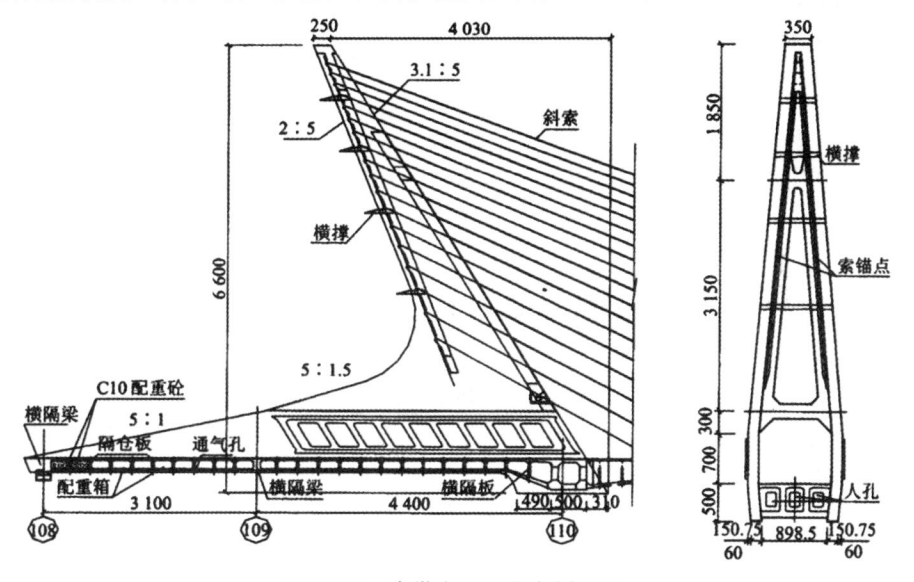

图 4.3-4　索塔主立面和左侧立面

4）主梁

采用预应力砼撑梁大悬箱梁结构，主梁全宽 3.8m（悬臂）+4.0m（箱室）+3.8m（悬臂）=11.6m；单箱单室截面，主梁高 2.325m，渐变至 4.325m。详见主梁标准横断面图 4.3-5。

· 153 ·

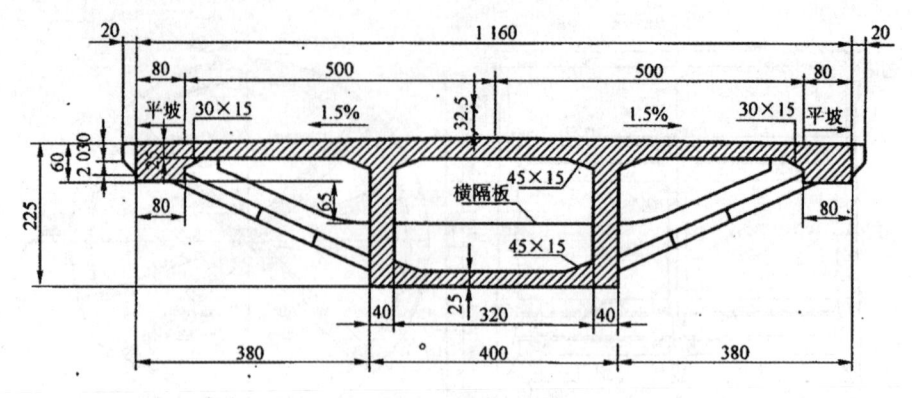

图 4.3-5　主梁标准横断面（尺寸单位：cm）

5) 斜拉索

全桥设置18对，呈扇形空间索面，塔侧张拉，先初张、后调整。详见总体布置图。

4.3.2　总体施工方案

（1）施工方法

因本桥所跨伊通河的河水较浅、斜拉桥的跨径不大，所以施工方法采用支架法，筑岛围堰、在旱地上用支架现浇施工。

（2）施工总流程

施工总流程如图4.3-6所示，左侧为主桥，右侧为引桥。后面将主要介绍主桥施工。

1) 沉井施工

采取分段预制，一段沉后相接高后再沉。下沉过程，砂层以上采用人工挖泥抽水和水下吸泥法结合施工，砂层采用泥浆泵吸泥法施工，砂层以下采用人工和风镐结合开挖向外排水方法施工。

2) 挖孔桩

采用管井降水、砼护壁的人工挖孔桩。

3) 塔身施工

采用竹胶模板做模板，利用劲性骨架焊短螺杆或穿墙螺杆做支承肋。槽钢做模板外肋。使用布料机或泵车，商品砼浇注，人工振捣。塔身4~6m为浇注段，垂直运输工具为塔吊。双排钢管脚手架做外施工平台，用作堆放部分施工材料和人员进行操作。采用一部施工电梯作为人货两用上下通道。

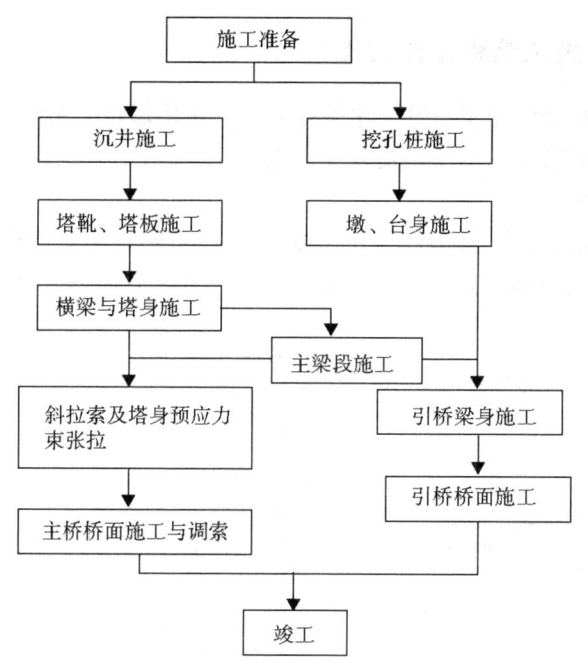

第4章 斜拉桥常见结构形式和主要施工方法

图 4.3-6 施工总流程

4）主梁支架

主梁临时支墩基础采用钻孔桩承台基础。开工进场，马上用一台12020推土机进行场地平整，建临舍，进行场地硬化，同时组织技术人员对工程进行复测，两个队同时上场，分别在河两侧修便道、搭工作棚，尽快进行主体施工。根据工程具体特点，采取先主桥后引桥、先基础后承台的施工工序。

（3）施工工期

1）计划工期

从2003年4月12日至2003年12月12日，总工期275d。

2）实际工期

①2003年4月1日，工程正式开工。

②2004年，工程因客观原因停工。

③2005年4月，恢复施工。

④2005年12月建成试通车。

（4）机械设备

根据施工特点，投入机械设备，其中：大型机械设备有HB80塔吊一台，施工电梯一部，砼泵车两台，挖掘机一台，推土机一台，压路机一台。

4.3.3 主要施工流程及施工工艺

以下将依次介绍主桥沉井、主桥挖孔桩、主塔塔靴、主塔配重梁、塔身、主梁、斜拉索和桥面系的施工流程及工艺。

(1) 沉井施工

沉井位于浅水区，采用就地筑岛制作。采用钢筋混凝土沉井基础，井壁分三节，沉井在地面接高时，井顶露出地面应不小于0.5m。其施工流程如图4.3-7所示。

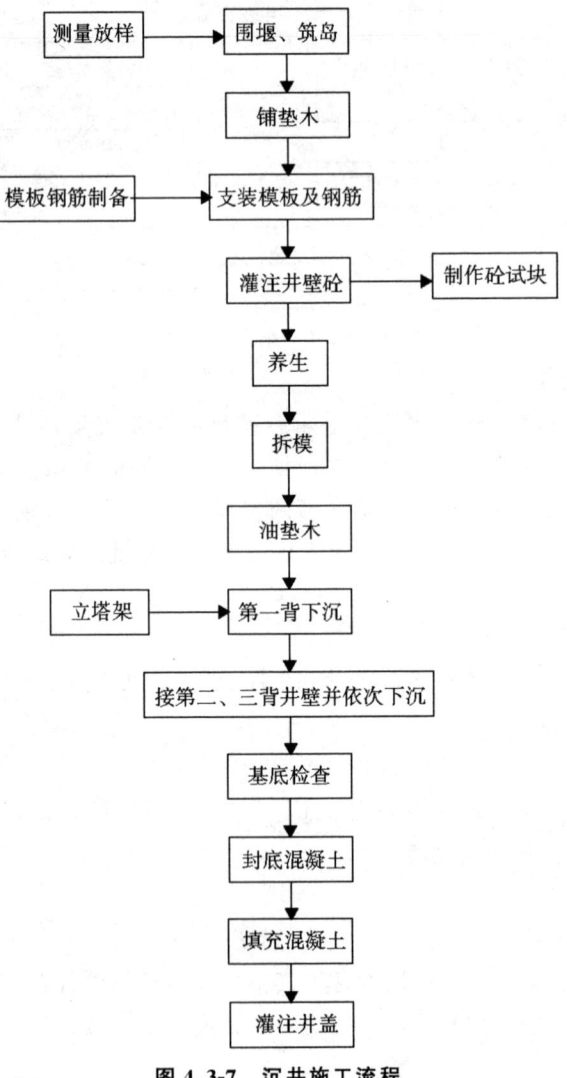

```
测量放样 → 围堰、筑岛
              ↓
            铺垫木
              ↓
模板钢筋制备 → 支装模板及钢筋
              ↓
          灌注井壁砼 → 制作砼试块
              ↓
            养生
              ↓
            拆模
              ↓
            油垫木
              ↓
立塔架 →   第一背下沉
              ↓
     接第二、三背井壁并依次下沉
              ↓
           基底检查
              ↓
          封底混凝土
              ↓
          填充混凝土
              ↓
           灌注井盖
```

图 4.3-7 沉井施工流程

第 4 章　斜拉桥常见结构形式和主要施工方法

有水基础施工采用草袋围堰，围堰如图 4.3-8 所示。

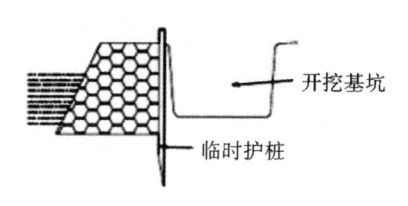

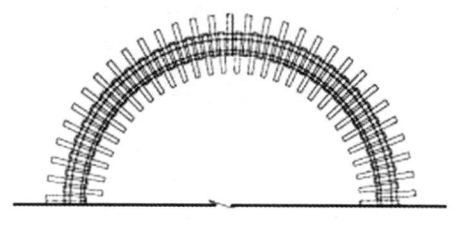

图 4.3-8　草袋围堰示意图　　　　图 4.3-9　枕木布置图

沉井总高度 17m，分三节制作节长分别为 6、5.5、5.5m，第一节沉余量 1m 时，停止施工，开始预制第二节，第二节完成后进行第三节施工、直至就位。每节采取一次制作成型，制作工艺：①铺垫、②钢筋绑扎、③模板支立、④砼浇注。枕木布置如图 4.3-9 所示。

沉井下沉采用人工挖土、装土、立门式架、设置电动芦葫、配置吊斗、共同完成提土工作，铲车铲土、装土完成外弃土。

沉井回填砼完成后，12h 后开始回填土，土质为黏性土，要选择适当含水量，填筑时必须 30cm 一层，层层夯实，填土应对称、平行回填。

顶板砼采用商品砼，浇注时也要对称、平行施工，并且振捣密实。顶板钢筋绑扎要注意预理塔靴钢筋。

(2) 主桥挖孔桩施工

挖孔桩施工分为土方开挖，护壁施工和桩身钢筋砼施工，土方开挖由人工从上到下逐层用锹镐进行，边开挖边施工护壁，桩孔形成后，吊装钢筋笼，支模浇灌桩身砼，主桥挖孔桩逐一施工。

(3) 主塔塔靴施工

1) 主塔塔靴施工流程

主塔塔靴施工流程如图 4.3-10 所示。

2) 主塔塔靴施工工艺

分为 4 步：①施工准备；②测量放线；钢筋加工和安装；③模板支立；④砼施工。

主塔塔靴施工采用组合钢模板，如图 4.3-11 所示。注意塔靴施工时，需预埋塔柱钢筋。

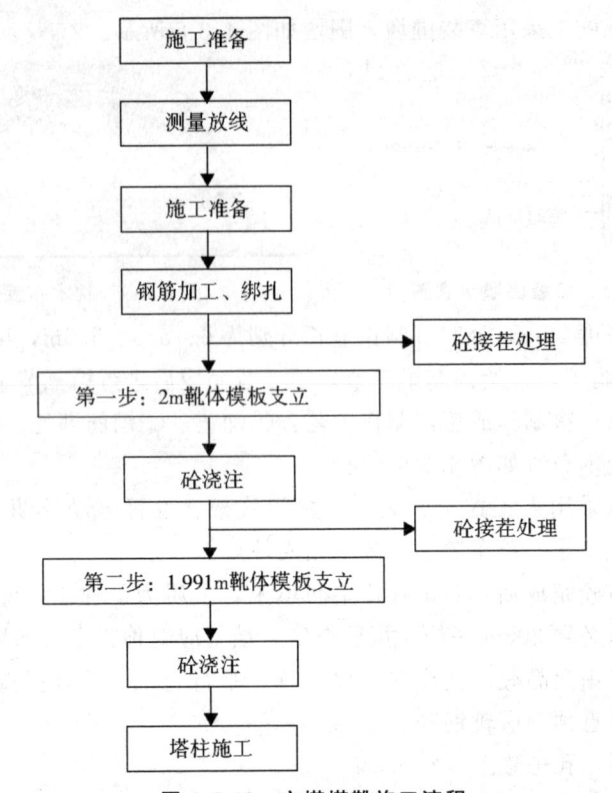

图 4.3-10 主塔塔靴施工流程

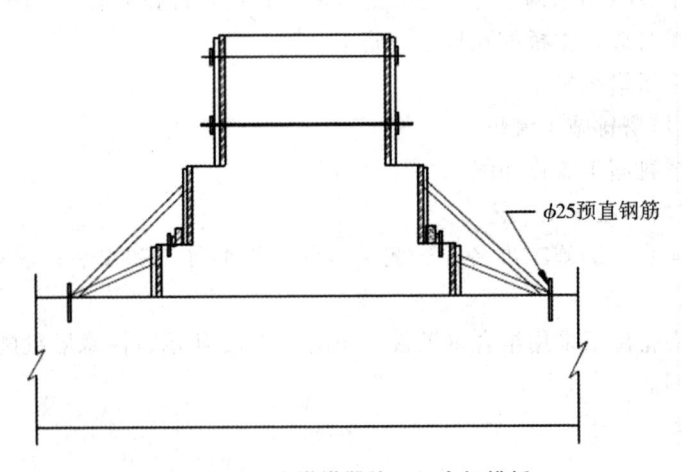

图 4.3-11 主塔塔靴施工组合钢模板

（4）主塔配重梁施工

主塔配重梁施工流程如图 4.3-12 所示。

第 4 章 斜拉桥常见结构形式和主要施工方法

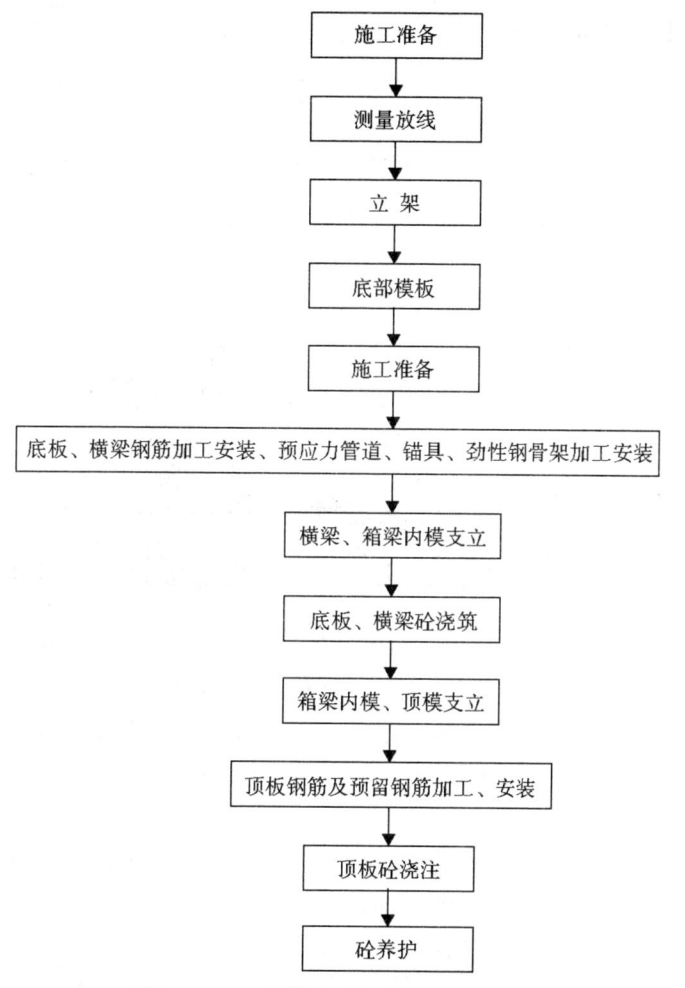

```
施工准备
   ↓
测量放线
   ↓
立 架
   ↓
底部模板
   ↓
施工准备
   ↓
底板、横梁钢筋加工安装、预应力管道、锚具、劲性钢骨架加工安装
   ↓
横梁、箱梁内模支立
   ↓
底板、横梁砼浇筑
   ↓
箱梁内模、顶模支立
   ↓
顶板钢筋及预留钢筋加工、安装
   ↓
顶板砼浇注
   ↓
砼养护
```

图 4.3-12 主塔配重梁施工工艺流程

采用碗扣脚手架，碗扣架基础采用素砼梁，尺寸：40cm（宽）×50cm（高）×L（L 为碗扣架布置长度）。

配重梁砼分两次浇注。第一次浇注顶板以下，部分的底板隔仓板，横梁。第二次浇注余下顶板及其它。但第一次与第二次接碴处须凿毛，清理干净，无杂物，并且湿润，保证二次砼结合完好。配重梁的施工缝如图 4.3-13 所示。

（5）塔身施工

1）塔身施工流程

对倾斜混凝土索塔的施工，在进行模板、支架设计及预埋拉索导管定位时，应充分考虑因塔的倾斜而导致各种构造尺寸和角度的变化，认真复核验算,避免发生差错。

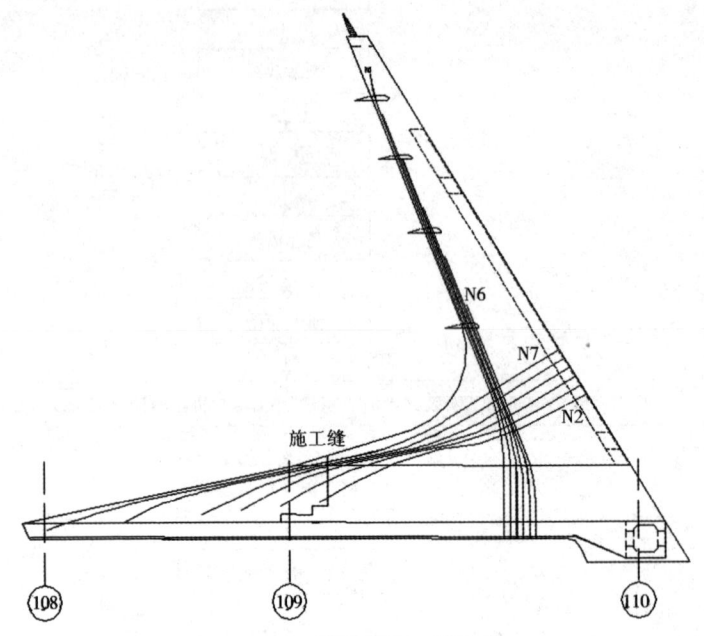

图 4.3-13　配重梁施工缝位置

塔身的施工工序详见身施工流程图 4.3-14,主塔塔身每个节段的施工工艺详见图 4.3-15。

2) 塔吊布置

采用附着式塔吊,起重力满足施工要求,高度 75～80m,塔吊第一道着在下横梁,第二道在两道横梁之间,第三道在上横梁,在浇筑塔身时,预埋螺柱、钢板,以便于附着杆连接。塔吊布置见位置图 4.3-16。

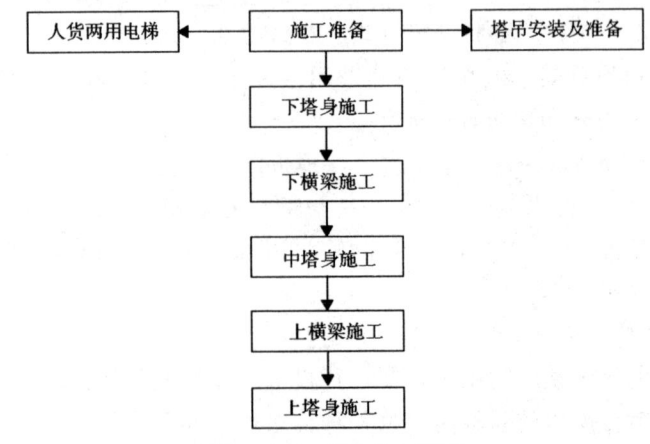

图 4.3-14　塔身施工流程

第4章 斜拉桥常见结构形式和主要施工方法

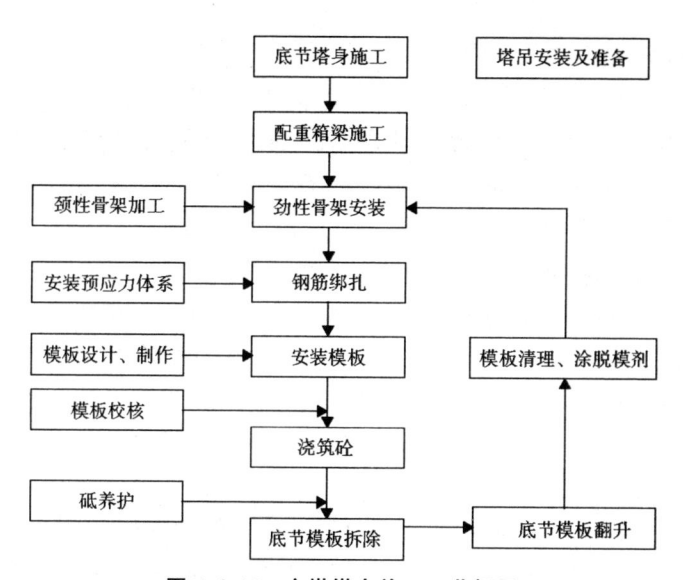

图 4.3-15 主塔塔身施工工艺框图

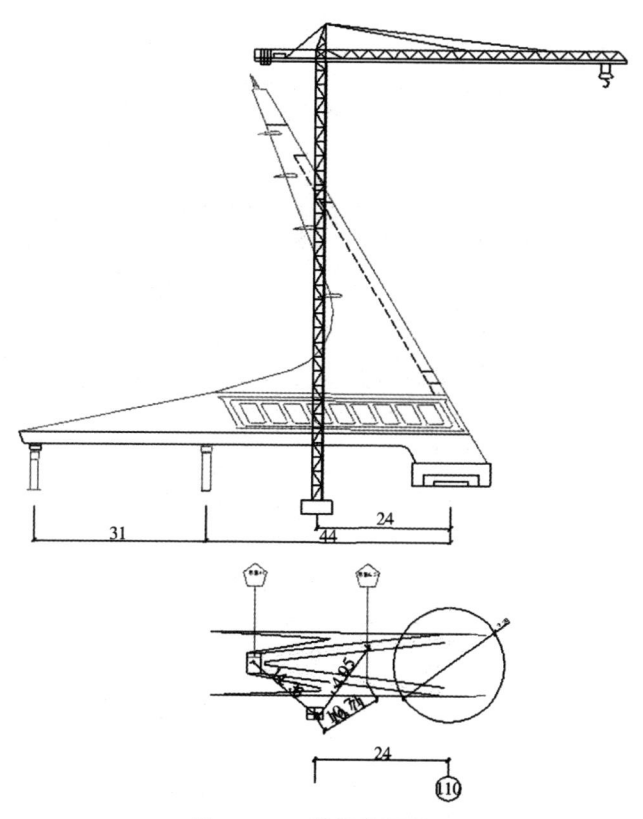

图 4.3-16 塔吊位置图

3）下塔身施工

施工高度 5m＋7m＝12m；由于下塔身向外倾斜，又有外装饰，不利用滑模或爬模施工，因此采用满堂脚手架做支架，采用竹胶模板。施工工艺：支架和模板→加工安装钢筋、钢骨架→支模→浇筑砼。

4）下横梁施工

①施工方法：在支架上进行施工，一次浇筑完成。

②支撑体系：支架采用军用梁，两端搁置在牛腿上，牛腿连在塔身上。

③预拱度：由于横梁自重较大，所以横梁底模要作预拱度。

5）中塔身及上塔身施工

高度按 6.5m 一段，分段施工，使用双排钢管外脚手架。

6）翼形横撑施工

翼形横撑由两部分组成，这两部分通过高强螺栓现场连接。施工时，翼形横撑的两部分分别在工厂预制加工，其中翼形横撑头部分与主塔塔壁预埋钢板连接。

7）上横梁施工

横梁长度不大，其施工支架可采用工字形型钢，搁置在塔身的牛腿上。索塔模板支架形式如图 4.3-17 所示。

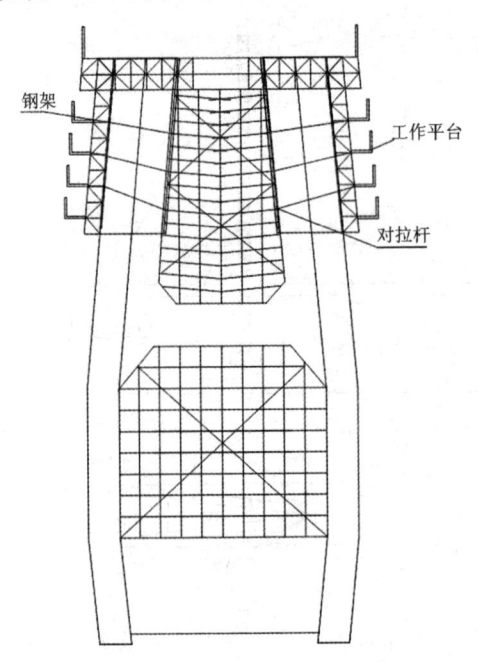

图 4.3-17　索塔模板支架形式

(6) 主梁施工

主梁横跨伊通河，长130m。支撑体系采用八三式军用墩作临时支墩和六四式军用梁，外模采用定型钢模板，内模采用木模，砼采用商品砼布料机分两次浇注成型。临时支墩基础采用钻孔灌注桩承台基础。临时支墩钻孔灌注桩承台布置如图4.3-18所示。

施工工序：施工准备→钻孔桩承台基础→支架施工→主梁模板施工→钢筋、波纹管与支座安装→主梁砼浇筑→预应力施工。

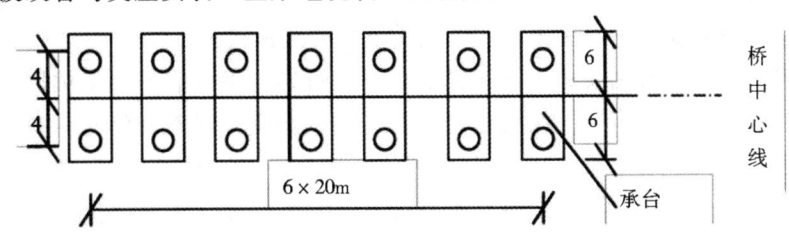

图4.3-18 临时支墩钻孔灌注桩承台布置（尺寸单位：m）

(7) 斜拉索施工

1) 概况

伊通河斜拉桥全桥设置18对斜索，为扇形空间索面，尾索角度为20.06°，塔边侧张位。斜索在主梁上的锚固位置横向为距离主梁中心±5.4m处，竖向为距离主梁板顶面0.975m处，主梁在索锚点处设有撑梁及横隔板。斜索在主塔范围内锚固于塔壁侧距离主塔背索面0.8m处。斜索采用平型钢丝索，斜索最终张拉控制应力在0.4R6左右，根振索力的不同共采用八种规格型号，分别为：PES5—199 PES5—187 PES5—163 ES5—151 ES5—139 PES5—91 PES5—73 PES5—55，锚具采用与之配套的墩头锚。

2) 斜拉索的制备、运输、保存

斜拉索由专业厂家生产，予以订购。产品必须符合设计图纸要求及有关行业标准。

索在运输过程当中，与厂家协商采取切实有效的措施，保证PE套不被扣伤。

索在运往工地后，如不及时安装，应在库内保存，并将每盘的型号、规格、索号、出厂日期等挂牌标识，并按使用先后整齐排列。

3) 斜拉索的安装

斜拉索安装是将斜拉索的两端，分别穿入主梁上和塔上预留的索孔（钢套筒），并初步固定在索孔端面的锚板上。安装前制订适应短、中、长拉索各自特点的安装施工方案。

①放盘

斜拉索由工厂或仓库运至塔下，由塔吊或其他起重设备吊至桥面放索小车上。每根索由塔上卷扬机在塔吊辅助下牵引进钢套筒与张拉杆连接，梁上卷扬机反向牵引放索小车至梁端。拉索放盘过程中，在桥面上每隔一定距离设置一个特置的滚筒，使斜拉索始终在滚筒上行走，以确保拉索PE套不被损伤。

②塔上穿索

斜拉索安装前，塔上锚固端锚头上应安装连接器。

当斜拉索塔端锚头牵引至下横梁处，通过转向滑轮将斜拉索锚固提升到塔柱对应索孔位置附近；在塔柱另一侧，用钢丝绳穿过钢套筒与斜拉索张拉端连接好，对于短索，可用卷扬机牵引，对于中、长索用YQL型千斤顶与钢绞线进行软牵引。与之同时，塔吊将斜拉索另一端或中间部位吊起（提升的吊具为两瓣圆夹具，内衬厚橡胶，夹紧拉索形成吊点，并具有保护PE套作用），调整高度，使斜拉索的进口处切线方向和钢套筒方向保持一致，以保护PE套；待塔端锚头拉出钢套筒后，用螺母拧紧，拆除连接器，完成塔上穿索工作。

③梁上穿索

由于斜拉索长短不一，其重量、斜拉角度各不相同，因为此应该采用不同的方式穿索。因短索长度短，重量较轻，斜拉索角度大，梁上穿索工作可利用8t吊车或塔吊协作，即可顺利完成。

随着斜拉索长度增长，梁端角度变小，索重增加。可设置相应的滑轮组，用卷扬机进行牵引，同时用8t吊车配合共同完成梁上穿索。

对于长拉索，则采用千斤顶刚性张拉杆和钢绞线柔性连接共同进行牵引，即先以一定长度的钢绞线，在锚头探杆与千斤顶钢绞线连接后，收紧钢绞线；当其牵引完成后，拆除钢线，安装千斤顶探杆，牵引锚头，直至螺母拧紧，同时用8t卷扬机在牵引中作防护，保证牵引的安全，完成梁上穿索。

4）斜拉索张拉控制

①张拉顺序与张拉力控制

由于斜拉索初始张拉时处在主梁还没有拆除支架的情况下，为了避免拉索张拉过程中对主梁造成危害，斜索的拉索应严格按照设计要求从C18号索开始，依次张拉直至C1号梁，此后索力调整也按此顺序进行。主塔砼强度达到95%以上和主梁砼强度达到100%时，开始主桥张拉。

②施工步骤

施工步骤 1：挂 C18 索，每根索张拉初索力 165t；

施工步骤 2：对称张拉主塔预应力钢束 N1，N7，N9，N10，N11，N12 的半数，张拉完毕后灌浆；

施工步骤 3：挂 C17 索，每根索张拉初索力 165t；挂 C16 索，每根索张拉初索力 165t；

施工步骤 4：对称张拉主塔预应力钢束 N2 的半数，张拉完毕后灌浆；

施工步骤 5：挂 C15 索，每根索张拉初索力 165t，挂 C14 索，每根索张拉初索力 165t，挂 C13 索，每根索张拉初索力 165t；

施工步骤 6：对称张拉主塔预应力钢束 N3 的全部及 N9 的剩余半数钢束，张拉完毕后灌浆；

施工步骤 7：挂 C12 索，每根索张拉初索力 165t，挂 C11 索，每根索张拉初索力 165t，挂 C10 索，每根索张拉初索力 160t；

施工步骤 8：对称张拉主塔预应力钢束 N4 的半数，张拉完毕后灌浆；

施工步骤 9：挂 C9 索，每根索张拉初索力 155t，挂 C8 索，每根索张拉初索力 150t，挂 C7 索，每根索张拉初索力 145t；

施工步骤 10：对称张拉主塔预应力钢束 N5 的半数，张拉完毕后灌浆；

施工步骤 11：挂 C6 索，每根索张拉初索力 132.5t，挂 C5 索，每根索张拉初索力 120t，挂 C4 索，每根索张拉初索力 110t；

施工步骤 12：对称张拉主塔预应力钢束 N6 的半数，张拉完毕后灌浆；

施工步骤 13：挂 C3 索，每根索张拉初索力 75t，挂 C2 索，每根索张拉初索力 60t，挂 C1 索，每根索张拉初索力 45t；

施工步骤 14：拆除主梁及主塔范围支架；

施工步骤 15：施工主梁及主塔范围检修步道；

施工步骤 16：施工主梁及主塔范围桥面铺装；

施工步骤 17：对称张拉主塔预应力钢束 N1，N5，N7，N11 的剩余半数，张拉完毕后灌浆；

施工步骤 18：顺序依次调整斜拉索索力，每根索索力如下：C18，185t；C17，185t；C16，185t；C15，185t；C14，185t；C13，185t；C12，185t；C11，180t；C10，175t；C9，172.5t；C8，170t；C7，165t；C6，150t；C5，135t；C4，125t；C3，85t；C2，67.5t；C1，52.5t；

施工步骤 19：在主桥和主塔范围铺设部分碎石道床（相当于 30kN/延米）；

施工步骤20：对称张拉主塔预应力钢束N2，N6，N8，N12的剩余半数，张拉完毕后灌浆；施工步骤21：在距离108#墩位5m范围内的主塔配重箱注满素砼压重；

施工步骤22：顺序依次调整斜拉索索力，每根索索力如下：C18，212.5t；C17，212.5t；C16，212.5t；C15，212.5t；C14，212.5t；C13，212.5t；C12，212.5t；C11，207.5t；C10，202.5t；C9，197.5t；C8，195t；C7，190t；C6，172.5t；C5，157.5t；C4，145t；C3，100t；C2，77.5t；C1，60t；

施工步骤23：在主桥和主范围完成道床的铺设，安装检修布道步道栏杆，铺设电缆；

施工步骤24：对称张拉主塔预应力钢束N4，N10的剩余半数，张拉完毕后灌浆；

施工步骤25：顺序依次张拉斜拉索设计索力，每根索索力如下：C18，245t；C17，245t；C16，245t；C15，245t；C14，245t；C13，245t；C12，245t；C11，240t；C10，237.5t；C9，232.5t；C8，227.5t；C7，217.5t；C6，200t；C5，182.5t；C4，167.5t；C3，115t；C2，90t；C1，60t；

施工步骤26：成桥。成桥后4个月、12个月分别进行一次索力调整，调整索力值为斜索的设计索力，即重复施工步骤25（成桥后索力调整的时间为理论计算值，成桥后根据实际现场监测情况进行调整）。

斜索张拉同时主塔及配重梁段内的钢束随着斜索的张拉，分段张拉，以便主塔达到理想的应力状态。斜索具体索力如下表。

表 4.3-1　斜拉索索力表

索号	张拉初索力（t）	第一次	第二次	第三次
C1	45	52.5	60	70
C2	60	67.5	77.5	90
C3	75	85	100	115
C4	110	125	145	167.5
C5	120	135	157.5	292.5
C6	132.5	150	172.5	200
C7	145	165	190	217.5
C8	150	170	195	227.5

续表

索号	张拉初索力（t）	第一次	第二次	第三次
C9	155	172.5	197.5	232.5
C10	160	175	202.5	237.5
C11	165	180	207.5	240
C12	165	185	212.5	245
C13	165	185	212.5	245
C14	165	185	212.5	245
C15	165	185	212.5	245
C16	165	185	212.5	245
C17	165	185	212.5	245
C18	165	185	212.5	245

采用两台300t千斤顶，考虑斜索张拉工作面用两台张拉台车，在主梁下侧对称张拉同一编号斜索。随着梁的施工分四个循环张拉到设计吨位。

③索力调整

测定和调整斜缆张拉完成后，使用振动频率测力计（或索力测定仪、钢索周期仪、数字测力仪等）测验各缆索的张拉力值，索力控制在设计要求的范围内。如不能满足要求需进行调整，调整时可从偏差值最大的索开始调整（放松或拉紧）使之调到设计拉力。在调整拉力时应对索塔和相应梁段进行位移观测。各斜缆索拉力高调整值即为斜索的设计索力，调整顺序为从C18开始到C1。成桥4个月、12个月后分别进行一次索力调整，调整索力值为设计索力。

④锚具安装轴线与临时防护

斜缆索两端锚具轴线和孔道轴线容许偏差为5mm。锚具和孔道在未封口前应临时予以防护，防止雨水侵入和锚头被撞击。

(8) 桥面系及附属工程

1) 防水层

防水层采用渗透结晶型防水材料，不宜采用普通乳化沥青类防水。防水层在主梁施工完毕浇筑检修步道后，在桥面及线槽内满铺，施工完防水层后，再进行防水砼的铺装。施作防水前对桥面进行清理。必要时抹砂浆处理，待桥面干燥后，再施作防水层，以防出现空鼓现场。

2) 桥面铺装

8cm厚C40防水砼，砼内钢筋网绑扎完成后，按杂散电流腐蚀防护措施作排流网。

砼采用商品砼，浇筑时振动梁振捣，钢管提浆找平。为确保铺装层标高控制准确，施工前在桥面上浇筑三条标高控制带，为确保砼的防水质量尽量选择气温较低的天气或夜间进行浇筑。浇筑完成后洒水养护，并覆盖塑料布。

砼抗压强度低于 2.5MPa 时不得承受人或其他重物荷载。低于设计强度 10% 时不得通行任何车辆。

3）伸缩缝安装。

采用 T 型钢板伸缩缝，施工时按设计图纸提供的尺寸，检查梁间空隙量与设计是否一致，伸缩缝装置中心线与桥中心线是否相重合，标高与设计是否相吻合。

4）排水系统施工

泄水管在浇筑桥面铺装砼时安装，泄水孔的进水口略低于桥面层，形成一个空洞以汇集水流。安装排水管之前先熟悉设计图纸，保证其安装轴线的位置正确，管道接口严密、牢固。

建成后的长春轻轨净月线伊通河桥如图 4.3-19 所示。

图 4.3-19 建成后的长春轻轨净月线伊通河桥

第5章 悬索桥常见结构形式和主要施工方法

5.1 悬索桥及其结构特点和型式

悬索桥又名吊桥（Suspension Bridge），由主缆、索塔（包括基础）、锚碇、吊索、加劲梁、鞍座及桥面系等组成的缆索承重桥，悬索承受拉力，现在主要由高强钢丝制成，是目前跨越能力最大的桥梁结构形式，如图 5.1-1 所示。其中主缆、索塔和锚碇构成主要承重结构，加劲梁主要起提供桥面、传递荷载及维持抗风稳定等的作用。

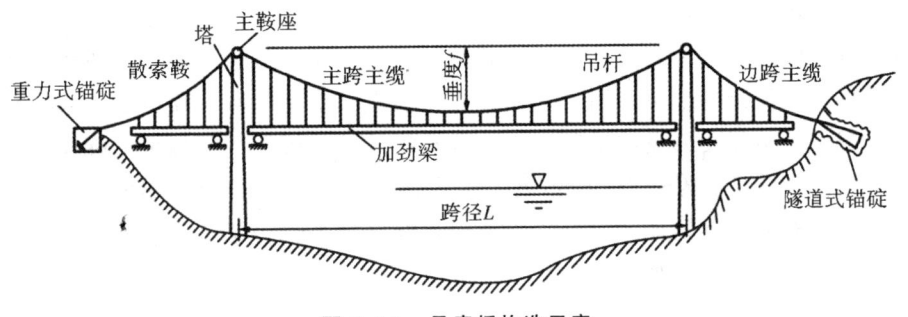

图 5.1-1 悬索桥构造示意

一、悬索桥的结构特点

（1）为减小车辆过桥时桥面结构随主缆一起变形，桥面结构一般采用有足够刚性的主梁（又称加劲梁）。

（2）悬索桥的主缆一般支承在塔柱上，塔顶设有鞍形支座（鞍座），主缆的端部通过锚碇固定在地基中；主缆也有固定在加劲梁的端部，称为自锚式悬索桥。

（3）主缆是柔性的，几何形状主要由重力作用下的平衡条件决定，重力越大维持该平衡的刚度越大（重力刚度），柔性主缆悬吊的加劲梁的刚度，仍不足以明显提高主缆的刚度，能够克服活载挠度的关键是重力刚度。

（4）活载与原先的重力一起使主缆达到新的拉力及形状，建立新的平衡状态；悬索桥的刚度是以活载作用下的挠度大小来衡量的，但活载对大跨径悬索桥主缆几何形状的影响较小。

（5）主缆中初始拉力越大，活载拉力增量及变形量越小，刚度就越大。

（6）跨度较小的悬索桥自重较轻，重力刚度较小，活载对主缆变形的影响较大；大跨悬索桥自重大，重力刚度作用明显，活载对主缆形状的影响就很小。

（7）主缆是受拉构件，不存在失稳的问题。

主缆结构一般为钢丝平行布置，通常采用空中纺线法（AS法）或预制平行钢丝索股法（PPWS法）架设主缆，空中纺线法是一种将单根钢丝在锚体之间往返编织而形成悬索桥主缆的架设方法，预制平行钢丝索股法是以多根平行钢丝预制成带有锚头的索股，并将其从一端锚体向另一端锚体牵引就位锚固而形成悬索桥主缆的架设方法。锚碇是用于锚固主缆端头、防止其移动的巨大构件，根据抵抗主缆力的方法，分为重力式锚碇和岩隧式锚碇两种结构形式。加劲梁常用形式有桁架梁、扁平钢箱梁和砼箱梁等。桁架梁起始于美国，出现较早，技术成熟，因此也被称为美式悬索桥，主缆采用AS法架设，在需要双层桥面时，采用桁架梁较为合理；扁平钢箱梁始于英国，出现较晚，因此被称为英式悬索桥，其风阻力系数小、抗风性能好，适用于单层桥面，钢箱梁的顶板采用正交异性板，能直接承受活载，顶板上可直接设沥青铺装，不需要另设纵梁和横梁。日本流派悬索桥采用预制平行钢丝索股架设主缆，简称PWS法，加劲梁主要沿袭美国流派的钢桁梁形式，但近年来对于非双层桥面的加劲梁也开始采用流线型扁平钢箱梁。根据悬索桥建设条件的不同，加劲梁可以采用不同的架设方法。

下面介绍悬索桥的常见结构形式和主要施工方法。

二、悬索桥常见的结构型式

（1）按悬索桥加劲梁的支撑构造分类

按照悬索桥加劲梁支撑构造的不同，悬索桥可分为单跨两铰、三跨两铰和三跨连续悬索桥三种常用形式，如图5.1-2所示。

（2）按悬吊跨数分类

按悬吊跨数可分为单跨悬索桥、三跨悬索桥和多跨悬索桥，如图5.1-3所示，其中单跨和三跨悬索桥最为常见。单跨悬索桥常用于边跨位于浅水区或岸上，由于边跨主缆的垂度较小，主缆长度相对较短，对中跨荷载变形控制较有利。三跨悬索桥适用于边跨位于深水区或边跨有通航要求的情形，例如香港青马大桥。多跨悬索桥适合于超宽的水面中间有礁石等方便立中塔或锚碇的情形。

第 5 章　悬索桥常见结构形式和主要施工方法

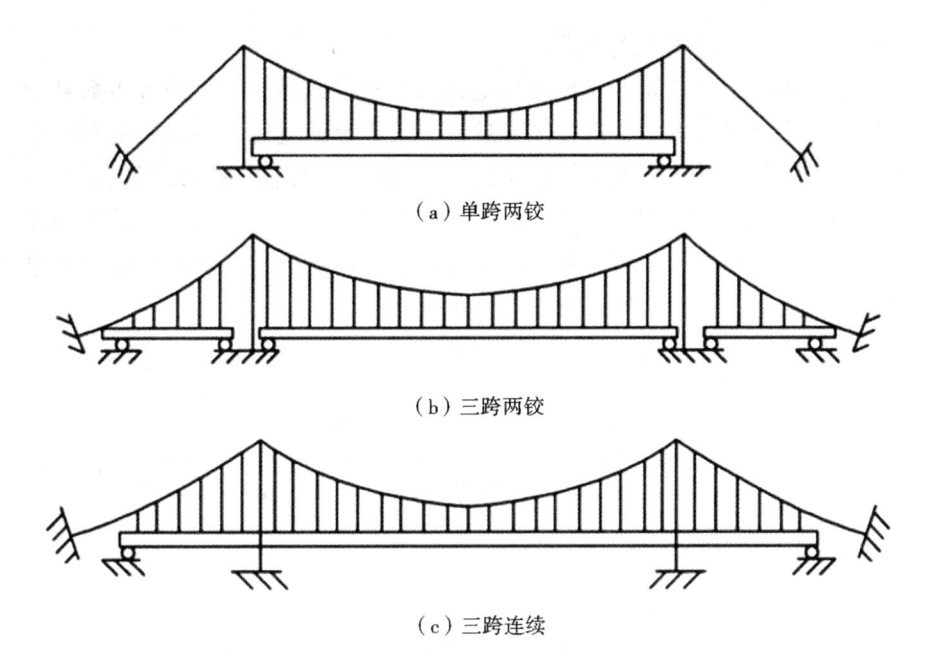

（a）单跨两铰

（b）三跨两铰

（c）三跨连续

图 5.1-2　按加劲梁支撑构造划分的悬索桥形式

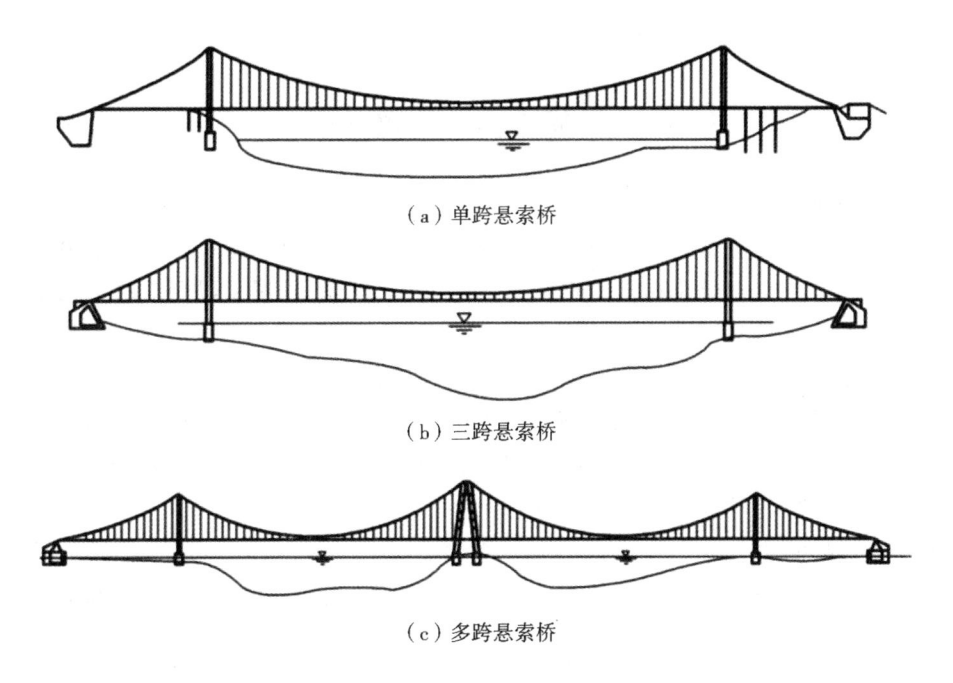

（a）单跨悬索桥

（b）三跨悬索桥

（c）多跨悬索桥

图 5.1-3　悬吊跨数不同的悬索桥

（3）按主缆的锚固方式分类

悬索桥按主缆的锚固方式可分为地锚式和自锚式悬索桥。绝大多数悬索桥采用地锚式（图 5.1-1），即主缆通过重力式锚碇或隧道式锚碇将荷载产生的拉力传至地基；较小跨度的悬索桥也有采用自锚式锚固主缆的形式，如图 5.1-4 所示，在边跨两端将主缆直接锚固于加劲梁上，主缆的水平拉力由加劲梁提供轴力自相平衡，不需要另设锚碇，这种桥式的加劲梁适用于"先梁后缆"的方法施工，因此加劲梁施工中必须设置临时支承。

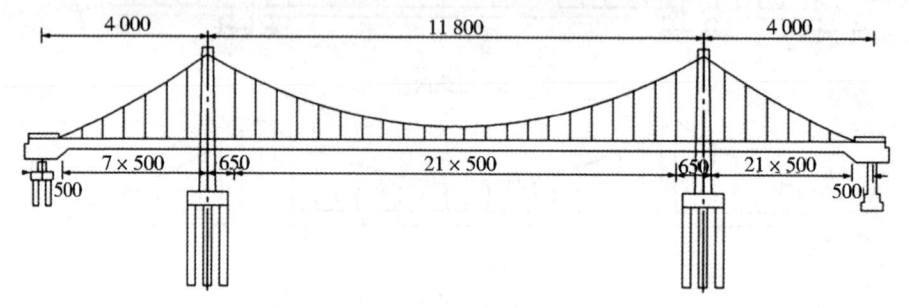

图 5.1-4 自锚式悬索桥的一般构造（尺寸单位：cm）

5.2 悬索桥主要施工方法

一、桥塔的施工

混凝土索塔一般采用滑模法（如香港青马大桥）或液压爬模法（矮寨大桥）施工，索塔横梁采用落地钢管支架施工。钢索塔采用节段预制吊装法施工（如南京三桥）。

二、锚碇的施工

根据设计基坑深度，为保证施工安全，锚碇基坑开挖时进行分层开挖，人工开挖、机械开挖和人工爆破相互配合施工。基坑支护结构通常有地下连续墙、冻结帷幕等。

三、主缆的施工

主要采用空中编缆法（如香港青马大桥）和平行索股法（矮寨大桥）架设主缆。

四、加劲梁的施工

悬索桥加劲梁的施工方法有很多，如中国西堠门桥的缆索吊机法［图

5.2-1（a）]、日本明石海峡桥的桥面吊机法［图 5.2-1（b）]、中国四渡河大桥的缆索吊法［图 5.2-1（c）]、法国察瓦诺大桥的荡移顶推法［图 5.2-1（d）]、矮寨大桥的轨道滑移法等（图 5.3-18、5.3-19 和 5.3-20）。

（a）中国西堠门桥的缆索吊机法 　　（b）日本明石海峡桥的桥面吊机法

（c）中国四渡河大桥的缆索吊法 　　（d）法国察瓦诺大桥的荡移顶推法

图 5.2-1　自锚式悬索桥的一般构造（尺寸单位：cm）

5.3　悬索桥施工的典型工程实例-矮寨大桥

5.3.1　工程概况

一、工程位置

矮寨大桥位于湖南省湘西州吉首市矮寨镇，上跨德夯大峡谷，是包头—茂名高速公路（国家高速 G65）关键控制性工程。建成后的矮寨大桥如图 5.3-1 所示。

二、桥梁结构简介

矮寨大桥的建设创建了四项世界第一：①主跨 1176m 的跨峡谷悬索桥；②首创塔梁分离式悬索桥方案；③首创"轨索滑移法"架设钢桁梁；④首创岩锚吊索结构，采用碳纤维做预应力筋材。矮寨大桥于 2007 年 10 月 28 日动工兴建，2011 年 8 月 20 日主桥合龙，2012 年 3 月 31 日建成通车。

图 5.3-1 建成后的矮寨大桥

(1) 主要技术指标

①公路等级：四车道高速公路。

②设计车速：80km/h。

③设计汽车荷载：公路—Ⅰ级。

④钢桁梁：梁宽 27m，梁高 7.5m。

⑤桥面宽度：0.5 m（防撞护栏）+11.0 m（行车道）+0.5 m（防撞护栏）+0.5 m（中央分隔带）+0.5 m（防撞护栏）+11.0 m（行车道）+0.5 m（防撞护栏），桥面全宽 24.5m。

(2) 设计和施工要点

矮寨大桥的总体布置见桥型布置如图 5.3-2 所示。

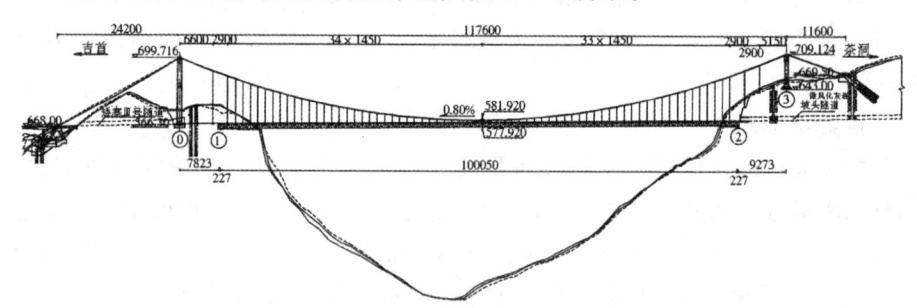

图 5.3-2 桥型布置（尺寸单位：cm，高程单位：m）

1) 缆索系统

主缆垂跨比为 1/9.6，主缆横向间距 27m，采用预制平行钢丝索股（PP-

WS)。吊索标准间距14.5m，端吊索间距29m，吊索采用钢丝绳骑跨式。为限制主缆和加劲梁的纵向水平位移，在主缆跨中设置了柔性中央扣钢丝绳斜拉索。索鞍和散索鞍采用铸焊组合结构。吊索构造如图5.3-3所示。

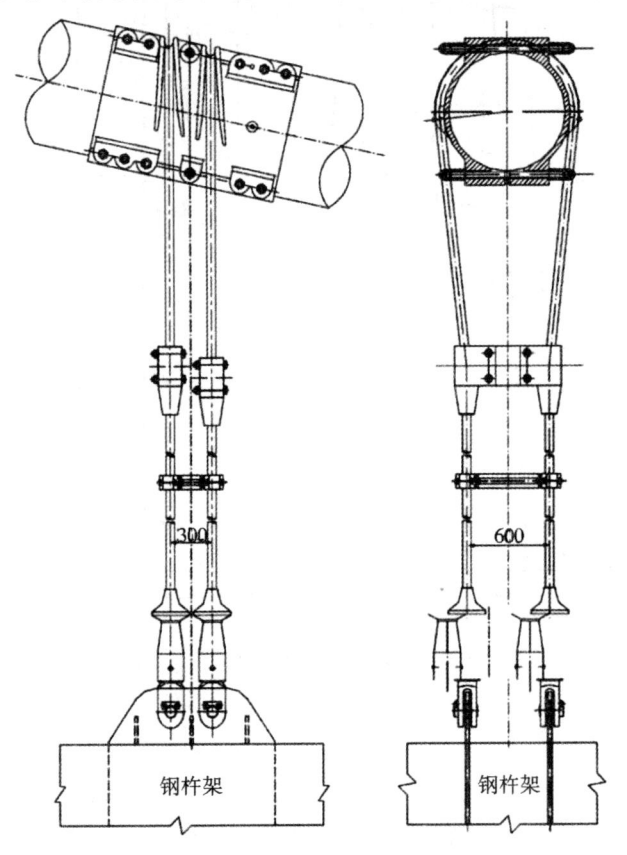

图5.3-3 吊索（尺寸单位：cm，高程单位：m）

2）索塔

采用双柱式框架结构，索塔由扩大基础、塔座、塔柱和横梁组成，吉首岸索塔高129.316m，茶洞岸索塔高61.924m。吉首岸索塔构造如图5.3-4所示。基底弱风化岩层采用钻孔压浆加固或回填垫层混凝土，确保地基承载力。

3）锚碇

吉首岸采用重力锚，锚体分锚块、散索鞍支墩及基础、前锚室、后锚室，吉首岸锚碇构造如图5.3-5所示。茶洞岸采用隧道锚，茶洞岸锚碇构造如图5.3-6所示。

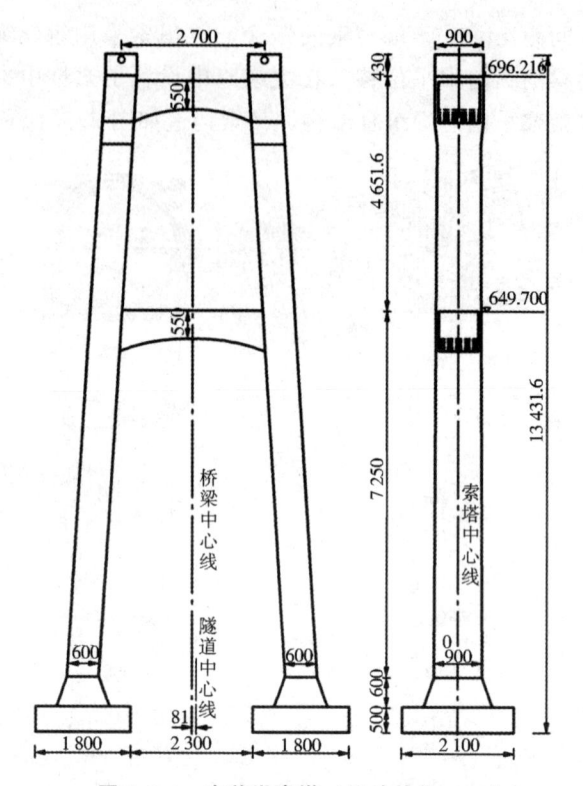

图 5.3-4 吉首岸索塔（尺寸单位：cm）

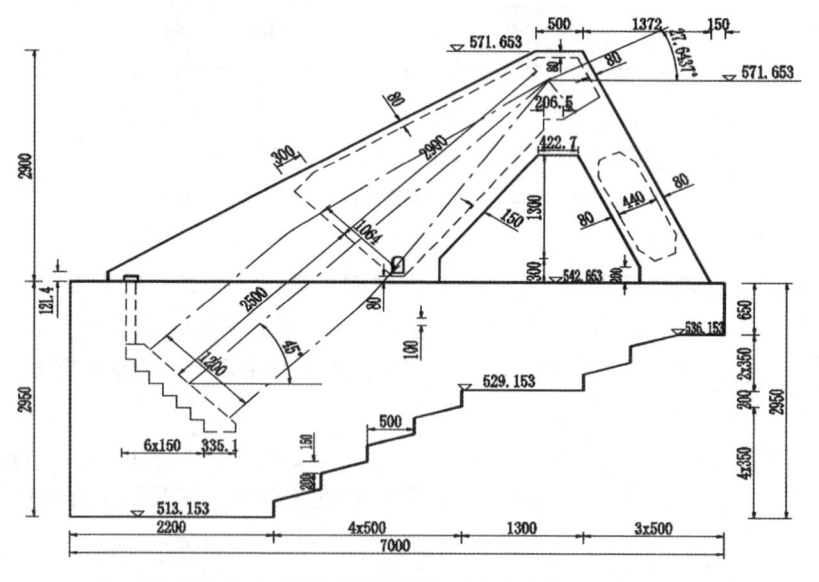

图 5.3-5 吉首岸锚碇构造（尺寸单位：cm）

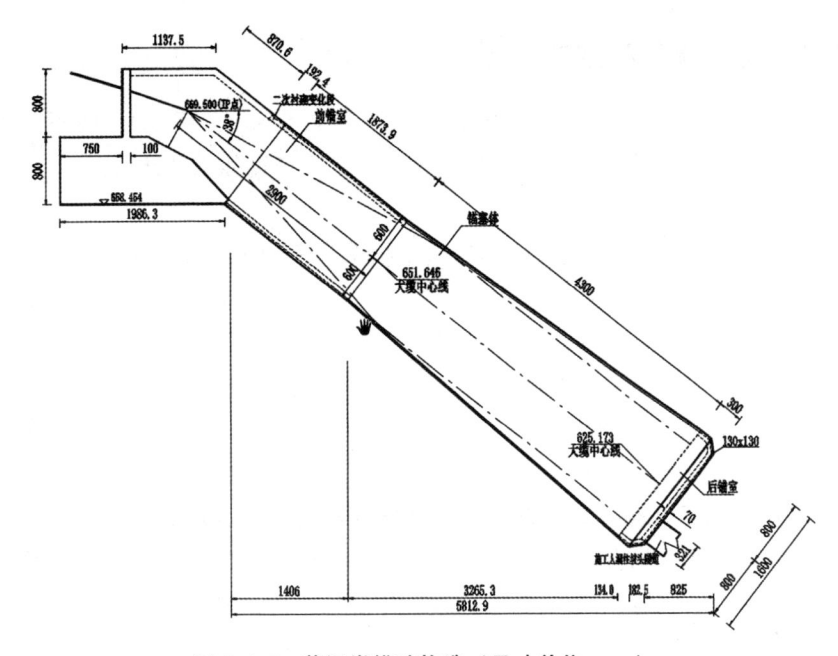

第 5 章 悬索桥常见结构形式和主要施工方法

图 5.3-6 茶洞岸锚碇构造（尺寸单位：cm）

4）加劲梁

加劲梁设计采用钢桁梁，钢桁加劲梁构造如图 5.3-7 所示。因地制宜首次采用"轨道索移梁＋跨缆吊机提升"的架设方法。

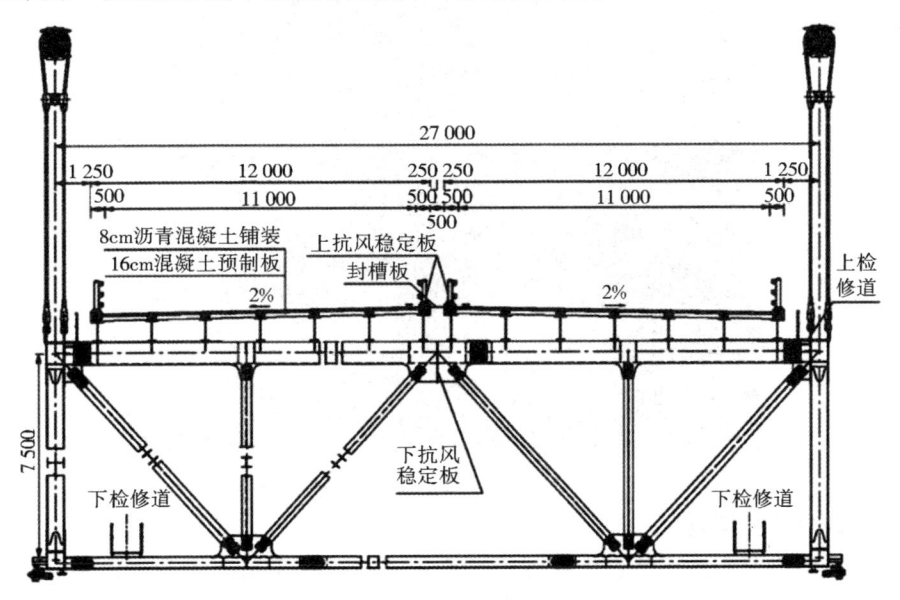

图 5.3-7 钢桁加劲梁（尺寸单位：mm）

5.3.2 施工流程和施工工艺

矮寨大桥从2007年10月28日动工兴建,至2012年3月31日通车运营。施工总流程主要七个步骤,施工内容和施工进度如下所述。

一、基础开挖

从2008年2月至2009年1月完成基础开挖,包括两岸锚碇、索塔及茶洞岸桥台基坑开挖。吉首岸采用重力式锚碇,锚碇下部开挖成锯齿状,并对底部基坑进行加固,加强基础与锚体的联系。隧道式锚碇采用爆破方法进行开挖。索塔基坑采用控制爆破开挖,减少爆破对岩壁的影响。小桥涵的地基检验可采用直观或触探方法,必要时可进行土质试验;大、中桥和地基土质复杂、结构对地基有特殊要求的地基检验,宜采用触探和钻探(钻深至少4m)取样做土工试验,亦可按设计的特殊要求进行荷载试验。

基坑应沿等高线自上而下分层进行开挖,在坑外应分别设置截水沟和排水沟,并应防止地面水流入坑内而引起塌方或破坏基底土层。采用机械开挖时,应在基底高程以上预留150~300mm土层采用人工清理,且不得破坏基底岩土的原状结构;采用爆破方法施工时,宜使用预裂爆破法,避免对边坡造成破坏。对深大基坑,应采取边开挖边支护的措施保证其边坡的稳定。索塔基坑开挖如图5.3-8所示。

图 5.3-8 索塔基坑开挖成形

二、锚碇、索塔施工

索塔采用门式框架钢筋混凝土结构形式。吉首岸锚碇为重力式锚碇,茶洞岸锚碇为隧道锚。桥面高度为355m,吉首岸塔高123m,茶洞岸塔高66m。

第5章 悬索桥常见结构形式和主要施工方法

工期为从2009年1月至2010年3月。塔柱采用爬升模板（或其他方法）逐节连续施工，横梁利用设置在塔柱上的牛腿和钢管落地支架，采用现浇方式施工。

锚碇采用分层浇筑，如隧道锚的锚塞体共分17层浇筑，除第1和第17层外，其余层厚均为2m。散索鞍支墩共分6次浇筑。

锚碇和索塔施工现场见图5.3—9～5.3-12，其中图5.3-9所示为支墩基础浇筑，图5.3-10所示为散索鞍支墩浇筑，图5.3-11所示为塔柱浇筑，图5.3-12所示为索塔横梁施工。

图5.3-9 支墩基础浇筑

图5.3-10 散索鞍支墩浇筑

图5.3-11 塔柱浇筑

图5.3-12 索塔横梁施工

三、缆索系统施工

缆索系统施工流程共分六步，工期为2010年3月至2012年3月。2012年3月31日通车运营。

（1）安装索鞍，架设导索；

①完成锚碇、主塔等下部构造，吊装主索鞍及散索鞍到位；

②通过飞艇架设导索；

③在塔顶安装滑车及牵引系统，将牵索牵引至茶洞岸。施工流程1如图5.3-13所示。

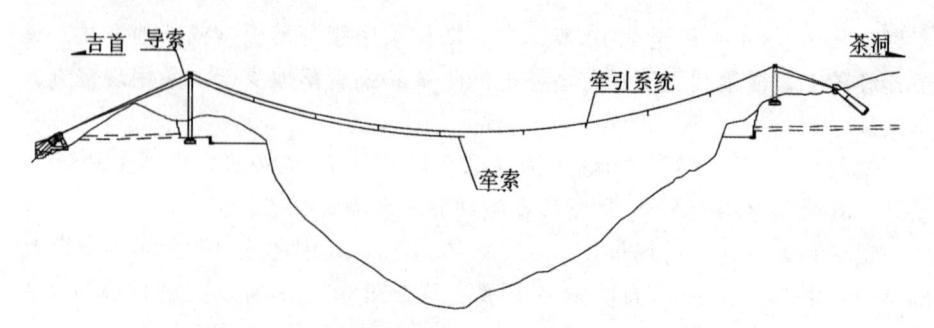

图 5.3-13　缆索系统施工流程 1：安装索鞍，架设导索

（2）安装猫道

①利用导索及牵引索架设猫道承重绳，在承重绳上铺设面层、横向天桥；
②在猫道上安装滚轮，以备拖拉主缆索股。施工流程 2 如图 5.3-14 所示。

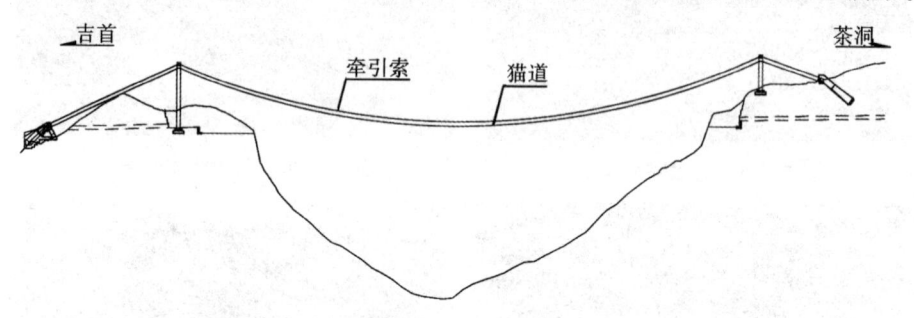

图 5.3-14　缆索系统施工流程 2：安装猫道

（3）架设主缆索股

①主缆索股进场并进入架设位置；
②利用牵引索拖拉索股，并用横向吊架吊装到位；
③在气温恒定风速较小的夜晚调整索股线形，并连接锚头与锚锭锚固系统。施工流程 3 如图 5.3-15 所示。

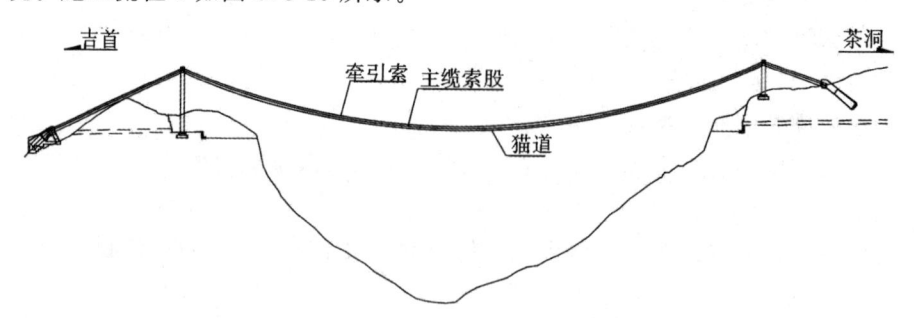

图 5.3-15　缆索系统施工流程 3：架设主缆索股

主缆索股线形的控制方法：采用绝对高程法控制基准索股线形，采用层距法控制一般索股线形。

（4）紧缆并安装索夹、吊索

①利用紧缆机将主缆压成圆形，安装索夹；

②体系转换，将猫道转载于主缆上，放松猫道承重绳；

③安装吊索。施工流程4如图5.3-16所示。

主缆横桥向间距为27m，矢跨比为1/9.6，采用（242m+1176m+116m）跨径布置，主缆采用预制平行钢丝索股，单束索股由91丝直径5.1mm钢丝组成，索股束数为234束。通过牵引系统，把构成主缆的169根索股从茶洞岸牵引至吉首岸。从2010年8月至10月完成主缆架设。

吊索选用骑跨式钢丝绳，吊索两端锚头采用叉形热铸锚，索夹采用铸钢铸造，两半索夹用螺杆连接夹紧。从2010年10月至2011年3月，安装起固定作用的索夹和吊索。

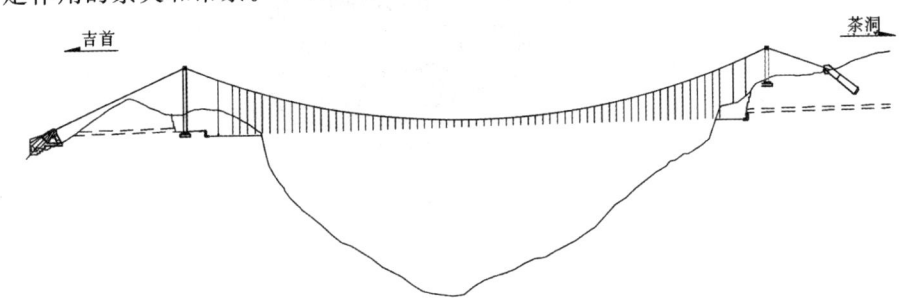

图5.3-16 缆索系统施工流程4：紧缆并安装索夹、吊索

（5）钢桁加劲梁架设

①架设钢桁加劲梁；

②根据设计要求分阶段顶推主索鞍；

③施工混凝土桥面系及栏杆等。施工流程5如图5.3-17所示。

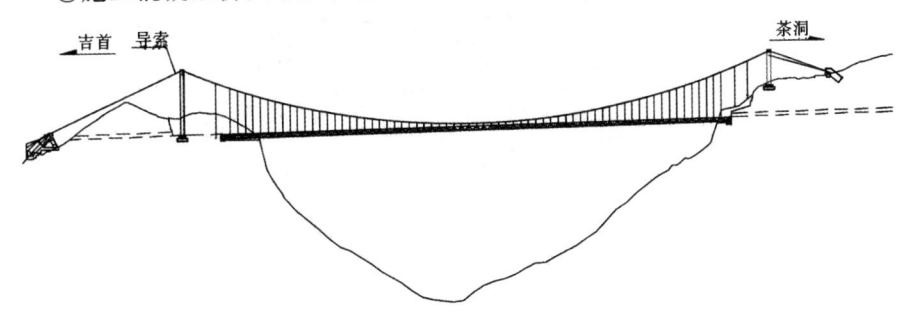

图5.3-17 缆索系统施工流程5：钢桁加劲梁架设

钢桁加劲梁桁高 7.5m、桁宽 27m，采用通透性桁架结构，钢桁加劲梁由主桁架、上下平联、横向桁架组成。钢桁加劲梁各杆件及节段间连接均采用高强螺栓连接。从 2011 年 6 月至 8 月，利用首创的"轨索滑移法"架设钢桁梁。钢桁梁采用从跨中向两岸对称架设的总体拼装顺序。轨索移梁系统构成和托架法架设轨索如图 5.3-18 和 5.3-19 所示。钢桁加劲梁架设现场如图 5.3-20 所示。

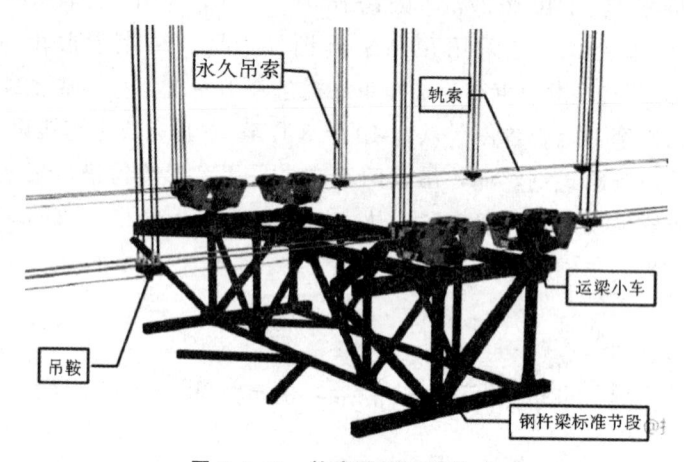

图 5.3-18 轨索移梁系统构成

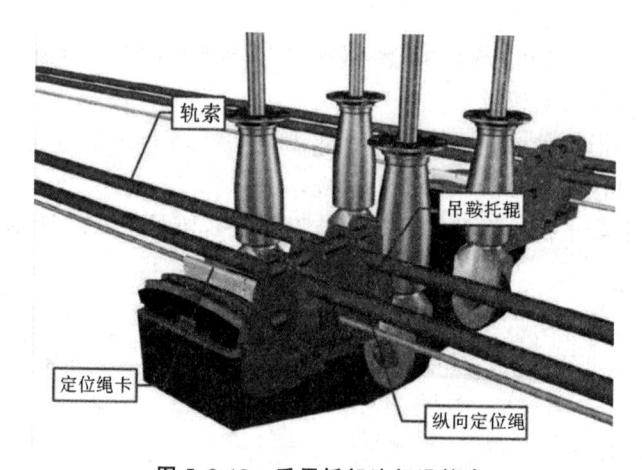

图 5.3-19 采用托架法架设轨索

第 5 章 悬索桥常见结构形式和主要施工方法

图 5.3-20　钢桁梁由跨中向两岸延伸

(6) 主缆防护及附属工程

①主缆缠丝防护：进行主缆缠丝防护及其它防护工作；
②附属工程：安装主索鞍鞍罩、主缆护套及检修道等并进行防护处理；
③拆除猫道；
④其它附属工程。施工流程 6 如图 5.3-21 所示。

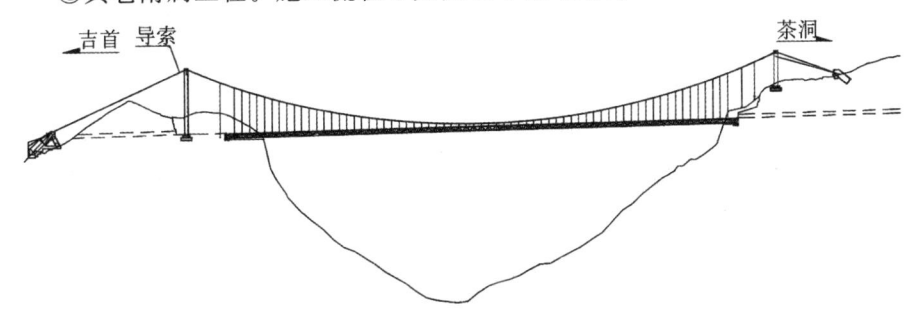

图 5.3-21　缆索系统施工流程 6：主缆防护及附属工程

桥面板采用纵向工字梁与混凝土桥面板的结合形式，钢纵梁简支在主桁横梁上弦杆上，桥面板采预制混凝土板，桥面板通过接缝处纵梁上的剪力钉与纵梁相结合。桥面板安装如图 5.3-22 所示。

主桥建成后，为了检验矮寨大桥的工作状态，进行了动静载试验，如图 5.3-23 所示。

图 5.3-22　桥面板安装　　　　　　图 5.3-23　全桥动静载试验

参考文献

[1] 邵旭东. 桥梁工程（第5版）[M]. 北京：人民交通出版社，2019.

[2] 卢文良，季文玉，许克宾. 桥梁施工（第二版）[M]. 北京：中国建筑工业出版社，2018.

[3] 邵旭东，程翔云，李立峰. 桥梁设计与计算（第二版）[M]. 北京：人民交通出版社，2012.

[4] 公路工程技术标准（JTG B01-2014）[S]. 北京：人民交通出版社，2014.

[5] 公路桥涵设计通用规范（JTG D60-2015）[S]. 北京：人民交通出版社，2015.

[6] 公路钢结构桥梁设计规范（JTG-D64-2015）[S]. 北京：人民交通出版社，2015.

[7] 公路钢筋混凝土与预应力混凝土桥涵设计规范（JTG 3362-2018）[S]. 北京人民交通出版社，2018.

[8] 公路圬工桥涵设计规范（JTG D61-2005）[S]. 北京：人民交通出版社，2005.

[9] 公路桥涵地基与基础设计规范（JTG 3363-2019）[S]. 北京：人民交通出版社，2019.

[10] 公路斜拉桥设计规范（JTG/T 3665-01-2020）[S]. 北京：人民交通出版社，2020.

[11] 公路悬索桥设计规范（JTG/T D65-05-2015）[S]. 北京：人民交通出版社，2015.

[12] 公路桥涵施工技术规范（JTG/T 3650-2020）[S]. 北京：人民交通出版社，2020.

[13] 中交第二公路工程局有限公司. 公路桥梁施工系列手册（悬索桥）[M]. 北京：人民交通出版社，2014.

[14] 毛瑞祥，程翔云. 公路桥涵设计手册：基本资料 [M]. 北京：人民交通出版社，2004.

[15] 刘效尧. 公路桥涵设计手册：梁桥 [M]. 北京：人民交通出版社，2012.

[16] 郑明珠. 公路桥涵设计手册：悬索桥 [M]. 北京：人民交通出版社，2011.

[17] 廖朝华. 公路桥涵设计手册（墩台与基础）[M]. 北京：人民交通出版社，2013.

[18] 陈宝春. 拱桥技术的回顾与展望 [D]. 福州：福州大学，2009.

[19] 李迎九. 千米跨度高速铁路悬索桥建造技术现状与展望 [D]. 北京：中国铁路，2019.

[20] 吴国光，陈国平，张永建. 矮寨大桥建设创新综述 [D]. 长沙：公路工程，2014.

[21] 程丽娟，刘榕，李瑜. 矮寨大桥缆索系统总体布置及结构设计 [D]. 武汉：世界桥梁，2011.